PARADIGMAS EM DISPUTA NO ACESSO HUMANO À ÁGUA
ENTRE A LÓGICA DO MERCADO E A REALIZAÇÃO DO BEM COMUM

RAMIRO CROCHEMORE CASTRO

PARADIGMAS EM DISPUTA NO ACESSO HUMANO À ÁGUA
ENTRE A LÓGICA DO MERCADO E A REALIZAÇÃO DO BEM COMUM

Belo Horizonte

FÓRUM
CONHECIMENTO JURÍDICO

2023

© 2023 Editora Fórum Ltda.

É proibida a reprodução total ou parcial desta obra, por qualquer meio eletrônico, inclusive por processos xerográficos, sem autorização expressa do Editor.

Conselho Editorial

Adilson Abreu Dallari
Alécia Paolucci Nogueira Bicalho
Alexandre Coutinho Pagliarini
André Ramos Tavares
Carlos Ayres Britto
Carlos Mário da Silva Velloso
Cármen Lúcia Antunes Rocha
Cesar Augusto Guimarães Pereira
Clovis Beznos
Cristiana Fortini
Dinorá Adelaide Musetti Grotti
Diogo de Figueiredo Moreira Neto (in memoriam)
Egon Bockmann Moreira
Emerson Gabardo
Fabrício Motta
Fernando Rossi
Flávio Henrique Unes Pereira
Floriano de Azevedo Marques Neto
Gustavo Justino de Oliveira
Inês Virgínia Prado Soares
Jorge Ulisses Jacoby Fernandes
Juarez Freitas
Luciano Ferraz
Lúcio Delfino
Marcia Carla Pereira Ribeiro
Márcio Cammarosano
Marcos Ehrhardt Jr.
Maria Sylvia Zanella Di Pietro
Ney José de Freitas
Oswaldo Othon de Pontes Saraiva Filho
Paulo Modesto
Romeu Felipe Bacellar Filho
Sérgio Guerra
Walber de Moura Agra

FÓRUM
CONHECIMENTO JURÍDICO

Luís Cláudio Rodrigues Ferreira
Presidente e Editor

Coordenação editorial: Leonardo Eustáquio Siqueira Araújo
Aline Sobreira de Oliveira

Rua Paulo Ribeiro Bastos, 211 – Jardim Atlântico – CEP 31710-430
Belo Horizonte – Minas Gerais – Tel.: (31) 99412.0131
www.editoraforum.com.br – editoraforum@editoraforum.com.br

Técnica. Empenho. Zelo. Esses foram alguns dos cuidados aplicados na edição desta obra. No entanto, podem ocorrer erros de impressão, digitação ou mesmo restar alguma dúvida conceitual. Caso se constate algo assim, solicitamos a gentileza de nos comunicar através do *e-mail* editorial@editoraforum.com.br para que possamos esclarecer, no que couber. A sua contribuição é muito importante para mantermos a excelência editorial. A Editora Fórum agradece a sua contribuição.

Dados Internacionais de Catalogação na Publicação (CIP) de acordo com ISBD

C355p Castro, Ramiro Crochemore
Paradigmas em disputa no acesso humano à água: entre a lógica do mercado e a realização do bem comum / Ramiro Crochemore Castro.
Belo Horizonte: Fórum, 2023.

263 p. 14,5x21,5cm
ISBN 978-65-5518-549-2

1. Água - acesso. 2. Bem comum. 3. Democracia. 4. Direito humano. 5. Participação popular. 6. Tradição. I. Título.

CDD: 341.343
CDU: 347.247

Ficha catalográfica elaborada por Lissandra Ruas Lima – CRB/6 – 2851

Informação bibliográfica deste livro, conforme a NBR 6023:2018 da Associação Brasileira de Normas Técnicas (ABNT):

CASTRO, Ramiro Crochemore. *Paradigmas em disputa no acesso humano à água*: entre a lógica do mercado e a realização do bem comum. Belo Horizonte: Fórum, 2023. 263 p. ISBN 978-65-5518-549-2.

À minha avó Giselda Castro, pioneira na luta ecológica no Rio Grande do Sul, que há 50 anos já alertava dos perigos da crise hídrica.

Ao meu avô, Nelson Antonio Crochemore, culto agricultor sem estudos formais, pelo carinho, exemplo, senso de comunhão e solidariedade.

AGRADECIMENTOS

Um mestrado por si só já seria uma tarefa desafiadora em tempos normais, mas realizá-lo em meio a uma pandemia que ceifou a vida de 600 mil brasileiros e mudou radicalmente nosso modo de viver e compreender o mundo, foi uma enorme tarefa. Portanto, meu primeiro agradecimento é que estou vivo, assim como aqueles próximos a mim, agradecendo sobretudo ao nosso Sistema Único de Saúde (SUS), que garante nosso direito social fundamental à saúde de forma universal no país, aos profissionais da saúde e à ciência, que possibilitou que pudéssemos ter vacinas em tempo recorde.

Um agradecimento especial à minha orientadora, mentora intelectual, parceira e amiga Prof. Dra. Maren Guimarães Taborda, uma referência para mim em todos os sentidos e por quem tenho imenso carinho e admiração.

Agradeço aos meus pais, Antonio e Carmen, que nunca mediram esforços para me ajudar a realizar meus sonhos. Meu pai, que corrigiu diversos artigos meus e com quem debato teses e refletimos sobre o Direito, e minha mãe, que me estimulou a enfrentar essa jornada e sempre me disse que o "céu é o limite" e "persevere, que o mundo será seu". De ambos herdei o sentimento de indignação frente às injustiças e a vontade de mudar o mundo, razão pela qual escolhi interpretar o Direito como ferramenta de transformação da realidade e não de manutenção do *status quo* vigente.

Uma menção especial à minha avó Giselda Castro, pioneira da ecologia, que cinquenta anos atrás já alertava sobre os perigos da crise hídrica, da necessidade de se preservar os rios e de economizar água. Fazes, vó, muita falta no mundo de hoje, e me pego pensando o que não estarias fazendo para combater e denunciar o desmonte da legislação ambiental. Saudades eternas.

Ao meu avô Nelson Antonio Crochemore, de quem me despedi apenas dias antes de entregar esta pesquisa, fica meu agradecimento pelo carinho, exemplo, senso de comunhão e solidariedade e pela constante valorização da educação, mesmo sendo um agricultor sem estudos formais, era um homem muito culto, curioso e que se orgulhava de cada filho, neto e bisneto que se graduava.

À minha família e aos meus amigos, esteios da minha vida, agradecer a paciência pelos momentos em que tive de me ausentar para escrever e pesquisar, renúncias que precisamos fazer em nome do amor ao conhecimento.

Aos trabalhadores do saneamento do Rio Grande do Sul que nos últimos anos, em minhas andanças por todo o estado em audiências, reuniões sindicais e assembleias, me ensinaram a importância de seu labor e a fundamentabilidade da defesa da água pública e de todos e aos meus colegas de escritório, com quem também aprendi muito sobre a importância da defesa dos direitos sociais.

Este livro, fruto de minha pesquisa, foi elaborado com método e formato acadêmicos, mas nele está imbuído também, além de razão, coração. Impossível desvencilhar a defesa do direito humano de acesso à água e da construção do bem comum da luta pela construção de uma sociedade mais justa, solidária, equitativa e fraterna e da indignação necessária para reafirmar que outro mundo não é apenas possível, mas necessário.

"Que braseiro, que fornalha, nenhum pé de plantação

Por falta d'água perdi meu gado, morreu de sede meu alazão"

Luiz Gonzaga, Asa Branca.

LISTA DE ABREVIATURAS

ANA	Agência Nacional de Águas
CBH	Comitê de Bacia Hidrográfica
CEDES	Centro de Estudos e Debates Estratégicos
CESAMA	Companhia Municipal de Saneamento de Juiz de Fora
CESB	Companhia Estadual de Saneamento
CLT	Consolidação das Leis Trabalhistas
CNRH	Conselho Nacional de Recursos Hídricos
DMAE	Departamento Municipal de Águas e Esgoto
DEP	Departamento de Esgotos Pluviais
EUA	Estados Unidos da América
FAO	Organização das Nações Unidas para a Alimentação e a Agricultura
GIAHS	Sistema de Patrimônio Agrícola de Importância Global
PLANASA	Plano Nacional de Saneamento
PLANSAB	Plano Nacional de Saneamento Básico
PNRH	Política Nacional de Recursos Hídricos
ODS	Objetivos do Desenvolvimento Sustentável da ONU
OMC	Organização Mundial do Comércio
OMS	Organização Mundial da Saúde
ONDAS	Observatório Nacional do Direito à água e Saneamento
ONU	Organização das Nações Unidas
SINGREH	Sistema Nacional de Gerenciamento de Recursos Hídricos
SNIS	Sistema Nacional de Informações sobre Saneamento
UNESCO	Organização das Nações Unidas para a Educação, Ciência e Cultura

SUMÁRIO

CAPÍTULO 1
INTRODUÇÃO 15

PRIMEIRA PARTE
A TRADIÇÃO SOLIDÁRIA DA ÁGUA E O BEM COMUM

CAPÍTULO 2
A ÁGUA E O BEM COMUM 23
2.1   A concepção jurídica das águas na Antiguidade 24
2.2   O paradigma do bem comum na cultura jurídica ocidental 39
2.3   Breves apontamentos sobre a água como bem comum 51

CAPÍTULO 3
A EXPERIÊNCIA DO TRIBUNAL DAS ÁGUAS DE VALÊNCIA 61
3.1   A história do tribunal – cultura milenar e comunitária 61
3.2   Funcionamento e jurisdição 72
3.3   A gestão compartilhada da água na Vega de Valência 85

SEGUNDA PARTE
A ÁGUA COMO DIREITO

CAPÍTULO 4
ACESSO À ÁGUA COMO DIREITO HUMANO 97
4.1   Direitos humanos e direitos fundamentais: a relevância jurídica da água 97
4.2   A água como direito humano essencial (Resolução 64/292 da ONU) 108
4.3   A PEC nº 4/2018 e o regime das águas na Constituição brasileira 119

CAPÍTULO 5
REGULAMENTAÇÃO E CONCEITO NO
ORDENAMENTO JURÍDICO BRASILEIRO 133
5.1　A Lei nº 9.433/97, política e o sistema nacional de
gerenciamento de recursos hídricos 133
5.2　Mecanismos para a efetividade do direito humano à
água na legislação brasileira 145
5.3　Participação popular e controle social dos recursos
hídricos 157

TERCEIRA PARTE
A *LEX MERCATORIA* CHEGA AO 4º ELEMENTO

CAPÍTULO 6
A CRISE HÍDRICA E O DIREITO 171
6.1　A crise hídrica e o mito da abundância 171
6.2　O agravamento pela exploração da água para fins
comerciais 179
6.3　As disputas em torno do paradigma da água como bem
comum: acesso à água na sociedade complexa 189

CAPÍTULO 7
PROCESSOS DE MERCANTILIZAÇÃO DA ÁGUA 203
7.1　Na contramão do mundo: a crescente tendência de
privatização da água no Brasil 203
7.2　O "novo" marco legal do saneamento 218
7.3　Movimentos contemporâneos de reestatização e
remunicipalização 225

CONSIDERAÇÕES FINAIS 235

REFERÊNCIAS 243

CAPÍTULO 1

INTRODUÇÃO

Referir que há um paradigma em disputa é, em primeiro lugar, ressaltar a relevância do tema e sua pertinência, pois, quando se trata da questão da água, e mais precisamente do Direito Humano Fundamental à água, aborda-se uma condição *sine qua non* para a vida humana e, por conseguinte, descobre-se um direito essencial para o gozo e fruição de todos os outros direitos, com imensas implicações na qualidade de vida e bem-estar da população e com repercussão no desenvolvimento econômico e social de todas as nações, sendo um balizador do sucesso das civilizações desde a Mesopotâmia.

Essa característica fisiológica natural garante (ou deveria garantir) um papel diferenciado para o acesso à água pelos seres humanos e também animais e plantas, pois pode-se aguentar uma vida inteira de privações, fruto das desigualdades sociais e estruturais. Podemos aguentar um mês sem comer, mas sem água não se vive uma semana, uma vez que o corpo humano é composto de mais de 60% de água e o processo de desidratação e perda de líquido é bastante intenso. Alguns avanços têm sido obtidos, o mais notório deles é o reconhecimento do direito humano à água pela comunidade internacional, conjuntamente com o adjetivo "essencial", que denota o início de uma construção jurídica que eleve a proteção desse direito até o patamar adequado, conforme cristalizado na Resolução 64/292 da Assembleia Geral da ONU, ainda que apenas recentemente, vez que aprovada somente em 2010.

Portanto está-se diante de um tema transversal, umbilicalmente ligado ao direito de todos à saúde, ao meio ambiente sadio e à dignidade da pessoa humana. É, ademais, um direito bastante complexo, apesar da aparente simplicidade, indo além da mera garantia de fonte d'água, pois dele emanam diversas responsabilidades estatais, coletivas e individuais. Esse acesso deve ser qualificado, perene, seguro, e não pode haver discriminações, o que por si só já demanda relevante atuação estatal, exigindo a instalação de infraestrutura, que não é barata, de tratamento, fornecimento e abastecimento. Obriga-se ainda ao respeito aos múltiplos usos da água: comerciais, industriais, pessoais, humanitários, sanitários, culturais, como via de transporte, entre outros, e ao mesmo tempo sua priorização e intensa colaboração institucional, solidariedade, tolerância e compreensão, pois a água não respeita as ficções jurídicas ou as fronteiras nacionais, dificilmente havendo um rio ou nascente que abasteça apenas uma cidade ou população.

Assim, identifica-se neste direito deveres de realização de prestações negativas, como a defesa do cidadão e da população contra a violência, contra cortes d'água e contra o desvio de nascentes, e também de prestações positivas, sendo obrigação do Estado garanti-lo, sempre em consonância com o princípio democrático, a partir do controle social, pois água pública não significa de "propriedade privada do Estado", mas um bem de todos, de uso comum, necessário para cada um e para a sociedade, indo além da tradicional separação civilista entre público e privado. É a partir desta perspectiva, e da afiliação ao paradigma da água como bem de domínio público, limitado e escasso, cujo uso prioritário deve ser para consumo humano, bem como da noção do direito de acesso à água (segura e limpa e em quantidades suficientes) como direito humano consagrado internacionalmente, e buscando as bases deste tratamento jurídico diferenciado na historicidade do Direito, como paradigma construído culturalmente pelos antigos, juridificado pelos romanos e mantido no medievo que levantou-se uma série de questões que foram abordadas na presente pesquisa.

Identifica-se ainda um paradoxo, de um assunto tão importante, mas tão pouco juridicamente tutelado e protegido ou especificamente positivado, que apenas recentemente observam--se esforços para colocá-lo expressamente em nossa Constituição

Federal, que possui destacado e amplo rol de direitos sociais e fundamentais, através da proposta de Emenda à Constituição 6/2018, aprovada em 2021 por unanimidade pelo Senado Federal e que coloca o direito à água potável, adequada, em condições seguras e suficientes no rol dos direitos sociais no artigo sexto.

Outro paradoxo interessante é o de como já se consegue encontrar em códices muito antigos regulamentação do uso das águas, e, por outro lado, o estado liberal burguês estabelecido a partir do final do século XVIII e que se tornou o modelo preponderante no mundo e sobretudo no Ocidente, demorou para regulá-lo em bases modernas, com legislações recentes.

Observa-se, ainda, e como uma das justificativas principais para este estudo, uma intensa movimentação no Brasil e no mundo, sobretudo nos últimos três anos de privatização dos serviços públicos essenciais de água e saneamento básico, de uma defesa do discurso de precificação da água, e de seu tratamento como *commodity*, o que contraria a tradição solidária da água. A presente pesquisa busca compreender as razões pelas quais, por muito tempo, esteve a água a salvo das tentativas do mercado de transformar direito em serviços, e como a perspectiva de auferir lucro por esses serviços conflita e ameaça o direito humano fundamental, apenas recentemente declarado e positivado, ainda que, como visto, reconhecido há milênios. A pesquisa busca entender também essa perspectiva de auferir lucro com a água e não apenas dotá-la de valor econômico, posto que, como elemento escasso, deve haver cuidados especiais para evitar-se o desperdício, mas esse valor não poderia sobrepujar sua essencialidade. Por fim, a presente pesquisa também questiona a captação por entes privados de algo cuja demanda é inerente à vida, seja humana, animal ou vegetal.

Traz-se ainda algumas questões, partindo do pressuposto que durante toda a Antiguidade, a água era tratada como bem público, bem coletivo e bem comum à sociedade, avaliando-se se a implementação de mercados privados do uso da água prejudica a concretização desse direito humano fundamental e se a visão da água como mercadoria sujeita à exploração comercial é justificada juridicamente. Nota-se, preliminarmente, que as tentativas, até aqui em grande medida bem sucedidas no caso brasileiro, de alterar os marcos normativos que regulam o saneamento básico, demonstram que há a compreensão por parte dos defensores da concessão desses serviços de que há entraves na atual cultura jurídica – baseada na tradição – o que leva à necessidade de modificar o paradigma por meio de alterações legislativas.

De forma a auxiliar na reflexão, optou-se ainda por analisar exemplos de reafirmação do paradigma da água como bem comum e construtora do bem comum, em diversas culturas, ao explorar a milenar instituição do Tribunal das Águas de Valência, como um modelo da força deste paradigma e da ligação entre água e democracia, assim como buscou-se demonstrar que essa concepção, apesar de milenar, não está ultrapassada ou desatualizada, sendo base para experiências contemporâneas de reestatização, remunicipalização e republicização dos serviços em diversas partes do mundo, principalmente no continente europeu.

Conjectura-se ainda, a partir da análise da Política Nacional de Recursos Hídricos e da legislação atinente ao tema no Brasil, Lei nº 9.433/97, se há a necessidade desta ser flexibilizada, e se não está tratando-se sintoma como causa para que se atinjam os objetivos citados na Lei nº 14.026/2020 (novo marco legal do saneamento), no PLS 495/17 e nos projetos de privatização das companhias estaduais (Cesbs) como melhor alocação dos recursos etc. E como contribuição, sugere-se a adoção conjunta, concomitante com o fortalecimento dos instrumentos da PNRH, em grande medida desconsiderados pela Administração Pública e pela comunidade jurídica, de um paradigma popular e comunitário de gestão da água que efetivamente combine uma estratégia estatal de combate à escassez com a participação da comunidade na resolução de conflitos e na administração dos recursos hídricos.

Para que se atingissem as finalidades pretendidas, a metodologia adotada pelo presente trabalho foi o método hipotético-dedutivo e histórico-jurídico, a partir do procedimento descritivo e interpretativo-comparativo. Como técnica de pesquisa, utilizou-se a revisão bibliográfica, sendo que a pesquisa está estruturada em três partes e seis capítulos, que se passa a apresentar brevemente.

A primeira parte trata do resgate da tradição solidária da água e sua ligação com o bem comum, traçando as características da concepção jurídica das águas na Antiguidade e a história do Tribunal de Águas de Valência. Desenvolve-se no primeiro capítulo uma breve investigação sobre como a água era tratada durante a Antiguidade, resgatando seu sentido fundacional, estratégico, econômico e político para as primeiras sociedades, muitas delas consideradas civilizações hidráulicas. Resgata-se ainda o que os antigos filósofos gregos e jurisconsultos romanos e medievais desenvolveram sobre o tema, para então, de forma mais detalhada, analisar os capítulos do Digesto e outras menções sobre o tema da água encontradas no *Corpus Iuris Civilis*, buscando ressaltar o caráter público da água presente nos textos dos juristas romanos, identificando-a como um bem essencial e comum a todos, inclusive já com uma incipiente noção de preservação ambiental, com regramentos contra a poluição, uso abusivo e desvio de fontes d'água. Ainda no primeiro capítulo, é realizada uma incursão histórica sobre o sentido do bem comum, dos antigos gregos como Platão e Aristóteles até os dias de hoje, com especial atenção aos escritos de São Tomás de Aquino, Bártolo de Sassoferrato e a doutrina cristã que molda até hoje nossa sociedade.

Em relação ao Tribunal de Águas de Valência, analisa-se, com o auxílio dos estudos da ganhadora do prêmio Nobel de economia, Elionor Ostrom, o percurso deste exemplo de estrutura que incorpora essa tradição solidária da água por meio de sua cogestão participativa e colaborativa que persiste até hoje nas oito acéquias dessa região da Espanha, um dos pomares da Europa há mais de mil anos e que tem origem na ocupação romana, e que demonstra a influência dessa concepção justamente pela opção, durante o período islâmico e posteriormente na reconquista pelos cristãos, de manutenção do complexo e engenhoso sistema de irrigação que já vinha de séculos antes, obra dos califas árabes de Al-Andalus com base nos aquedutos romanos. O Tribunal resistiu ao tempo, às mudanças de regime, a conquistas e invasões e chegou à atualidade reconhecido oficialmente pelo governo espanhol como tribunal consuetudinário, de acordo com o artigo 125 da constituição espanhola pós-franquista. O Tribunal, a partir de seus 8 juízes síndicos eleitos pela comunidade, ainda funciona na base da informalidade, oralidade e simplicidade, mas consegue emanar sua *autorictas*, ao basear o respeito e influência de suas decisões – irrecorríveis, saliente-se –, em sua legitimidade social, moral, de reputação e transparência destes destacados membros da comunidade, que atuam duplamente como conselho de administração e executivo, e por isso são chamados de síndicos e também de árbitros dos conflitos, e portanto, juízes.

A segunda parte da presente pesquisa visa a demonstrar o caminho percorrido para a construção da água como bem jurídico fundamental e do acesso à água como direito humano fundamental, analisando sobretudo a evolução na seara internacional (como a Resolução 64/292 da AG da ONU) e do novo constitucionalismo latino-americano, comparando com a tradição brasileira e nosso arcabouço jurídico-normativo sobre o tema, como a nossa Lei de Águas, a Lei nº 9.433/97 e a construção de um sistema de gestão participativa da água no Brasil, com a exclusão, até hoje, da água no rol dos direitos fundamentais na Constituição Cidadã de 1988, ainda que tramite PEC neste sentido.

Na terceira parte, analisa-se a atual tendência de privatizações dos serviços de abastecimento de água, com a chegada da chamada *Lex Mercatoria* ao quarto e último dos elementos naturais, a água, que tornou-se *commodity*, inclusive sendo vendida em mercados futuros na bolsa de valores, e a identificação da escalada de conflitos, por vezes armados, relacionados ao controle de fontes de água ou ao preço do serviço, as chamadas guerras das águas, como em Cochabamba, na Bolívia, exemplo da disputa privada pelo controle das fontes de água que já começou a aflorar no mundo, e no Brasil não seria diferente. Analisar-se-á a crise hídrica (policrise), o mito da abundância e o mal que ele causou às nossas fontes de água, a cultura de consumo, a tendência de privatização de serviços de água e saneamento básico, que já começa a ser revertida em muitas partes do mundo, notadamente na Europa, depois reservando um capítulo para tratar sobre as iniciativas legislativas sobre o tema, que subvertem a lógica do sistema atual e frontalmente colidem com o paradigma estudado anteriormente de tratamento da água como bem comum e seu acesso como parte essencial do objetivo de atingir o bem comum. O último capítulo visa a confrontar essas visões de mundo em choque e os efeitos atuais, inclusive climáticos, do esgotamento da sociedade de mercado e sua repercussão direta nas tentativas de submeter o paradigma da água como bem comum para um novo paradigma baseado na mercantilização da água.

PRIMEIRA PARTE

A TRADIÇÃO SOLIDÁRIA DA ÁGUA E O BEM COMUM

CAPÍTULO 2

A ÁGUA E O BEM COMUM

O conceito de bem comum (*bonum commune* no original em latim) é um dos principais bastiões do pensamento filosófico ocidental, com origem nos filósofos gregos e nos ensinamentos de Platão, Aristóteles e com eco nos jusfilósofos romanos, como Cícero, quando trata da República, e com reflexos nas obras de Epicuro, Marco Aurélio, Sêneca. A tradição cristã tomista é herdeira destas formulações, ainda que Santo Agostinho e São Tomás de Aquino tenham desenvolvido de forma expressiva e sejam responsáveis por boa parte do conteúdo que simboliza a compreensão da expressão bem comum que chegou aos nossos tempos.

O conceito de bem vai aparecer em Platão, em sua *Republica*, como a forma de se aproximar de Deus. As virtudes (*aretai*) tinham como fundamento comum o bem-em-si ou próprio bem, era algo que o homem deveria perseguir, agindo de certa maneira, visando ao verdadeiro bem, visão que se expandiu com o conceito de comunidade de cidadãos, pois por meio da *paideia*, da educação, buscava-se a melhor sociedade e melhores finalidades para todos e para cada um. Já havia, portanto, o princípio de um conceito de bem comum a todos (JAEGER, 1936). Para Aristóteles, o conceito de bem comum se expressava na busca pela felicidade por meio da comunidade política nas cidades-estado (*politeia*) e da harmonia entre os homens, portanto deveria haver naquela sociedade uma organização política voltada para finalidades comuns, com fundamentos próprios e objetivos concretos para que se atingisse o que conceituava como "vida boa". Para o estagirita, em sua *Política*, "a cidade tem por finalidade o soberano bem" (ARISTÓTELES, 1991).

Já a produção teórica de São Tomás de Aquino é centrada no seu entendimento teológico, como membro da igreja, e justifica a lei natural a partir de Deus, consagrando-se como um dos principais expoentes de um jusnaturalismo e a compreensão dessa faceta do autor é importante para compreendermos sua teoria do Direito e sua filosofia moral. Para Tomás de Aquino, o bem comum é uma noção estruturante de seu pensamento e começa como a junção de dois conceitos que são também anteriores a ele, que datam dos antigos gregos, o conceito de "bem" e o conceito de "comum" (MARTÍNEZ, 2019).

2.1 A concepção jurídica das águas na Antiguidade

Água é vida. Há um consenso científico, político e social sobre a importância da água para a vida humana, não apenas no sentido de que o nosso corpo necessita de água dentro de intervalos regulares ou ocorre desidratação que pode levar a óbito, mas também como sendo essencial para nossa qualidade de vida, para a saúde, higiene, alimentação, preservação do meio ambiente e, inclusive, para atividades econômicas.

Não é demasiado afirmar que a água, principalmente as fontes abundantes desta, é base fundante das civilizações, com os primeiros grandes impérios da humanidade estabelecendo-se em seu entorno e cultivando uma deferência e devoção a seus rios, como os egípcios, com o Nilo, e a Mesopotâmia, com os rios Tigre e Eufrates, as chamadas antigas "Civilizações Hidráulicas" (BUTZER, 1976). Evidências arqueológicas demonstram que o sistema de fornecimento de água, no Egito, era uma das principais atividades do Estado, sendo essa uma das funções atribuídas ao Vizir[1] a partir de uma intricada rede de administrações locais que foram fatores importantes para o surgimento da burocracia e de uma classe dominante no país. Sua importância era tamanha que a autoridade e responsabilidade sobre as cheias do Nilo eram do próprio Faraó,

---

[1] O Vizir era uma espécie de Primeiro-Ministro no Antigo Egito, o funcionário com mais alto *ranking* dentro da administração egípcia e, geralmente, advindo da nobreza ou da própria família real.

com uma interconexão entre poder, sagrado e a água que moldou a civilização egípcia (DRIAUX, 2016).

Os romanos, famosos pela invenção do Direito, pelas formulações de conceitos como *Lex* e *Ius*, também tinham a relação com a água como uma característica marcante de civilização, e, ainda hoje, somos testemunhas disso com os impressionantes arcos dos aquedutos romanos.

As fontes de água detinham, para além de sua função econômica e alimentar, importância estratégica, militar, religiosa, simbólica, cultural e social nas civilizações da Antiguidade. Não à toa, praticamente todos os códigos de Leis do Oriente Próximo e Mesopotâmia contêm regulações que concernem o uso das águas, estabelecendo penalidades, critérios e formas de uso. Não apenas o Código de Hamurabi, mas os códigos de outros reis sumérios, assírios, babilônicos também deram importância para a utilização da água por seus súditos. No prólogo de seu Código, Hamurabi, entre outra infinidade de títulos, proclama-se como aquele que "trouxe vasta quantidade de água para os habitantes de Uruk" e, com inusual sensibilidade social para um regramento de quatro milênios, em seu artigo 48 colocava que se alguém estivesse devendo e perdesse sua plantação por falta d'água, não pagaria nada para seu credor naquele ano (AVALON, 2008).

Em outras passagens, o mau uso da água era punido, referindo o Código que aquele que abrir seus diques e inundar a terra do vizinho, deveria indenizá-lo (artigos 50, 53, 55, 56, entre outros). A água era uma forma de punição muito usada no Código, com mais de 10 crimes sendo puníveis com o afogamento da pessoa (literalmente, jogado na água, segundo a tradução). O Código de Ur-Nammu, ainda mais antigo, escrito trezentos anos antes, também previa que se um homem inundasse o campo de outro agricultor, deveria indenizá-lo com uma quantidade de grãos pelo estrago. Já o Código de Lipit-Ishar contém diversas provisões sobre o uso de barcos, demonstrando que milênios antes dos romanos, a água já era o centro da vida destes povos e a administração destes complexos impérios necessitava de sistemas intrincados de irrigação e navegação, que exigiram uma regulamentação do uso da água, ainda que rudimentar (ROTH, 1995).

Descobertas arqueológicas referem que canais de irrigação, poços e fossos sumérios povoavam o entorno dos rios Tigre e

Eufrates, e o Império Babilônico, por volta de 1850 a.C., por conta de uma enorme cheia (muito comuns pelos relatos antigos), foi obrigado a construir novos canais, pois o Eufrates (então Rio Babel) mudara de curso (ADAMO; AL-ANSARI, 2020). O próprio Hamurabi, notório por seu código, após inaugurar um canal gigantesco que cobria uma extensão de território de quase 160 quilômetros, deixou por escrito que "Eu escavei o canal Nar Hamurabi (Hamurabi é a abundância do povo) que traz uma profusão de água para as terras de Sumer e Akad", pois a parte sul de seu reino era (ainda é) famosa por ter pouca quantidade de precipitação, o que levava um bom rei a ser aquele que cavava e provia a manutenção de canais de irrigação (ADAMO; AL-ANSARI, 2020, p. 45).

Como prova de que a água era uma questão fundamental para a humanidade em todo o globo, na mesma época, 2100 anos antes de Cristo, a mítica dinastia chinesa *Xia*, tinha como fundador *Yu, O Grande*, cujo maior feito foi controlar as inundações que assolavam o povo chinês e é muitas vezes conhecido como o "grande Yu que controlou as águas", referindo a tradição (pois não há evidências arqueológicas de sua existência, embora recentes descobertas colocam que o evento chamado de "A Grande Cheia" realmente aconteceu) que ele teria criado um intricado sistema de canais de irrigação, drenagem das margens e barragens durante treze anos nos rios *Huanghe* (Amarelo) e *Wei*, sendo o período conhecido como *Zhi Shui*, ou literalmente, o "governo das águas" (MENDOZA, 2006).

Na África, cuja história antes da colonização europeia no século XIX é pouco estudada, os impérios de Ghana, Mali e Songhai possuíram notoriedade pelo comércio de ouro e a cidade de Timbuktu é até hoje conhecida por seus mistérios. Mas essas civilizações, que dominaram parcela importante do norte da África entre o ano 300 até o século XVII, tinham o Rio Níger e os sistemas de irrigação pelo vale do rio (que não resistiram ao tempo) como fonte de seu sucesso comercial, militar e econômico (CONRAD, 2005).

Já os astecas construíram seu império, no século XIV, em especial sua capital *Tenochtitlan*, a partir de um sistema de agricultura e irrigação avançado, conhecido como *Chinampas*, que consistia em criar pequenos espaços de terras férteis a partir de lama e vegetação com canais no meio, com dimensão suficiente para passarem canoas, e que propiciavam a irrigação necessária, bem como a pesca (FLORES; MARTÍNEZ; HERRERA, 2018). Em cidades como *Xochimilco*, ainda pode-se ver os canais e ter-se uma noção de como era o sistema de *Chinampas*.

Fica ainda mais evidente a relevância das águas na Antiguidade quando analisamos o termo cunhado pelo historiador Karl August Wittfogel (1957), de civilizações ou sociedades hidráulicas, ou ainda impérios hidráulicos, despotismo hidráulico (originalmente despotismo oriental), que ressalta a disputa pelo monopólio das águas como central para o surgimento de diversos impérios no Oriente, com o surgimento de estamentos e burocracias voltadas ao controle do uso da água, da irrigação e das cheias. Essas características podem ser identificadas em civilizações muito diversas no tempo e no espaço, do antigo Egito e Mesopotâmia até o império mongol, o império inca na América do Sul, o império asteca no México, o Califado Abássida e impérios no subcontinente indiano e outros países asiáticos.

A base da tese de Wittfogel (uma teoria sociológica e ecológica do totalitarismo), é que a posse de terras cultiváveis e a intensificação da arquitetura de irrigação é relacionada com o surgimento e aumento dos aparatos estatais. A necessidade de manter o fornecimento de água requeria uma enorme organização, que por sua vez garantia poder e riqueza, que levavam a um despotismo agro-hidráulico nestas regiões e teve reflexos na urbanização e militarização da sociedade, pela necessidade cada vez maior de administração da água (AHMAD, 2018) e ainda que hoje diversos geógrafos contestem sua teoria como universal, é inegável que os estudos de Wittfogel colocaram luz sobre a importância da água para as civilizações antigas.

Para os povos gregos da Antiguidade, a água também possuía muita importância, e, segundo Aristóteles, em uma passagem de sua *Metafísica*, Tales de Mileto considerava a água como o elemento principal e fundante da natureza, a substância de onde tudo derivava, com sua célebre frase "Tudo é água" (ARISTÓTELES, 350 a.C.). No clima árido onde se desenvolveram as *poleis* (cidades-estado) gregas, já em seu início, vemos que este, um dos famosos quatro elementos, tinha seu valor expresso em dezenas de passagens mitológicas, como a disputa entre *Poseidon* e *Athena* para serem o deus patrono de *Athena*s (Poseidon ofereceu água abundante, criando um poço na *Acropolis)*, e os trabalhos de Hércules, que escava um canal no rio *Acheloos* (KOUTSOYIANNIS; PATRIKIOU, 2014).

Aristóteles também escreveu um tratado sobre questões hidrológicas, *Meteorologica*, dissertando sobre questões meteorológicas e geográficas, como o ciclo hidrológico. A civilização minoica em Creta construiu sistemas de aquedutos, coleta de água da chuva e sistemas de esgoto que eram utilizados até o século 20 e a prosperidade da civilização micênica é muito creditada aos sistemas de controle de cheias e drenagem que construíram em suas terras. Na Era Clássica, aquedutos e túneis ainda hoje impressionam por seu tamanho e escala. Tamanhas engenharia e complexidade levaram ao desenvolvimento de regulamentações e instituições para o controle das questões envolvendo água, a mais antiga conhecida sendo as Leis de Sólon, descritas por Plutarco, que demonstram que 500 anos antes de Cristo já havia um interesse público e uma função social reconhecida para água: "Onde havia um poço público a um *hippicon* de distância, isto é, quatro *stadia*, todos podem usá-lo" e "Se cavarem até dez *fathoms* e não acharem água, podem buscar até seis *choae* (20 litros) duas vezes por dia do poço do vizinho" (KOUTSOYIANNIS; PATRIKIOU, 2014, p. 15).

Em *A Política*, Aristóteles coloca que "na cidade deve haver uma abundância de fontes e nascentes, ou na falta deles, grandes reservatórios para água da chuva" (ARISTÓTELES, 1999) e ainda há evidências de regulação no sentido de penalizar que propositalmente barrar ou desviar um curso d'água e de proteção contra a poluição, proibindo jogar lixo no rio Ilissos. O sistema de administração das águas exigia sua própria burocracia, com Atenas possuindo um superintendente das fontes, encarregado de supervisionar seu funcionamento e a distribuição de água, um cargo que era tão importante que era escolhido pelo voto e não por sorteio, segundo nos narra Aristóteles. De certo modo, na Grécia Antiga, a democracia jorrava das fontes.

Mesmo em culturas que não deixaram ou não possuem registros escritos, como as tribos indígenas, vemos forte tradição oral de histórias relacionando os povos e as águas e rios. Freud (1912), em seu notável ensaio *Totem e Tabu* refere que o totemismo, para além de animais, poderia ser a representação de forças da natureza, como a água e a chuva, e trouxe informações de que no

Camboja havia reis-sacerdotes com o título de "reis da água", cuja função era rezar pela chuva. No Brasil, o povo Karajá, habitante da foz do rio Araguaia, no Tocantins, apresenta uma história de séculos de ligação com as águas e em especial com os espíritos do rio, pois acreditam que sua tribo é originária do Berrorokan (Rio Grande, em português) (KOUTSOYIANNIS; PATRIKIOU, 2014).

Os textos mais influentes do mundo, os livros sagrados das três religiões monoteístas do mundo, a *Bíblia Sagrada Cristã*, o *Corão Muçulmano* e a *Torá Judaica*, apresentam passagens que expressam a importância e a força do elemento água. Na Bíblia, o acordo de Deus com Noé passa pela garantia de que "Nunca mais as águas se tornarão um dilúvio para destruir todas as formas de vida" (Gênesis, 9:15).

Os próprios batismos primitivos eram feitos diretamente mergulhando-se de corpo inteiro nas águas, com São João Batista batizando Jesus Cristo no rio Jordão, costume ainda adotado por algumas denominações evangélicas e que guarda relação com a água benta e a forma de batismo ainda hoje feita pelos praticantes da fé cristã. É recorrente na temática do Velho Testamento, cujas histórias repetem nos três textos – na bíblia, na torá e no corão – a dicotomia de que água é vida e água é morte. São dezenas de passagens e versículos louvando a água da chuva, a descoberta milagrosa de água no deserto e a fertilidade de terras que antes eram áridas. Mas foram as águas que causaram o dilúvio universal, que tragaram o exército do faraó que perseguia o povo judeu com Moisés (ele mesmo, "vindo das águas" em hebraico).

Esse breve resgate histórico e sociocultural demonstra a universalidade da água como elemento central na constituição das civilizações que habitaram o planeta, podendo-se identificar traços e características moldadas pela busca ou manutenção de seus cursos e fontes d'água em praticamente todas as sociedades. O conceito de história ambiental (WORSTER, 2003) então torna-se fundamental para melhor compreender-se o fenômeno da importância da água para a espécie humana, pois a relação do homem com a natureza foi (em diversas formas ainda é) fonte criadora e incentivadora de avanços tecnológicos e científicos, militares, comerciais, alvo de algumas das primeiras leis e códigos, e influenciadora de crenças e culturas que marcam sociedades, sendo portanto de inestimável valia estudar esses fenômenos à luz da historicidade dos mesmos, observando a evolução (ou involução) desse relacionamento durante milênios, e alvo de estudos no âmbito da Geografia, Arqueologia, Antropologia, Sociologia, Política, Filosofia, Teologia e Biologia, entre outras áreas do conhecimento, além do Direito. No presente trabalho, por meio do recorte temático da água e da experiência jurídica advinda da necessidade de se regular a distribuição e o fornecimento deste elemento, em sociedades cada vez mais complexas e dinâmicas, busca-se resgatar e atualizar antigas morfologias, como o bem comum, visando a construção de novos paradigmas sociojurídicos.

A compreensão da água como um bem que deveria ser utilizado de forma equitativa, buscando-se o bem comum e o progresso da comunidade, não é nova. Pelo contrário, essa é uma noção milenar, com os romanos já se importando com a administração pública da água, identificando seu potencial estratégico e dedicando, inclusive, nove capítulos do *Digesto de Justiniano* para assuntos que envolviam questões aquáticas (KLUG, 2019).

A importância da água para a civilização romana, seja pela questão econômica e comercial, militar, para fins de irrigação ou mesmo de locomoção, é evidenciada pela tradição de regulamentação das águas desde o período clássico, possuindo o Título III do Livro XXXIX longa passagem de observações realizados por Ulpiano, até o período final do Império Romano do Ocidente, quando da compilação das leis do Império no período do Imperador Justiniano (530-565) no *Corpus Iuris Civiles*, no *Nouus Iustinianus Codex* e no *Digesto*. A importância social e cultural da água para a civilização romana é ilustrada ainda pelo enorme número de casas de banho públicas, as *thermae* (termas) que construíram, costume que era, ao contrário de hoje em dia, um evento social, mesmo quando os banhos eram localizados em cômodos nas casas dos patrícios (FAGAN, 2002).

Ainda, os rios eram as fronteiras não apenas geográficas, mas políticas, das províncias da República e depois do Império. Percorreu os milênios e chegou aos nossos dias a expressão "atravessar o Rubicão" como tomar uma decisão da qual não se pode voltar atrás, herdeira do evento em que Júlio Cesar, em 49 a.C., decidiu atravessá-lo com suas legiões. Esse rio, ao norte da cidade de Roma, era a fronteira entre a província romana da Gália Cisalpina e o território diretamente governado por Roma, no qual era proibido aos governantes exercerem o *imperium*, ou direito a comandar tropas.

As evidências do regime jurídico das águas, no período romano, remontam à República (509 a.c. – 27 a.c.) e já havia uma visão de que ela deveria ser gratuita e seu acesso deveria ser garantido a todos. Cícero, um dos mais influentes escritores e pensadores de Roma, considerava a *aqua profluente*[2] como um bem comum, compartilhado por todos. Ainda que não fosse um termo jurídico propriamente dito, os romanos separavam a água doce da água salgada e, dentro desta, de onde advinha, se era do *lacus, rivs, flumen* ou pelos aquedutos (BANNON, 2017).

Em todos os casos, as evidências apontam que a consideravam, desde aquela época, como um bem a ser regulado pelo poder público e usufruído por todos. A primeira menção escrita à água aparece nas *Doze Tábuas*, na Tábua VII, que trata das propriedades reais, com disposições que vão aparecer posteriormente também no *Actio Aquae Pluviae Arcendae*, que tratava sobre a retirada da água da chuva e protegia os proprietários que tivessem sido prejudicados caso, de alguma maneira, a água advinda dos céus não caísse mais em suas terras por obra de um vizinho localizado em terras mais altas.

Cabe realizar breve diferenciação em relação ao direito das coisas, *res*, e as classificações dos bens dentro do Direito Romano para melhor entendimento sobre a água. Para os juristas romanos, após a distinção entre *Ius* e *Lex*, as divisões mais importantes – e que vão atravessar todas as esferas da organização da sociedade romana – são as que se referem às matérias de ordem pública (*ius publicum*) e privada (*ius privatum*), com a *Lex publica* conduzindo a sociedade, e a *Lex privata*, através do *pater poder*, supremacia do chefe de família (*pater familias*), conduzindo as questões relacionadas à casa, à disciplina doméstica e aos negócios. Assim, a família era um organismo político de igual valor à *civitas* e, portanto, inexpugnável, havendo, portanto, uma religião doméstica e outra pública, um direito privado e outro público (FLORES; TABORDA, 2018).

---

[2] Água corrente.

Ainda, na complexa divisão da *res* romana, temos a *res divini iuris*, que congrega o que não pode ser propriedade privada, pois pertence ao divino, dividido em *res sacrae, res sanctae* e *res religiosae*, bem como aqueles bens e coisas que podem pertencer aos humanos, aqui entendidos como os cidadãos dotados de *Ius*, ou seja, aqueles que eram livres, pertenciam a uma família (*gens*) e eram romanos, não sendo submetidos a qualquer restrição de natureza privada (FLORES; TABORDA, 2018) e distinguidos em *res communes, res publicae* e *res universitatis* no que interessa ao objeto de estudo do presente trabalho, que é a questão dos bens sob zelo do Estado e do domínio público.

A água que não estava submetida a alguma regulação privada, como, por exemplo, alguma fonte que estivesse na propriedade de alguém – ou água utilizada para fins religiosos – era considerada água pública, como rios, a partir da construção clássica apresentada por Cassius, de que os rios deveriam "fluir todo o ano", uma das primeiras indicações da importância da água pública dentro do pensamento jurídico romano (BANNON, 2017), bem como de lagos, riachos e outras fontes naturais que eram considerados *ager publicus*, águas públicas, tratadas dentro da ideia de uso comum, compartilhado (*usus publicus*) e da noção de *res comunnes*.[3]

Já os aquedutos e outras fontes de água canalizadas pelo homem entravam na classificação de *res publicae* (KLUG, 2019), embora haja autores que consideram que estudar as águas no Direito Romano apenas sob a ótica da classificação das coisas seria insuficiente, dado que, ao mesmo tempo em que existem as garantias de acesso e uso comum, há evidências de restrições e limitações a partir de interditos realizados por pretores, bem como de disputas entre privados em relação à água resolvidas pelo meio de *vindicatio*[4] (BANNON, 2017).

Bannon (2017) critica as análises feitas anteriormente por juristas e historiadores sobre a questão da água no Direito Romano, considerando que mesmo o complexo sistema de propriedade romano não dá conta de entender o fenômeno da regulação da água

---

[3] Marciano define, como tal, a água, o ar, o mar.
[4] Sobre este conceito do Direito Romano clássico, ver: TABORDA, 2010.

pelos juristas do Lácio. Para defender sua abordagem diferenciada sobre a regulamentação e resolução de conflitos envolvendo água, direitos de propriedade pública e privada e o uso desta no mundo romano, utiliza partes da teoria dos *Common-Pool Resources* (bens comuns) de Elinor Ostrom,[5] segundo a qual, ao caracterizar o bem comum como um bem que não é puramente público, o Poder Público não exerce controle total sobre ele, e, portanto, há uma característica mista (DAROIT *et al.*, 2004). Tal compreensão hoje está absorvida pela legislação ambiental em praticamente todos os países do mundo, mas Bannon enxerga as características do bem comum, ainda que de forma incipiente, da maneira que o Direito Romano enfrentava a temática.

Há ainda de se referir que até o Édito de Caracala em 212 d.C., que concedeu a cidadania romana a todos os habitantes livres nos limites do Império, o *Ius Civile* aqui citado, e consequentemente, seus ditames em relação a água, eram vinculantes apenas aos cidadãos romanos e as terras em solo italiano, com o restante das províncias do Império (que se estendia por milhares de quilômetros e perpassava dezenas de culturas) usando um misto de regulações locais e Direito Romano. Aí também as fronteiras entre o público e o privado se misturavam, com os proprietários responsáveis pela manutenção do aqueduto (público) que passasse em suas terras, e um envolvimento da comunidade da cidade na construção, financiamento e administração das águas, conforme relato extraído das cartas de *Plínio, o Jovem*, para o Imperador Trajano, referente à construção de um aqueduto em Sínope, na Bitínia (atual Anatólia, na Turquia) quando este era governador (SHERWIN-WHITE, 1966).

O estado romano gradualmente vai tomando a administração da água como algo público e estratégico, como podemos ver pelos relatos de *Frontinus*, com os aquedutos e tudo o que a eles se referia, como os direitos de uso, de exclusão e sua administração, sendo assuntos de domínio público, baseados numa visão de fornecer o acesso à água a toda a população romana. Os primeiros registros sobre os aquedutos são da construção de algumas destas

---

[5] Essa expressão, bastante utilizada para a relação do homem com o meio ambiente, foi utilizada pela primeira vez no texto de Garret Hardin, *A Tragédia dos Comuns* (HARDIN, 1968).

estruturas pelos censores *Claudius Caecus* em 312 a.C. e *Dentatus* em 272 a.C., com reclamações do Senado pelo primeiro ter utilizado fundos públicos sem a autorização destes. Em 184 a.C., os censores *Cato e Flaccus* proíbem o uso não autorizado de água dos aquedutos, e o Senado, em 116 a.C., tratou do tema em decreto (*Senatus Consultum*). Ainda, na experiência republicana, vale citar a chamada *Lex Rivalicia* (cujo nome advém de *rivi*, canais de água) que refere que teriam autoridade e jurisdição (*iurisdictio*) sobre o uso da água os magistrados, tendo o dever de coletar as taxas de uso (BANNON, 2017).

O uso e o acesso à água eram tão importantes para os romanos que o Imperador Augusto tomou para si, no início do Império, o poder de administrar os aquedutos e os direitos de uso em relação à água dali advinda, criando a posição de *curator aquarum* por meio da *Lex Quinctia,* e de *Senatus Consultum* da época. Podemos enxergar que era um bem administrado pelo Estado, autorizado à cessão de uso apenas para agentes privados, e vedada a cessão do direito de uso entre privados (uma antiga proibição de mercados privados de água). Garantir o abastecimento das cidades continuava sendo, assim como na era republicana, a prioridade do sistema de recursos hídricos romanos, com uma preocupação muito grande na construção de fontes públicas (BANNON, 2017).

Já após a queda do Império Romano do Ocidente, o imperador Justiniano, logo após assumir o trono em 530, buscando também reafirmar a autoridade como Imperador Romano, ainda que em Constantinopla, começa a empreender largos esforços para codificar o Direito Romano, e uma das primeiras tarefas que delegou a um grupo de juristas foi o de organizarem uma coletânea das legislações existentes, compilando séculos de *leges e de Iura* (*Digesta* significa ordenação ou organização em Latim e *Pandectas* significa literalmente coletânea de tudo). O Imperador legislador foi responsável então por uma extensa obra legislativa dividida em quatro partes, as *Institutas*, o *Digesto*, o *Codex* (Código) e *Nouellas*, posteriormente reunidos por Dionísio Godofredo, já no Renascimento, sob o nome de *Corpus Iuris Civilis*, como é conhecido até hoje (DIGESTO, 2010). O Digesto é composto de 50 (cinquenta) livros, fruto do trabalho de Triboniano e seu time de renomados juristas, que em apenas três anos de trabalho, em 533, organizaram a obra após análise de milhares de textos. A

Constituição *Deo Auctore*, prefácio do *Digesto* escrita pelo próprio Imperador, impressiona pela atualidade dos conceitos ali escritos, ainda que se distancie 15 séculos dos dias atuais. Conceitos que estão até hoje insculpidos em nossa Constituição, na Lei de Introdução ao Direito Brasileiro (LINDB) e em nossos Código de Processo Civil e Código Civil como a uniformidade e a coerência do Direito, da jurisprudência e do sistema jurídico (arts. 926 e 927 do CPC), a preocupação com as antinomias e conflitos entre normas (alvo até hoje de intenso debate em relação à subsunção e ponderação) e a separação entre lei (*lex*) e Direito (*Ius*), entre a interpretação, aplicação e o texto da norma, já aparecem:

> §4. Determinamos, portanto, que leiais e retoqueis livros dos mais antigos jurisconsultos de direito romano que, por ordem das augustas autoridades, procederam a formulação e interpretação de leis, de modo que deles se reúna toda a matéria. Ao fazê-lo, porém, devereis atentar para que, tanto quanto possível, não haja nem semelhanças nem discordâncias na matéria), mas precisamente o que dela se possa colher e aplicar a todos os casos (DIGESTO, 2010, p. 15).

Ainda que o código comece com a definição de que *Ius* advém de *Iustitia*, portanto é a arte do bom e do justo, cabe ressaltar que 1400 anos antes de Hans Kelsen escrever a Teoria Pura do Direito, Paulus, em seus *Comentários a Sabino*, compilados no *Digesto*, já separava a aplicação do Direito da noção de justiça:

> (...) Diz-se também que o pretor "administra" o direito mesmo quando julga injustamente, com relação, e claro, não ao que fez, mas ao que deveria ter feito. Em outra acepção, chama-se direito o lugar em que se presta o direito, aplicando-se o nome do que se faz ao lugar onde é feito. Esse lugar pode ser assim definido: onde quer que o pretor, ressalvada a dignidade de sua autoridade e observado o costume dos antepassados, decidir prestar o direito, esse lugar é corretamente chamado direito (DIGESTO, 2010, p. 27).

Cabe deter-se de forma mais aprofundada no tratamento dispensado às águas no Digesto de Justiniano. Conforme Klug (2019), o arcabouço jurídico romano considerava a água como *res extra patrimonium* (não comercializável, apenas seu uso poderia ser privado, ainda assim com diversas restrições), *res humani iuris* (coisa de direito humano), e portanto tinha valor para além do pecuniário e patrimonial, pois são coisas de *uti i desfruti* (uso e desfruto), de todos, e *res communes*, ou seja de acesso comum. Para a garantia efetiva dessa concepção, a água precisava ser: a) administrada publicamente, pelo Estado, que envolveria sua burocracia na gestão desse bem de uso comum; b) regulada de forma a cumprir esse objetivo, portanto foco do Direito e do ordenamento jurídico; e c) ter um sistema de organização estatal que pudesse punir os violadores e reparar os danos e processar as queixas. Todos esses elementos são encontrados no Digesto.

No Livro XXXIX do Digesto, o Título (ou capítulo) III, *"De aqua et aquae pluviae arcendae"* (Da água e da exclusão da água da chuva), é dedicado a regular o uso da água, captação de água pluvial, estabelecendo competências, impondo deveres, obrigações e penalidades, destacando-se que a responsabilidade não abrangia danos causados por força maior (força da natureza, tais como chuva em demasia etc.). O capítulo começa conceituando a água da chuva como "aquela que do céu cai", e "se soma e mistura com as outras águas, aumentando-a", separando-a, portanto, das fontes de água na terra. Luiza Klug (2019) observa que do próprio nome do capítulo pode-se observar a preocupação com o interesse público e a responsabilidade estatal de prevenir e agir para remediar os danos causados pela água da chuva. Em outros livros, novamente a preocupação da administração pública com a água, notadamente dos rios, divididos entre rios públicos e rios particulares (o que não corresponde a noção atual de privado, que seria fazer parte do patrimônio de algum particular, mas sim com uso definido, privativo): "Alguns rios são públicos, outros não. Cassius define público com aquele que dura para sempre (perene) (...)" (KLUG, 2019, p. 35).

No Livro XLIII, encontra-se nada menos do que oito títulos referentes à água. É valido deter-se em breves comentários sobre esses títulos. O primeiro deles é o "XII. Dos rios, e do que não se pode fazer e do que se navegue pior" (BRASIL, 2015). Nesse capítulo, há interessante passagem que marca que certa reserva inclusive em relação as autoridades máximas do país, dissociando o interesse público (comum) do interesse do Imperador e do Senado, ao aduzir que ainda que o curso ou água de um rio pudesse ser utilizado e modificado a pedido destes, se ele já estivesse em uso e/ou fosse navegável, isso não seria mais possível.

Além disso, estabelece obrigações para o pretor de vistoriar o uso dos rios públicos. O próximo é o "XIII. Do que não se faz num rio público para que a água corra de outro modo diferente do que corria no verão passado" (BRASIL, 2015). Nesse título, vemos a preocupação com a preservação do rio, de seu fluxo natural e sua margem. Proibiu-se alterações, ainda que haja exceções, desde que autorizadas pela Administração Pública. Já o título "XIV. O que fazer para ser permitido navegar num rio público" (BRASIL, 2015), é voltado especialmente para os deveres dos navios, seus donos e tripulações, estipulando que ninguém pode ser proibido de navegar nas águas públicas. "XV. Da reparação das margens" (BRASIL, 2015) estabelece que quem danificar as margens e costas dos rios e lagos deve reparar e que essas são estratégicas, comparando com as estradas imperiais, portanto há uma caracterização de coisa pública e um estabelecimento de responsabilidade comum de conservação, com deveres para o Estado por meio do pretor também. Deve-se ressaltar o próximo título, "XX. Da água de cada dia e verão", como um dos mais interessantes e avançados, um marco jurídico, por conter preocupação com o desperdício do recurso, previsão de que como a água é usada diariamente, não pode ser negada e inclusive tece comentários sobre a qualidade de água e sobre a conceituação de água, diferenciando a água cotidiana do que referem como água de verão. Já em suas primeiras linhas, estabelece que quem usa de forma lícita e de boa-fé a água pode continuar a utilizá-la, com a proteção do Estado contra qualquer ameaça:

> Diz o pretor: "Proíbo que a força seja usada para impedir que a água em questão, que dirigiste a respeito dela sem violência, clandestinidade ou precariedade, continue a conduzi-la da mesma forma" (...) "Este interdito é proibitório e algumas vezes restitutório e se refere a água cotidiana" (DIGESTO, 1897) (Tradução nossa).

Para melhor compreensão do referido artigo, é necessário ter conhecimento do uso dos termos jurídicos romanos, e para tanto, deve-se resgatar o conceito de interdito, dentro do Direito Civil, que não se trata de uma ação, pois a posse para os romanos derivava do fato concreto, mas uma ordem emanada da *potestas* do magistrado, que servia como um meio rápido de se garantir a proteção judicial sobre o bem ameaçado, e o conceito de quase-posse (*juris quasi possessio*), não recepcionado pelo Código Civil de 2002, que se dá quando o possuidor não tem plenos direitos possessórios sobre a coisa e está restringido por limitações impostas, como nas servidões:

Assim, a quase-posse aparece nas servidões, sendo protegida por vários interditos (de *itinere actuque privato, de acqua cotidiana et aestiva*, de fonte etc.) quem delas goze; do mesmo modo no usufruto, cujo gozo protegido, independente de título, era indicado no interdito correspondente, com as palavras iniciais *uti fruemini* e não *uti possidetis*; na superfície, e quem o fruir, pode obter o interdito de *superficiebus* contra quem lhe perturbe o exercício ilegitimamente (CORREIA; SCIASCIA, 1953, p. 159).

No parágrafo terceiro, há a conceituação entre água cotidiana e água de verão, diferentes entre si pelo uso, pois as águas cotidianas são de uso livre, em todo tempo, podendo ter seus cursos desviados para uso (com permissão da autoridade pública) e sendo possível a servidão, enquanto as águas de verão apresentam uma noção de preservação e adequação dos recursos, ao separar a água usada diariamente da água que se utilizará em determinadas épocas e quando necessário, pois refere que um recurso abundante não seria usado apenas por sua disponibilidade (KLUG, 2019):

§3. Existem duas espécies de águas, uma é diária e a outra verão; O diário difere do verão pelo uso, não em quantia. É diário o que é assiduamente conduzido no verão, ou no inverno, embora às vezes não seja conduzido; também é dito diariamente que de quem a servidão é dividida com intervalo de tempo. O que é de verão só deve ser usado no verão, acampamentos de verão. Eu acho que tem que ser admitido que a água de verão é diferenciada da quotidiana de acordo com o propósito de quem a usa e a natureza dos lugares; porque se a água era tal que poderia ser conduzida perpetuamente, mas eu a usaria apenas no verão, deve-se dizer que esta água é de verão; e se os lugares fossem tais que, por sua natureza, admitem água a mais no verão, deve-se dizer que com razão é chamado de verão (DIGESTO, 1897, [s.p.]) (Tradução nossa de texto em espanhol do original em latim).

Já no capítulo "XXI. Da água corrente, ou dos rios (*rivis*)" (BRASIL, 2015): há a figura do interdito (imposição da força se necessário) para que se realizem serviços de manutenção e de limpeza para manter a água limpa e a higiene, sendo um caso clássico de legislação que visa resolver situações e conflitos do cotidiano, que até hoje aparecem, como instalações precárias, redes clandestinas e alerta que é possível haver violência ou outro tipo de incomodação, caso o cidadão não acate a ordem:

> Diz o pretor: "Proíbo que se faça violência para impedir que consertem e limpem fossos, coletores e barragens para transportar água, desde que não o conduza de forma diferente da que foi realizada no verão anterior, sem força, sigilo ou barreiras em relação a você".
> [. . .]
> Este interdito é muito útil, pois se não for autorizado fazer reparos, você será perturbado de outro modo (DIGESTO, 1897, [s.p.], tradução nossa).

Os dois últimos capítulos, "XXII. Das fontes de água" e "XXIII. Dos esgotos ou das valas" (BRASIL, 2015), são bastante práticos e tratam da divisão do uso da água, pois numa sociedade bastante complexa para os padrões da época, havia diferentes tipos de fontes de água e diversos usos. A água destinada a um recurso pela urbe, ou seja, pela Administração Pública, não poderia ter sua finalidade desvirtuada, havendo então a necessidade de separar a água pela finalidade, como as fontes que abasteciam os aquedutos, por exemplo.

O uso comunitário e o direito de usar a água, portanto, eram regulados e normatizados, com distinção do legislador entre as águas conduzidas (rios, no conceito de água viva, sobretudo destinadas para abastecer os aquedutos e as cidades), proibidas de serem usadas para estes fins, e as águas que poderiam ser extraídas, como cisternas com água da chuva, lagos, açudes, poços, etc. Já sobre os esgotos, refere expressamente a preocupação com a salubridade e a limpeza regular dos esgotos, para que se evitasse a sujeira e os ares pestilentos, uma noção da ligação entre saneamento básico e a propagação de doenças que a Europa deixaria de ter por muitos séculos e que chama a atenção também pelo momento em que foi redigido o documento, apenas alguns anos antes da pandemia que dizimou parcela considerável da população do Império Bizantino, a chamada praga de Justiniano, precursora da Peste Negra.

2.2 O paradigma do bem comum na cultura jurídica ocidental

O bem comum é um princípio universal, uma máxima que atravessa os tempos, desde a Antiguidade. Tem como finalidade a felicidade humana e é intrinsecamente ligado aos valores democráticos, os direitos humanos e fundamentais e o valor do ser humano, ou seja, tem uma conexão direta com o princípio da dignidade da pessoa humana. É ainda um conceito histórico, com a característica de evoluir conjuntamente com a sociedade, os valores e os interesses que a regem, integrando-se a ordem jurídica e à comunidade política de determinado período histórico estudado. Sempre, no entanto, está orientado para maximizar o bem, e tem como objetivo a melhor forma de governo, como se preocupavam os antigos, de Platão e Aristóteles aos jurisconsultos da república de Roma e ao imperador romano Marco Aurélio, a proteção do bem-estar social (*welfare*).

Para Platão, que já havia abordado o que considerava como "o bem" e a finalidade do ser humano, em sua obra *A República*, em *As Leis*, aprofunda o estudo do *ethos* da legislação (que serviria de inspiração para Montesquieu e seu *Espírito das Leis* milênio e meio depois) e estabelece que os preâmbulos das leis devem ser bem fundamentados e formulados para persuadir os cidadãos sobre as normas de bem agir, pois a lei é o verdadeiro veículo da educação dos adultos nas virtudes cívicas (JAEGER, 1936).

Em passagem pouco lembrada, mas muito interessante, Demóstenes, em suas *Filípicas*, aborda o problema social, notando que o crescente antagonismo entre as classes afetaria a luta contra o rei macedônico, chegando a demandar que ricos e pobres entrassem em um acordo, ambos sacrificando-se pelo fim comum da cidade-estado de Atenas. No entanto, a defesa emocionada de Demóstenes pela necessidade de condições materiais que efetivassem a harmonia e a paz social que caracterizam o objetivo do bem comum até hoje não foi o bastante para sensibilizar os helênicos, que seriam derrotados, e ali começava o final da experiência da democracia grega (JAEGER, 1936).

Aristóteles desenvolve reflexões acerca do que significa o bem, conjecturando sobre a impossibilidade de se definir com precisão algo tão diverso e plural. Se o bem é o fim, o bem maior é a felicidade humana, a busca por uma vida feliz, e a experiência humana deve ser voltada a isso (ARISTÓTELES, 1991, p. 9). Em *Ética a Nicômaco*, refere que "Ademais, já que o termo 'bem' tem tantas acepções quanto 'ser', obviamente ele não pode ser algo universal, presente em todos os casos e único, pois então ele não poderia ter sido predicado de todas as categorias, mas somente de uma" (ARISTÓTELES, 1991, p. 9).

Aristóteles, portanto, rejeita a ideia do bem único platônico, supremo e universal, para uma concepção que ligue diretamente a felicidade humana com o bem humano, o bem fazer, o bem agir, a partir da razão e da prudência. A filosofia aristotélica define três tipos de bem, ou seja, de finalidades de busca da felicidade humana, a partir de modos de vida diferentes, quais sejam a contemplação, próxima dos filósofos, a honra política, destinada àqueles que adentram a arena pública de forma ativa e o prazer, onde está a maioria das pessoas para Aristóteles, pois "o bem é aquilo a que tudo naturalmente tende" (PLATÃO, 1973, p. 249).

Deve-se ainda realizar algumas citações referentes às elaborações destes pensadores referentes à igualdade e à dignidade humana. O Direito Natural do homem aparece na *Política*: "a diferença entre homens livres e escravos foi criada apenas pelas leis humanas e não pela natureza; e isto é uma injustiça, porque significa uma modificação na ordem natural das coisas" e quando Platão refere que a desigualdade é inerentemente prejudicial: "Quando numa sociedade não existe pobreza nem riqueza, é natural que nela reinem os mais nobres costumes" (PLATÃO, 1959, p. 150, tradução nossa, ao analisar estágios iniciais da experiência humana em sociedade, aquilo que Marx denominou "comunismo primitivo"). Essas reflexões foram absorvidas e desenvolvidas posteriormente pelos estoicos, como Sêneca, Epicuro e Marco Aurélio (BEER, 1944).

O conceito de bem comum perpassou milênios, ressignificado diversas vezes, mas sempre com essas características basilares, que constituem arcabouço teórico atualíssimo, quiçá avançado para nossos tempos, e permite ir além de dogmas liberais e individualistas estabelecidos, como a proteção de bem jurídico focada sobremaneira no indivíduo, na sua condição como titular do direito, e também superar contradições e limites impostos pelos atuais paradigmas dos sistemas jurídicos ocidentais organizados em sociedades construídas sob a égide do modo de produção capitalista, possuindo uma dimensão jurídico-política (DARDOT; LAVAL, 2017).

O conceito é intrinsecamente ligado à noção de Direito e política, à comunidade política organizada, aparecendo como elemento que identificava um governo bom (um elemento prescritivo) e justo, separando a monarquia de uma tirania e justificador inclusive de uma mudança de regime, pois um rei injusto é aquele que não zelou pelo bem comum, ou seja, pelo bem da comunidade organizada em torno de sua autoridade, e ao cometer essa falha, tornava-se vulnerável por não mais estar presente um governo reto, guiado para a utilidade comum e constituído pelo Direito, conforme preconizava Marco Túlio Cícero:

> (...) desde o momento em que o rei comete a primeira injustiça, essa forma perece, convertendo-se em despotismo, o mais vicioso de todos os sistemas e, não obstante, o mais próximo do melhor. Se sucumbe um tirano sob os esforços dos grandes, toma então o Estado à segunda das formas explicadas, se estabelece uma espécie de autoridade real, ou antes, paternal, composta dos principais cidadãos que velam com zelo pelo bem comum (CÍCERO, 2019, p. 45).

E continua Cícero, aduzindo que a felicidade de todos derivava do respeito a certos direitos que deveriam ser comuns a todos, dentro do Estado organizado de uma forma justa (para ele, a república romana):

> Quanto ao que se relaciona com a vida privada, nada há de mais útil e necessário à vida e aos costumes do que o matrimônio legal, os filhos legítimos, o culto do lar doméstico, para que todos tenham assegurado seu bem-estar pessoal no meio da felicidade comum. Em suma, não há felicidade sem uma boa constituição política; não há paz, não há felicidade possível, sem uma sábia e bem-organizada República (CÍCERO, 2019, p. 90).

Tais premissas foram seguidas por São Tomás de Aquino (1225-1274 d.C.), que se esforçou na defesa dos postulados da igualdade dos homens perante Deus, um embrião de valores como da dignidade da pessoa humana, e em sua defesa do direito natural do homem, o qual se desobedecido ou ameaçado pelo governante, poderia inclusive justificar o direito de defesa e de resistência pela população, efetivamente inaugurando uma tradição jusnaturalista que seria muito influente (SARLET, 2012).

Para Aquino, a promoção pelo governante do bem comum temporal é seu dever, um fim intermediário (o fim último pertencia ao reino divino) e a justificativa moral para que este governe. Exige certos compromissos de limitação de seu poder, de respeito aos postulados do direito natural e da natureza do homem, que deve ser mantido em sua integridade física e psíquica por seu valor intrínseco de homem perante Deus, e também de governar de acordo com as leis (humanas), notando-se aí a importância do Direito positivo, bem como do conceito de justiça. Para Tomás de Aquino, "a pessoa significa o que há de mais perfeito em toda a natureza, ou seja, o ser subsistente na natureza racional" (AQUINO, 1947, p. 108). A influência de São Tomás e suas lições é de grande valia para entender o pensamento jusfilosófico até o advento do racionalismo e do iluminismo no século XVIII, como pode-se enxergar nas obras de Bartolo de Sassoferrato quando trata da diferença entre um regime governado por um monarca legítimo e a tirania (BARTOLO DE SASSOFERATO apud QUAGLIONI, 1983).

São Tomás de Aquino, por sua vez, teve seu conceito de bem comum diretamente inspirado pela tradição dos antigos, sobretudo Aristóteles, mas também Santo Agostinho (354-430 d.C.). Partindo da ideia do ser humano como ser político, que vive em comunidade (*civitas*) e que nela deve buscar seu fim, sua felicidade, o *bonum commune* de Aquino é entendido como o bem social e político (ROHLING, 2014), um convívio harmônico que rege e sobrepõe-se aos particulares, devendo o ordenamento jurídico guiar o bem particular para a mesma direção do bem comum (AQUINO, 1947).

A base da filosofia tomista é sintetizada nesta frase eternizada em seu *Tratado das Leis* (AQUINO, 1947, p. 160): "A lei outra coisa não é que uma ordenação da razão, para o bem comum, promulgada pelo chefe que governa a comunidade", de onde temos de forma muito interessante o início de uma elaboração teórica de características que serão os pilares do Estado de Direito, ou *rule of law* (FINNIS, 2007), uma demonstração da ligação umbilical do conceito de bem comum aquinate à ideia de Direito, à ideia de que uma comunidade de homens deve ser organizada politicamente. Neste trecho extraído de sua complexa obra, temos que o governo é exercido de forma racional (ainda que este conceito não fosse exatamente o mesmo das elaborações posteriores como da razão kantiana, temos aqui uma ode a um governo prudente, zeloso dos interesses de sua comunidade), por meio de um órgão político (o Estado) e por meio das leis, promulgadas por autoridade legitimada para tal (numa forma embrionária de competência) e com um conteúdo que demonstra certa carga valorativa, axiológica e deontológica (deve estar condicionada ao bem comum), ainda que num conceito indeterminado, de conteúdo incerto e aberto (o que o torna tão interessante para juristas de todos os tempos, por possibilitar mudanças de valorações).

Dardot e Laval (2016) analisam que o liberalismo e as democracias liberais burguesas progressivamente esvaziaram o sentido de bem comum em relação à proposição dos antigos, sendo os maiores expoentes os ideólogos do neoliberalismo e aqueles defensores da liberdade individual como o fim absoluto. Ilustram referindo que enquanto Locke entendia o bem comum como o bem do povo e o objetivo de toda atividade governamental, Hayek retirou o conteúdo positivo do bem comum. Ele extraiu as finalidades do *locus* da comunidade política organizada, até então condição *sine qua non* para falar-se em bem comum, e a aborda como uma ordem abstrata, ou seja, apenas regras de conduta justa que facilitarão a busca das intenções individuais.

Em contrapartida, identificam um resgate do bem comum como finalidade da política na corrente Keynesiana e o novo liberalismo reformista social e nos socialistas utópicos e Fabianistas. Identifica-se ainda a Alemanha como um expoente desta reposição do liberalismo, sobretudo com o triunfo do ordoliberalismo na República Federal Alemã pós-nazismo, e que não deve ser confundido, como comumente é, com o estado social de Bismarck ou da República de Weimar, calçado na sobreposição de um estado forte e um capitalismo nacional organizado, combinado com a contribuição da social-democracia e suas medidas de cogestão e estado de bem-estar social (*welfare state*), com um aumento das prestações positivas por parte do aparelho estatal, o que contribuiu para o desenvolvimento de uma jurisprudência constitucional que marcou o constitucionalismo no mundo.

O papa Leão XIII, na já célebre encíclica *Rerum Novarum*, de 1891, sobre as condições dos trabalhadores, reconhecia a função primordial dos operários na construção do bem comum, por seu papel na distribuição do trabalho no modo de produção capitalista. Para além disso, conceitua bem comum como um bem para todos, versado na noção de público, o que seria posteriormente aprofundado em outros momentos pela igreja, sobretudo pela igreja progressista, sobretudo na América Latina a parcela ligada à *teologia da libertação*, como Frei Betto e Leonardo Boff no Brasil, a partir dos anos 1960, e entre os defensores de uma igreja mais perto dos pobres, como os jesuítas, que nos dias atuais têm como seu expoente o Papa Francisco:

> O fim da sociedade civil abrange universalmente todos os cidadãos, pois este fim está no bem comum, isto é, num bem do qual todos e cada um têm o direito de participar em medida proporcional. Por isso se chama público, porque reúne os homens para formarem uma nação (Leão XIII, 1891, [s.p.]).

Durante o papado reformador de João XXIII, em 1961, a igreja católica, bebendo dessas fontes, trouxe novamente o bem comum para o centro da discussão teológica da igreja, na encíclica *Mater et Magistra*, não apenas admitindo, mas incentivando a intervenção estatal para a proteção e a garantia de direitos sociais, visando criar as condições materiais necessárias dentro da comunidade para que se possa efetivamente buscar a harmonia que é pregada: "37. Para remediar tal situação, o supremo pastor indica, como princípios fundamentais, o regresso do mundo econômico à ordem moral e a subordinação da busca dos lucros, individuais ou de grupos, às exigências do bem comum" (JOÃO XXIII, 1961).

Pode-se ainda ver a influência de São Tomás nos documentos referentes ao Concílio Vaticano II, que trazem uma conceituação de bem comum temporal muito similar àquela elaborada oitocentos anos antes pelo teólogo dominicano:

> **Por este motivo, a autoridade civil, que tem como fim próprio olhar pelo bem comum temporal,** deve, sim, reconhecer e favorecer a vida religiosa dos cidadãos, mas excede os seus limites quando presume dirigir ou impedir os atos religiosos (grifos nossos)
> (...)
> 6. Dado que o bem comum da sociedade – ou seja, o conjunto das condições que possibilitam aos homens alcançar mais plena e facilmente a própria perfeição (...) consiste sobretudo na salvaguarda dos direitos e deveres da pessoa humana (...)
> (...)
> No uso de qualquer liberdade deve respeitar-se o princípio moral da responsabilidade pessoal e social: cada homem e cada grupo social

estão moralmente obrigados, no exercício dos próprios direitos, a ter em conta os direitos alheios e os seus próprios deveres para com os outros e o bem comum. Com todos se deve proceder com justiça e bondade (CONCÍLIO VATICANO II, 1965).

Em sua encíclica *Fratelli Tutti* (2020), o Papa Francisco discorre sobre os desafios da humanidade frente ao crescente individualismo e expõe a contradição de se buscar o bem-comum em tempos de "dogma neoliberal", que reproduz uma série de iniciativas já fracassadas em todo o mundo. Em um texto bastante crítico, assinado em Assis, terra de São Francisco, o Papa retoma a ideia de fraternidade, solidariedade e comunidade e faz a ligação desses conceitos com o bem comum, citando diversas vezes São Tomás de Aquino e Santo Agostinho. Para sua Santidade, o bem comum, conceito resgatado com força desde que assumiu o papado em 2013, é construído na irmandade dos povos. Os estados nacionais sozinhos e as pessoas isoladas na busca e competição desenfreadas não conseguirão construí-lo:

> (...) individualismo não nos torna mais livres, mais iguais, mais irmãos. A mera soma dos interesses individuais não é capaz de gerar um mundo melhor para toda a humanidade. Nem pode sequer preservar-nos de tantos males, que se tornam cada vez mais globais. Mas o individualismo radical é o vírus mais difícil de vencer. Ilude. Faz-nos crer que tudo se reduz a deixar à rédea solta as próprias ambições, como se, acumulando ambições e seguranças individuais, pudéssemos construir o bem comum (FRANCISCO, 2020, [s.p.]).

Marcus Boeira (2011, [s.p.]) conceitua bem comum como "expressão cunhada pela escolástica e por toda a escola de filosofia política realista que significa o bem de todos naquilo que todos possuem em comum", uma série de bens e fins compartilhados por todos os seres humanos, a partir de valores intrínsecos à pessoa humana em uma comunidade política organizada. Confunde-se, portanto, com o fim último da sociedade, com a busca da vida boa (felicidade) como exposto por Aristóteles e seria a concórdia política manifestada, comprometendo os atores políticos, partidos, grupos de interesse com este conjunto de valores em comum, num consenso mínimo permanente e duradouro, ainda que haja divergências de como se chegar até esses objetivos.

Nas constituições democráticas, o bem comum é a expressão da justiça política, numa concepção aristotélico-tomista (BOEIRA, 2011) e se expressa tanto no âmbito do direito individual, como a garantia das liberdades e direitos de defesa, quanto do direito comum a todos, como os direitos sociais, nos quais o sujeito imediato é a comunidade política e o bem jurídico atinge a pessoa humana de forma mediata, a partir da promoção estatal desse direito. Para Boeira (2011), a axiologia constitucional, a partir de uma ética teleológica dos fins, não é vazia de conteúdo, ilustrando-se essa postura do constituinte no Brasil no art. 3º,[6] onde encontra-se insculpido o consenso político e social em torno dos objetivos da república, e a expressão "promover o bem de todos" pode ser lida e interpretada numa exegese como o compromisso máximo da república brasileira com a construção do bem comum, "o bem que todos partilham em comum", que resume a finalidade e a carga axiológica da democracia brasileira.

Apesar de assistir-se uma separação bastante rígida entre a Administração Pública e a sociedade civil na formulação do estado burguês moderno, Taborda (2016), ao analisar a tese institucionalista da Constituição, a partir da proposição de Maurice Hariou, afirma que constituições, inclusive a brasileira de 1988, contêm diversas previsões de participação direta dos cidadãos nos processos de tomada de decisão, para além da participação por meio do sufrágio universal a cada eleição e que o interesse de todos, fim último da Administração, ganha em eficácia quando acontece essa participação. Dentre os diversos mecanismos e possibilidades para que o cidadão atue na execução e formulação de políticas públicas, os órgãos auxiliares externos, como os conselhos setoriais, são os mais comuns, sendo em alguns casos deliberativos, com força vinculativa e relativa independência do aceite da Administração Pública, sobretudo o Poder Executivo e uma gestão associada entre a sociedade civil e o Poder Público.

---

[6] Art. 3º. Constituem objetivos fundamentais da República Federativa do Brasil: I – construir uma sociedade livre, justa e solidária; II – garantir o desenvolvimento nacional; III – erradicar a pobreza e a marginalização e reduzir as desigualdades sociais e regionais; IV – promover o bem de todos, sem preconceitos de origem, raça, sexo, cor, idade e quaisquer outras formas de discriminação (BRASIL, 1988).

Essas colocações são importantes sobretudo pela concepção de que o Estado e a Administração Pública são entendidos enquanto instituições, ou seja, uma ideia que se realiza e perdura num determinado tempo e espaço, contexto histórico, social e jurídico e como tal, sofre transformações advindas de compreensões sobre determinados conceitos. Isso ocorre por ser um processo real, com base na realidade concreta e na correlação de forças daquele determinado ente estatal, no atual estágio sobretudo dos Estados Nacionais, numa relação de coordenação e não de oposição entre a realidade fática a ordenação jurídica. Sobre esta necessária simbiose entre a "constituição real" e a "constituição jurídica", cabe ressaltar as palavras de Konrad Hesse, a partir da reflexão de Willem Humboldt (1991): "Se não quiser permanecer 'eternamente estéril', a Constituição – entendida aqui como "constituição jurídica" – não deve procurar construir o Estado de forma abstrata e teórica".

A defesa da força normativa da constituição feita por Hesse, a partir de seu diálogo/contraponto com Ferdinand Lassale, é essencial para uma visão da constituição como norma maior de função não apenas procedimental, mas unificadora e como um guia, numa ordem objetiva de valores e catálogo de direitos fundamentais, pois, como refere o *BVerfG*, formada por normas deontológicas (dever ser) e axiológicas, compromissadas com valores fundamentais, conferindo força ativa àquilo que se denomina vontade da constituição, pois ao falar-se de Estado constitucional, pressupõe-se falar do bem comum, como o próprio Tribunal Constitucional Federal alemão destaca. Em interessante passagem no caso *BVERFGE 58*, 300, julgado em 15 de julho de 1981, referente ao questionamento sobre a extração de saibro em lençóis freáticos após a edição da Lei de Gestão de Águas em 1976, o Tribunal sustentou a constitucionalidade dos dispositivos atacados, não considerando uma violação ao direito à propriedade privada (SCHWABE; MARTINS, 2005):

> Mas daí não resulta, todavia, que todo bem jurídico precise, por força constitucional, submeter-se ao domínio jurídico privado (BVerfGE 24, 367 [389]). A garantia do instituto jurídico [da propriedade] não é tocada se bens vitais para a coletividade, para que se assegurem interesses públicos superiores e para o enfrentamento de perigos, não forem submetidos à ordem jurídica privada, mas a um ordenamento jurídico público (SCHWABE; MARTINS, 2005, p. 367).

A exegese germânica da constituição como ordem objetiva e concreta de valores impactou todo o mundo, e no Brasil, especialmente, sua contribuição influenciou alguns dos principais juristas do país (MELLO, 2004). O pilar das finalidades comuns é peça-chave das teses republicanas e comunitaristas, que exerceram grande influência doutrinária na elaboração de nossa Constituição Cidadã de 1988 e bebe das fontes da jurisprudência do Tribunal Constitucional Alemão e do Caso *Luth*, conforme expõe Gisele Cittadino (2004).

Barzotto (2003) vai aduzir que a concepção constitucional brasileira não é neutra, tampouco liberal, e aproxima-se de um ideal de democracia deliberativa, afiliando-se à filosofia aristotélica e identificando na concepção de democracia da Constituição Federal ideais presentes nas obras do estagirita, quais sejam, o povo enquanto comunidade, Direito como justiça, a busca pela vida boa, pela felicidade do cidadão a partir de sua comunidade como *tetos* do Estado. Para Barzotto (2006, [s.p.]), o estado constitucional brasileiro é "uma associação humana fundada na busca de um bem comum a todos seus membros".

Em linha similar, temos os que advogam pela construção de um conceito de bem comum constitucional, uma dogmática extraída a partir do fundamento basilar do princípio da dignidade da pessoa humana, da igualdade e da proteção contra abusos e excessos e da compreensão que os direitos fundamentais sociais positivados em nossa Carta Maior são todos voltados para a proteção do bem comum e dotados de eficácia, sendo esta naturalmente evolutiva, superando obstáculos e contradições de cada momento histórico (MEZZAROBA; STRAPAZZON, 2012).

Os autores, referindo-se à teoria de Robert Alexy e ao peso da argumentação constitucional, identificam que em repúblicas inacabadas, ou seja, com seu processo de democratização ainda incipiente e a falta de uma tradição estabelecida para preencher normativamente o conteúdo do que seria o bem comum, é justamente o processo de argumentação racional no debate jurídico-constitucional que permite a garantia de proteção dos valores fundamentais da nação insculpidos na Carta Constitucional. Some-se a isso a noção exposta pelo professor Almiro do Couto e Silva (1997) sobre a chamada democratização da defesa do interesse público, com a permissão constitucional, no sistema jurídico brasileiro, a partir do advento da ação popular, que o indivíduo reclamasse contra agressão ao interesse público, não detendo mais o Estado e a Administração Pública o monopólio da representação da coletividade e do interesse público.

Tal visão vai alagar-se sobremaneira a partir dos anos 1970 e da revolução processual civil, como nos afirmam Cappelletti e Garth (1988), que tem no Brasil um dos principais expoentes, com diversos marcos normativos, como a Lei da Ação Civil Pública (Lei nº 7.347/85), as ações diretas de constitucionalidade, a criação do Ministério Público e as ações coletivas insculpidas no art. 81 do CDC, que consagram uma vasta gama de meios de tutela judicial e defesa dos direitos difusos, coletivos e individuais homogêneos.

O Estado, portanto, gradualmente, deixa de se encastelar e permite que a cidadania ativa participe de suas decisões, ainda que na práxis a qualidade dessa participação ainda deixe muito a desejar. Parte essa premissa da dualidade de que o cidadão não é apenas vítima do Estado, tampouco este é inerentemente inimigo do cidadão (sobretudo quando se refletem os direitos sociais), que possui então direitos de gozar de tais direitos, como o direito ao meio ambiente sadio e adequado. Ao mesmo tempo, atribui-se ao cidadão o dever de conservar o meio ambiente, de modo que o direito é passível de ser requerido via jurisdição estatal, seja na penalização de um ente privado, seja questionando a imobilidade do Estado em garantir a proteção adequada destes bens.

Anízio Gavião Filho (2005, p. 23), ao referir sobre a proteção constitucional ao meio ambiente, coloca que "ao tratar dos direitos e garantias fundamentais e dos direitos e deveres coletivos, a Constituição, em seu art. 5º, LXXIII, estabeleceu que qualquer cidadão é parte legítima para propor ação popular destinada a anular ato lesivo ao ambiente". Gavião Filho ainda coloca que, apesar de problemas advindos da redação genérica das cláusulas constitucionais, e de certa indeterminação da conduta a ser prestada, o que dificulta a atuação do Poder Judiciário sobre o tema, admite-se que direito fundamental ao meio ambiente requer prestações em sentido amplo, inclusive devendo o Estado, no caso concreto, realizar prestações positivas, isto é, em sentido estrito, quando necessário para salvaguardar o direito fundamental ao meio ambiente ou impedir sua vulnerabilização.

2.3 Breves apontamentos sobre a água como bem comum

Como aponta Ricardo Petrella (2009, [s.p.]), "os bens comuns são essenciais para a realização do bem comum" e são um patrimônio da humanidade. Elenca entre este rol de bens afeitos a toda a humanidade o ar, a água, a energia solar, as estradas, a fauna e a flora e tudo aquilo que representa a riqueza coletiva do planeta, incluindo nossa produção cultural e conhecimento (PETRELLA, 2009).

Para Petrella (2009), a água deve ser tratada como um bem comum público mundial e o economista italiano conceitua seu entendimento de bens comuns num sentido em oposição a muitos que rejeitam esta caracterização, pois seria elevar sobremaneira a capacidade do cidadão de postular este direito humano. Para muitos no sistema internacional, como a OMC, ainda que reconheçam que seja uma "necessidade vital", o emprego deste termo retira a substância jurídica, e, portanto, a positividade e a coercitividade de uma regulamentação sobre o tema. Se é algo precípuo, ou seja, comum a condição humana, a toda vida na terra, como não o ser? Diz Petrella:

> Falando de um 'bem', costuma-se entender uma substância, um objeto, um serviço, uma maneira de ser e comportar-se, ao qual se atribui um valor positivo. De modo 'comum', pelo contrário, se quer indicar algo que faz referência a uma comunidade de pessoas socialmente organizadas. Em geral, o conceito de bens comuns se assemelha àquele dos bens – e serviços – públicos, amplamente justificado, sendo 'público' tudo aquilo que é relativo a um atributo de pertença e/ou de referência ao Estado, às instituições de governo, ao povo (PETRELLA, 2009, [s.p.]).

Petrella vai além e afirma que não há sociedade humana sem bens comuns, que podem ser identificados a partir de alguns critérios, elaborando um rol para além daqueles mais clássicos (a não-exclusão, pois não se pode privar alguém deste bem comum e público, e a impossibilidade de competição) (PETRELLA, 2009). Para Petrella, além dessas características, deve-se observar a essencialidade e insubstituibilidade para a vida humana, individual e coletiva, pois extrai sua importância e seu valor incalculável a partir dessa premissa.

Ainda menciona seu pertencimento ao campo dos direitos humanos, e também dos direitos sociais, sua lógica solidária de propriedade pública e coletiva e a inevitabilidade da integração das funções de propriedade, de regulamentação de governança e gestão e de controle, pois, estando a serviço e interesse da comunidade, são de natureza pública. Portanto, há uma incompatibilidade nata com eventual administração privada (citando como tal a água, as matas, a infraestrutura básica e estratégica, como solo, ar, telecomunicações, etc.) e, por fim, a participação popular, direta e indireta dos cidadãos na gestão destes bens (PETRELLA, 2009). Essa visão relativiza o alcance da propriedade privada e desafia alguns paradigmas bem estabelecidos do capitalismo, em especial em seu atual estágio extremado, conceituado como neoliberalismo, desde o final do ano 1970, e que na segunda década do século XXI já é referido como "ultraliberalismo", não sem polêmica, e também traz provocações no sentido da incompletude e incapacidade da dogmática jurídica e sociológica de compreender a complexidade dos fenômenos trazidos pelo paradigma dos comuns, e por consequência, a falha em preservar esses patrimônios comuns da humanidade, bens jurídicos de máxima importância para a vida humana (como ar, água, ecossistema) e que em sua maioria ainda padecem de proteção jurídica adequada e de empecilhos para o acesso à justiça.

O professor Petrella é seguido em muitas de suas elaborações pela ganhadora do Prêmio Nobel de 2010, Elinor Ostrom, que, ao elaborar extensa pesquisa sobre o domínio dos comuns, trouxe a noção de que não existe apenas um modelo de bens comuns, pois os comuns são produtos do contexto cultural, histórico, social, econômico e ecológico que os cercam, mas que é possível averiguar características similares. O que representa os bens comuns é acima de tudo sua essencialidade para a vida humana, seja internamente, ou seja, seus reflexos no indivíduo, seja na sociedade. Bens naturais comuns são necessários para nossa sobrevivência, bens sociais comuns são indispensáveis para garantir a coesão social necessária para a vida em sociedade e bens culturais comuns são fundamentais para guiar nossas paixões e conhecimento (BENKLER, 2009). Impossível não lembrar da lição do mestre Pontes de Miranda (1933):

> O individualismo capitalista tinha de fracassar. Não é compatível com a organização superior de vida. O parasitismo conduz, inevitavelmente,

à criação de uma classe que desfruta todos os gozos e de outras que consomem pouco e nada possuem (...) Nada mais justificável, portanto, no momento, do que reexaminar, à luz dos nossos dias, as doutrinas sociais (PONTES DE MIRANDA, 1933, [s.p.]).

Ostrom (1990) aborda este problema ao trazer a noção de bens comuns (*common-pool resources*) e a partir do estudo de caso detalhado da gestão da água na Califórnia, além da evolução histórica desta noção, a qual inclui os Tribunais de Água e enfrenta a visão fatalista de Hardin em sua obra nos anos 1960, *O Desastre dos Comuns*. Garrett Hardin apresenta um quadro de pessimismo sobre os bens comuns, ou seja, aqueles que são impossíveis de garantir a posse e propriedade total para alguém, preconizando a tragédia dos comuns ou a tragédia da vida comunitária (HARDIN, 1968), utilizando o sentido de tragédia como inevitabilidade de destino:

> (...) como ser racional, cada vaqueiro partilha de um bem comum. Aí que está a tragédia. Cada homem é preso a um sistema que o compele a aumentar seu rebanho sem limites em um mundo que é limitado. Ruína é o destino para cada um dos homens que perseguem seu próprio interesse em uma sociedade que acredita na liberdade dos bens comuns. A liberdade dos comuns leva à ruína de todos (HARDIN, 1968a, p. 7)

Ostrom, rebatendo a visão exposta por Hardin, detalha que a gestão privada leva à crise sistêmica e não consegue dar conta de bens finitos e limitados por força da natureza, com a visão de exploração lucrativa e de competição estimulando o bombeamento desenfreado que gera riquezas no curto prazo, mas que, no médio e longo prazo, são adversários de uma divisão equitativa, racional e sustentável dos recursos, e que o sucesso da governança e administração comunitária e coletiva de bens hídricos foi justamente a participação da comunidade e uma nova visão sobre o uso de bens escassos (OSTROM, 1990).

Ladislau Dowbor, ao debater as soluções para reverter o que chama de era do capital improdutivo, refere que a propriedade privada e as liberdades de empreendimento não podem estar dissociadas da responsabilidade sobre os impactos social, econômico e ambiental e o próprio direito comercial deverá ser repensado (2017, p. 270). Para ele, os Objetivos do Desenvolvimento Sustentável da ONU (ODS) não passarão de cartas de intenções se não se enfrentar problemas na política macroeconômica e nos mecanismos e processos decisórios das grandes corporações e dos Estados (DOWBOR, 2017, p. 271). Reafirma a visão de que a economia não é feita por leis naturais e a naturalização da desigualdade é uma opção política e ideológica, que deve ser revista com urgência, sob pena de efeitos catastróficos em nosso único planeta:

> (...) o chamado bem comum não se dará mais como resultante natural da busca individual de vantagens, e sim da construção colaborativa de um futuro que a humanidade hoje conhece bem, e que está perfeitamente desenhado nos 17 objetivos e 169 metas dos Objetivos de Desenvolvimento Sustentável, aliás legalmente vinculante para o Brasil (DOWBOR, 2017, p. 271).

E a disputa pelos recursos hídricos está intrinsecamente ligada a esta nova visão de mundo proposta por diversos autores e à proteção dos direitos frente ao voraz apetite do capitalismo em sua atual fase extremada e cada vez mais desregulamentada. Não à toa, apenas quatro dias após o tsunami de 2005 que devastou o Sri Lanka, anunciou-se um plano de privatização da água e saneamento, num dos exemplos mais claros daquilo que a autora Naomi Klein conceituou como "doutrina do choque" e "capitalismo de desastre" (KLEIN, 2007). Estas características, de um avanço rápido em favor da desregulamentação, privatização e terceirização dos setores da infraestrutura básica, sobretudo água e saneamento e energia, como condição para o acesso a financiamentos internacionais, foram identificadas em outras áreas periféricas do mundo que sofreram com desastres naturais e tornaram-se (ainda) mais vulneráveis à pressão estrangeira, como a América Central em 1998 após o Furacão Mitch, sobretudo na Guatemala, Honduras e Nicarágua. Esses casos são uma pequena amostra do que está por trás da noção da água como bem de valor econômico. Esta compreensão, presente tanto na Declaração da Conferência Internacional da Água em 1992, e também na Lei nº 9.433/97, a Lei de Águas Brasileira, influenciada pelo debate trazido pelo modelo francês de governança (FLORES, 2019), traz limitações e esvazia o conteúdo e a coercitividade do direito humano à água e favorece que em nome da garantia do acesso (reduzindo-se o direito à água a apenas esta noção), a gestão dos recursos hídricos vá para a iniciativa privada, o que foi identificado por Petrella:

> A ideia de que a água deve ser considerada principalmente como um bem econômico, ou um recurso comercializável (...), é profundamente simplista e baseada em uma escolha puramente ideológica que, no momento em que dá prioridade ao valor econômico em detrimento de todos os outros valores, está enfatizando apenas uma das muitas dimensões específicas da água (PETRELLA, 2004, p. 83).

Em contrapartida, recentemente, observa-se que há uma mudança de paradigma nas constituições latino-americanas, sobretudo os processos constituintes do Equador e na Bolívia no final dos anos 2000, a partir do conceito pós-capitalista do "bem viver" (*bien vivir* no original) ou *sumack kausai*, como exposto na Constituição de *Montecristi* do Equador. A retomada do controle não apenas estatal, mas social da água, a partir de uma compreensão de um direito plural e emancipatório e de uma nova racionalidade ambiental, significa o resgate da dimensão ética da água, que não está livre de desigualdades estruturais no tocante a qualidade e quantidade (WOLKMER, 2012). Este novo direito a água está constitucionalizado em capítulos que tratam da proteção da biodiversidade e deriva diretamente da tradição das culturas indígenas andinas que consagra uma visão de estado plurinacional, consolidando a proteção jurídica a uma vasta gama de realidades, atores e culturas que anteriormente estavam relegadas a exclusão (WOLKMER *et al.*, 2012).

Tal reflexão é conectada com a noção de bens comuns, sobretudo os bens comuns naturais, aqueles fornecidos pela natureza e impossíveis de serem sintetizados, como a própria água, ar, luz solar, e a riqueza e diversidade do ecossistema. Portanto, cada vez mais se correlaciona o "bem viver" com o "bem comum", sendo o primeiro uma contribuição teórica e filosófica extraída das tradições dos povos originários e tradicionais e de uma concepção de natureza para além da vida humana, mas que em muito dialoga com o sentido do melhor para a comunidade política organizada, a busca da felicidade humana e a harmonia do paradigma ocidental. O velho e novo continente, portanto, devem se aproximar e uma releitura do bem comum a partir das epistemologias do sul e da descolonialidade, como expressa Boaventura de Souza Santos (2010), pode trazer novas contribuições, inclusive para o estudo do fenômeno do Direito, que possibilitem a superação de contradições e limitações herdeiras de escolhas políticas do liberalismo e da construção do estado burguês moderno. O diálogo entre Aristóteles e os povos andinos, entre São Tomás de Aquino e o povo *quetchua*, incluindo-se também paradigmas construídos pela cultura africana, como o complexo significado de *Ubuntu*,[7] repleto de conteúdo humanístico e que inspira o Direito Constitucional sul-africano (MOKGORO, 1998), pode ser mais salutar do que se imagina.

Ao analisar o que denomina "novo constitucionalismo latino-americano", Wolkmer vai aduzir que o direito a água adquire uma nova dimensão, junto à compreensão de direito humano aos bens imprescindíveis à manutenção da vida, e, portanto, patrimônio comum da humanidade, como consagrado no art. 12 da Constituição Equatoriana[8] e art. 374 da Constituição Boliviana.[9] A superação do paradigma da água como bem de valor de troca, sua dimensão comercial e mercantil é necessária para a sobrevivência não apenas da espécie humana, mas também da natureza, e será atingida a partir da recuperação das funções públicas de Estado (não apenas em relação à água) e com uma gestão colaborativa, com participação da comunidade. Wolkmer (2012) ainda conceitua que ao introduzir a água não apenas como direito, mas como um patrimônio da sociedade (e da humanidade) supera-se a visão da água como um bem comercializável, concedendo-lhe outra significação política e jurídica, como um direito de cidadania.

---

[7] Na tentativa de defini-lo, o conceito tem sido geralmente descrito como uma visão de mundo das sociedades africanas e um fator determinante na formação de percepções que influenciam a conduta social. [1] Também foi descrito como uma filosofia de vida, que, em seu sentido mais fundamental, representa a personalidade, a humanidade e a moralidade; uma metáfora que descreve uma solidariedade de grupo que é central para a sobrevivência de comunidades com escassez de recursos, onde a crença fundamental é que '*motho ke motho ba batho ba bangwe / umuntu ngumuntu ngabantu*' que, traduzido literalmente, significa uma pessoa só pode ser uma pessoa por meio de outras pessoas. [2] Em outras palavras, toda a existência do indivíduo é relativa à do grupo: isso se manifesta na conduta anti-individualista em direção à sobrevivência do grupo, se o indivíduo quiser sobreviver. É uma orientação basicamente humanística para com os semelhantes (MOKGORO, 1998, tradução nossa).

[8] Art. 12. El derecho humano al agua es fundamental e irrenunciable. El agua constituye patrimonio nacional estratégico de uso público, inalienable, imprescriptible, inembargable y esencial para la vida (EQUADOR, 2008).

[9] El Estado protegerá y garantizará el uso prioritario del agua para la vida. Es deber del Estado gestionar, regular, proteger y planificar el uso adecuado y sustentable de los recursos hídricos, con participación social, garantizando el acceso al agua a todos sus habitantes. La ley establecerá las condiciones y limitaciones de todos los uso (BOLÍVIA, 2009).

Conforme Barlow (2006, [s.p.]) "ante o promissor negócio da água, sua dimensão ética e sua democratização cidadã precisam ser (re)estruturadas", numa perspectiva de justiça hídrica e de garantia de segurança, a partir dos passos que elenca para a defesa do direito à e proteção da água, entre eles a garantia de água para subsistência, a implementação de conselhos locais de água, a oposição ao comércio da água e a defesa de um tratado dos suprimentos comuns de água e de uma convenção global da água (BARLOW; CLARKE, 2003, p. 185).

Em relação à comunidade internacional, houve avanços desde a elaboração deste rol de demandas, mas ainda aquém do proposto e do necessário, sendo importante citar, além da Resolução nº 64/292 de 2010, alguns outros passos anteriores que levaram ao momento em que as Nações Unidas reconheceram a água não mais como uma necessidade, mas como um direito humano, como o Comentário Geral nº 15 do Comitê de Direitos Econômicos, Sociais e Culturais (ONU, 2002) especialmente em seus artigos 11 e 12, que tratam sobre a base jurídica do direito à água[10] e a considera como "um bem público fundamental".

A partir do final dos anos 1990, e sobretudo com o advento do novo milênio, novas perspectivas e abordagens em relação à gestão da água e do saneamento começaram a ser propostas, com protagonismo dos movimentos sociais e do sul global, como o Fórum Alternativo Mundial da Água (Fama) em oposição ao Fórum Mundial da Água e a Declaração Europeia por uma nova cultura da água em 2005, na busca da criação de um novo paradigma da relação do homem com a água. Como se observa, este novo paradigma em construção bebe diretamente de fontes da tradição, pois a relação da água como um bem comum à humanidade não é a exceção, mas ao longo da história foi a regra na maioria dos momentos. Acosta e Martínez (2010, [s.p.]) propõem uma ressignificação das funções da água, uma renovação de sua compreensão pela comunidade política, enfatizando sua importância: "O sentido político a ser resgatado

---

[10] O direito humano à água assegura a todos água suficiente, potável, aceitável, disponível e acessível para uso pessoal e doméstico. Uma quantidade adequada de água potável é necessária para evitar a morte por desidratação, para reduzir o risco de doenças relacionadas à água e para suprir a necessidade de consumo, a culinária e as necessidades de higiene pessoal e doméstica.

nas decisões que afetam a coletividade deverá ser necessariamente a realização do bem comum. Esse direito deverá ser estendido aos animais e à natureza". Entre as funções sociais da água, Acosta e Martinez destacam quatro, em especial a água-vida, água-cidadania, água-crescimento e a água ilícita.

Este resgate da tradição a partir de novos enfoques, abordando a proteção à vida de forma global e não apenas a vida humana em via estrita, mas considerando que a defesa dos ecossistemas, do planeta e o combate à crise hídrica e climática é parte ativa da defesa do bem jurídico mais importante, aparece também na elaboração de setores progressistas da Igreja Católica no final do século 20, como a Teologia da Libertação, e, em documentos como a Carta da Terra (BOFF, 2021) e em releituras da doutrina social da igreja elaboradas já na égide do papado atual. Herdeiro das fontes teóricas e elaborações sobre o bem comum e sobre a felicidade humana de Santo Agostinho, São Tomás de Aquino e Inácio de Loyola, em sua já histórica encíclica papal *Laudato Si*, o Papa Francisco (2015, [s.p.]) coloca o clima como bem comum, afirmando que "O clima é um bem comum, um bem de todos e para todos. A nível global, é um sistema complexo, que tem a ver com muitas condições essenciais para a vida humana".

Francisco continua alertando que interesses econômicos e particulares estão prevalecendo sobre o bem comum e cita o Documento de Aparecida, da Conferência do Episcopado Latino-Americano (2007, [s.p.]): nas intervenções sobre os recursos naturais, não predominem os interesses de grupos econômicos que arrasam irracionalmente as fontes da vida". No mesmo documento, os bispos latinos já notavam que "as águas estão sendo tratadas como se fossem mercadoria negociável pelas empresas, além de terem sido transformadas num bem disputado pelas grandes potências" e "A atividade empresarial é boa e necessária quando respeita a dignidade do trabalhador, o cuidado do meio-ambiente e se orienta para o bem comum. Perverte-se quando, buscando só o lucro, atenta contra os direitos dos trabalhadores e a justiça". O Papa Francisco alerta ainda que "os impactos ambientais poderiam afetar milhares de milhões de pessoas, sendo previsível que o controle da água por grandes empresas mundiais se transforme numa das principais fontes de conflitos deste século" e assegura a água como um bem comum fundamental e um direito humano:

Na realidade, o acesso à água potável e segura é um direito humano essencial, fundamental e universal, porque determina a sobrevivência das pessoas e, portanto, é condição para o exercício dos outros direitos humanos. Este mundo tem uma grave dívida social para com os pobres que não têm acesso à água potável, porque isto é negar-lhes o direito à vida radicado na sua dignidade inalienável (FRANCISCUS, 2015, [s.p.]).

A observação permite afirmar que os conflitos ocorrem quando o paradigma do regime das águas, presente há milênios, é invertido com o objetivo de satisfazer interesses privados da elite, em confronto direto com os interesses e direitos da maioria da população, pobre e que padece com a insegurança hídrica. Deste alerta advém a necessidade, cada vez mais premente, de debater seriamente se a resposta adequada para a crise hídrica e a escassez de água, e mesmo para a garantia do uso racional e eficaz deste recurso finito, é tratá-lo como mera mercadoria e permitir sua exploração pela iniciativa privada.

CAPÍTULO 3

A EXPERIÊNCIA DO TRIBUNAL DAS ÁGUAS DE VALÊNCIA

3.1 A história do tribunal – cultura milenar e comunitária

Em 2009, a Unesco, por sugestão da Espanha, inscreveu o Tribunal de Águas de Valência (*El Tribunal de Les Aigües* no original Valenciano,[11] língua até hoje utilizada em seus procedimentos) como parte da lista representativa do Patrimônio Imaterial da Humanidade, juntamente com outro tribunal consuetudinário espanhol, o "Conselho dos Homens Bons de Múrcia". Na ocasião, o Comitê declarou que a inclusão "promoveria a governança tradicional e a resolução amigável de conflitos, ampliando a visibilidade de intangível herança cultural e promovendo o diálogo entre culturas" (UNESCO, 2009). Para os 16.911 cidadãos dentro da jurisdição do tribunal, foi um momento de reconhecimento do papel social e cultural que este exerce em sua comunidade há mais de mil anos, como instituição jurídica mais antiga em funcionamento da Europa, com o oferecimento de uma resolução rápida, econômica e simples de conflitos entre os agricultores da região, e ao mesmo tempo um alerta para que se atue de forma a preservar essa experiência histórica, sob pena

---

[11] O idioma valenciano é considerado como língua própria, reconhecido assim pelo Estatuto de Autonomia da Comunidade Valenciana e pela Constituição Espanhola em seu artigo 147, e linguisticamente é variante do Catalão, utilizado pelos habitantes não apenas da região de Valência, mas também na Catalunha e nas Ilhas Baleares (ESPANHA, 1978).

de sua extinção ou de relegá-la a mero atrativo turístico, afinal, outros tribunais baseados nos costumes locais prosperaram por séculos, mas não resistiram.

O Tribunal de Águas de Valência atrai não apenas multidões de turistas, ávidos por ver diante de seus olhos um trecho do passado materializar-se à sua frente, mas desde a segunda metade do século XX vem sendo referência nas discussões sobre o direito à água e a gestão hídrica no mundo todo, sendo simbólica a fundação da Organização Internacional de Direito das águas (AIDA *Waterlaw*) em Valência no ano de 1968 após a Conferência Internacional "Water for Peace". A cidade ainda foi sede de outros eventos de porte internacional, como a Segunda Conferência Internacional sobre Sistemas de Direitos Globais das Águas em 1975 e eventos e estudos relacionados a gestão da água são patrocinados com certa frequência desde o final dos anos 1990 pela Fundação Valência III Milênio em parceria com universidades e a própria Unesco, sendo um marco o Congresso sobre Gestão da Água no Século XXI, ocorrida em 1997.

A partir do período romano, sobretudo do seu final e durante o período de gênese do Tribunal de Águas, surge, com a divisão das atribuições imperiais/reais, um *ius publicum* separado do *ius privatum*, evoluindo o conceito romano de *utilitas publica*, identificado no Baixo Império, com o significado de uma noção de interesse geral do Estado, presente na necessidade de manutenção das tropas, fixação das obrigações das cúrias em matéria fiscal, elaborado durante os reinados de Teodósio e Diocleciano, ou associada ao interesse comum e coletivo, com Justiniano, para, no medievo, já sobre o ideário cristão católico, aparecer como *bem comum* ou proveito (*utilitas*) comum que progressivamente vai se laicizando e se tornando uma noção de interesse geral, para além do *ethos* cristão, com base nos ensinamentos de São Tomás de Aquino (CASTRO; KLUG; TABORDA, 2020).

A experiência do Tribunal de Águas de Valência é herdeira da tradição, com a Vega de Valência e suas acéquias remontando à ocupação romana na região. A chamada *Huerta*[12] da Vega[13] de

---

[12] O termo se refere a terras irrigadas e geralmente usadas para a agricultura.
[13] Pode ser traduzido como várzea, campos destinados ao cultivo.

Valência é recortada pelo Rio Turia, em uma região pequena, porém muito fértil, graças ao intrincado sistema de irrigação, que compreende oito acéquias[14] que compõem a jurisdição e o território submetido à administração do Tribunal, sendo elas Cuart, Benacher y Faitanar, Favara, Mestalla, Mislata, Racaña, Rovella e Tormos, composto por diversas pequenas propriedades, 80% delas de até um hectare (MAASS; ANDERSON, 1986 *apud* OSTROM, 1990), a maioria consistindo em plantações de batatas, cebolas e outros legumes (OSTROM, 1990).

A história do Tribunal remonta aos tempos de Al-Andalus e o Califado Islâmico na região, com os historiadores chegando em aproximadamente 960 d.C., durante o domínio do Califa Abderráman III, para determinar o início do fundamento ininterrupto dessa instituição. A influência moura é observada na adoção de nomes e termos advindos dos tempos da Andaluzia até hoje e estudiosos da arqueologia hidráulica vêm observando que os canais de irrigação construídos após a conquista islâmica, em 711 d.C., eram sistemas complexos que adotavam métodos utilizados na Síria e em outros países de cultura islâmica, de clima e solo semelhante ao do Mediterrâneo espanhol, e que levavam em conta a erosão do solo, análise topográfica, da vegetação, além de utilizarem engenhosas soluções para aproveitar a gravidade de declives – cabe ressaltar que muito do que se tem hoje em dia ainda é, com adições posteriores, o desenho mouro original (PUY, 2014).

Seu índice de resolução de conflitos e sua importância para a comunidade fez com que, quando da reconquista cristã, em 1238, o Rei Jaime I de Aragão, por meio do Foro XXXV, em 1239, doasse as *acéquias* sob os termos:

> Concede a todos os habitantes da cidade de Valência todas as acéquias da região, com suas águas e córregos, ainda que fossem de fontes – excetuando-se a Fonte Real de Moncada que reservou para si – para que pudessem aproveitar suas águas para regar a terra e outros usos. (FAIREN-GUILLEN, 1975, p. 292) (tradução nossa).

---

[14] Acéquia é um termo de origem árabe, derivada da palavra *as-sáqiya*, literalmente canal de irrigação de campos, e remonta a esta tradição de Al-Andalus, tendo sido recepcionado pelos idiomas espanhol e catalão.

E declarasse publicamente que "[t]omem as ditas águas conforme antigamente foi estabelecido e acostumado durante o tempo dos Sarracenos"[15] (FAIREN-GUILLEN, 1975, p. 292), notavelmente ordenando a manutenção do sistema de irrigação e administração das águas – existentes, então, já há séculos – e, inclusive, estabelecendo um uso comum e uma finalidade social bastante avançada para a época, ao aduzir, no mesmo documento, que "de modo que podeis regar com elas e tomar delas sem servidão, serviço ou tributo algum" (BRANCHAT, 1784, p. 275).

Essa ordenação está inserida na tradição cristã, segundo a qual o rei tem um papel importante no desenvolvimento do direito costumeiro, especialmente no que tange à responsabilidade de velar para que justiça fosse moderada pela piedade e para que pobres e desvalidos fossem protegidos contra ricos e poderosos. O Direito não é visto aqui como uma imposição do príncipe, mas como componente primário da ordem geral, de modo que as "leis" escritas nada mais são do que individualizações, sistematização de costumes por parte do rei, que aparece mais como *custos legis* do que como produtor independente do Direito. Quando o fazia (como no caso do Rei D. Jaime I), essa era tida como uma função secundária, porque primária era a função de interpretar um Direito que lhe era precedente e preordenado (GROSSI, 2003).

Assim, na experiência medieval ibérica, consolida-se a ideia, principalmente após o reinado de Jaime I, de que é dever do governante promover o bem comum – temporal e intermediário – exigindo-se que limite seu poder, respeite os postulados do direito natural e da natureza do homem e governe de acordo com as leis. Aqui, o conceito de bem comum remonta à ideia de Direito, à ideia de que uma comunidade de homens deve ser organizada politicamente. O governo, segundo isso, deve ser exercido de forma racional, por meio de um órgão político (o Estado), por meio das leis, promulgadas por autoridade legitimada para tal (numa forma embrionária de competência) e com um conteúdo que demonstra certa carga valorativa, axiológica e deontólógica

---

[15] No original, "*Prenats aquelles aygues segons que antiguament es e fo stablit e acostumat en temps de sarrahins*".

(deve estar condicionada ao bem comum), ainda que num conceito indeterminado, de conteúdo incerto e aberto.

Segundo Fairen-Guillen (1975), o rei Jaime II, em seus *Privilégios Reais*, de 1318, 1321 e 1326, reconheceu o Tribunal como instituição e sua autonomia, ordenando que os juízes do reino não deveriam se intrometer nos atos do Tribunal, sobretudo na imposição de penas pecuniárias (multas), com a súmula do documento de 1318, sendo clara neste sentido[16] e reiterando, nas outras vezes, como em 1321, que não deveriam pensar em intervir nas atividades dos *acequieros:*[17] (ARAGÃO, 1321, apud FAIREN-GUILLEN, 1975), aduzindo que os conflitos produzidos pelos vizinhos na *Huerta* de Valência só correspondia ao Tribunal de Águas de Valência,[18] claramente retirando a jurisdição de seus juízes e *bailios*[19] e reconhecendo a do Tribunal (FAIREN-GUILLEN, 1975, p. 293).

A jurisdição própria do Tribunal, assegurada até hoje em termos semelhantes, foi reconhecida pelo rei Jaime II de forma clara, da mesma forma que seu pai e seu avô (Jaime I) haviam feito anteriormente:

> Tendo sabido que tu, a pretexto do cargo de bailio, à ti encarregado, se intromete nas acequias da cidade de Valencia, e portanto, em suas águas, querendo também se imiscuir nos assuntos e litígios de ditas acequias, e como havíamos falado que a certificação do referido pertence somente ao ofício de acequiero, por isso comunicamos e ordenamos que no futuro procureis não se intrometer nos assuntos já mencionados ou em qualquer delas, ao contrário, permita que os tratem e solucionem os acequieros das ditas acequias, como corresponde a seu ofício e como é costume se fazer (ARAGÃO, 1321, [s.p.]) (tradução nossa do espanhol do original em latim).

Este processo gradual de expansão da jurisdição e da competência do Tribunal culminou em 1250, no *Privilégio Real XXXIII*, quando o rei Don Jaime I concedeu o direito à imposição de penas.[20] A autoridade, o peso político e social e a influência jurídica exercidos pelo Tribunal são ainda ilustrados pela defesa da

---

[16] No original: *de iustitia civitatis non se intromittat de caloniis cequiariorum.*
[17] No original: *intromittere non curetis.*
[18] No original: *ad dictum cequiarum et provisores.*
[19] Representante do rei responsável pela jurisdição em determinado território durante a Idade Média.
[20] No original: *exhigant et extorqueant penas constitutas in consuetudine.*

manutenção do Tribunal e sua autonomia, feita diante das Cortes de Cádiz pelo Deputado por Valência, Francisco Xavier Borrull y Vilanova (1745-1838) que, em extenso discurso, posteriormente transcrito e publicado, além de defender sua proposta de permanência do Tribunal tal como já realizava seus procedimentos há mais de quinhentos anos, traz argumentos jurídicos interessantes, tais como que as *ordenanzas* das acéquias, pelo iter legislativo que seguiram após sua redação e aprovação pelas comunidades deveriam ser consideradas normas de categoria superior, acima inclusive de leis ordinárias aprovadas, como a lei de águas de 1866, com status semelhante às *Reales Pragmáticas*, uma vez que seu projeto, apresentado pelos *acequieros*, foi recebido pela Real Audiência de Valência e debatido pelo Conselho Real de Castela,[21] onde foram feitas modificações e foi promulgado pelo próprio rei, fonte de todas as honras e autoridades (FAIREN-GUILEN, 1978).

O Tribunal seguiu sendo reconhecido pelas *Ordenanzas Reales* das casas de Trastamara, Habsburgo e Borbón, garantindo a continuidade desta instituição por reconhecerem os benefícios que traziam ao Tribunal, inclusive quando os valencianos apoiaram os Habsburgos na Guerra de Sucessão Espanhola no século XVIII (FAIREN-GUILLEN, 1975). Esta manutenção milenária é explicada, em parte, por sua eficiência e alto nível de organização. Em uma análise dos livros em que se registravam as multas aplicadas pelos Tribunal da Huerta de Castellón, com estrutura similar ao de Valência na época, entre 1443 e 1486, são oferecidos detalhes sobre a complexidade do monitoramento exercido por estas instituições, muito superior ao nível da burocracia medieval. O número de multas aplicadas era alto e constante, mais de uma por dia. Em 1443, foram 441 multas e, em 1486, 499 (GLICK, 1970 *apud* OSTROM, 1990), sendo 2/3 aplicadas pelos guardas e 1/3 pelos próprios agricultores. Isso aponta um sistema estável, com alto grau de aceitação e respeito pelas regras (Castellón, no século XV, contava com cerca de 1.000 irrigantes), contando com um sistema flexível de atenuantes que levava em conta a situação socioeconômica, com as multas sendo

---

[21] Principal órgão do poder monárquico espanhol, com poderes e competência que hoje são divididos entre os poderes executivo, legislativo e judiciário.

baratas e variáveis, dependendo da gravidade da ofensa, da necessidade econômica do Tribunal e das possibilidades do violador de pagar (GLICK, 1970 *apud* OSTROM, 1990).

O Tribunal ainda resistiu à Constituição Francesa de 1812, promulgada durante a ocupação napoleônica em território espanhol, muito pelo motivo de que os invasores franceses admiravam e pretendiam adotar sistemas semelhantes na França (FAIREN-GUILLEN, 1975), sobrevivendo, mais uma vez, ainda que de forma juridicamente precária, até a *Orden de La Regencia Provisional* de 1840, que refere a autorização para o seu funcionamento. O Tribunal e a gestão das águas dos *acequieros* passou relativamente incólume pelas reviravoltas do conturbado século XIX na Espanha, incluindo-se aí a restauração borbônica de 1814 e depois pelas reformas jurídicas liberais a partir de 1835. A despatrimonialização dos recursos naturais, a partir da codificação e reestruturação jurídica feita pelas Cortes de Cádiz e pela Constituição de 1837 preservou, no entanto, a observância aos estatutos, regulamentos e *ordenanzas* (RAMIREZ,1997).

Durante o século XIX, os sucessivos gabinetes liberais impuseram uma série de reformas que afetaram o regime jurídico das águas, citando-se como exemplo neste período a promulgação da *Ley General Del Água* de 1866[22] (substituída posteriormente por nova lei em 1879), que estipulava como de domínio público "as coisas de uso comum por sua própria natureza ou pelo objeto a que se destinam" e garantia de que o uso da água para consumo doméstico e para a dessedentação do gado era um direito natural do ser humano, não sujeito ao direito civil. Reportam-se resistências dos *comuneiros* às tentativas de reforma da legislação e de edição de novas *ordenanzas* sob a égide do paradigma liberal durante sobretudo a primeira metade do século XIX, pois a visão liberal, baseada no estabelecimento claro da propriedade privada e particular e da separação dos usuários em indivíduos proprietários confrontava com a tradição de comunidade em usufruto do bem comum até então estabelecida, em que as comunidades e seus representantes eleitos detinham o controle direto da gestão.

---

[22] É digno de nota que a própria exposição de motivos da Lei de Águas Espanhola citava o Tribunal Valenciano como um bom exemplo de gestão ao criar os "juizados de riego".

Os relatos da época constatavam no entanto denúncias de mau uso e reformas dos sistemas de irrigação geridos pelos *ayuntamientos* ou por senhores privados com a gestão colaborativa e comunitária das acéquias da Huerta de Valencia, que, por sua excelência, constatada por diversos especialistas, incluindo estrangeiros como o Barão Jaubert de Passat que esteve em 1844 testemunhando seu funcionamento, e cujo livro, que defendeu a tese de que o sistema da Huerta da Vega de Valencia era o mais eficaz para corrigir distorções e abusos, deu força para que a comunidade *acequiera* resistisse ao ímpeto reformista liberal, com apenas a Acequia de Tormos reformando sua *ordenanza* em 1843 e para que os legisladores reformistas da segunda metade do século XIX abandonassem a ideia de abolir a propriedade comunal em favor do estabelecimento de direitos de propriedade e uso de acordo com a titularidade e tamanho da terra. Isso porque as *ordenanzas* da Vega de Valência já traziam as principais ideias de descentralização e de participação dos proprietários que previa a legislação liberal, sendo inclusive mais avançados, com participação de toda a comunidade e cidadãos (RAMIREZ, 1997).

No século XX, observa-se uma assimilação do ordenamento jurídico espanhol, como respeito ao costume e à tradição como fonte do Direito. Durante o conturbado período pré-Guerra Civil Espanhola, o Decreto da República Espanhola de 6 de abril de 1932, que confirmou a autonomia do Tribunal, dispunha:

> A instituição tradicional do Tribunal das Águas de Valência, que ao longo dos séculos gozou do cumprimento que a justiça merece pelas suas decisões, aceitou constituir-se hoje em sessão sob a autoridade do Presidente da República, que nesta solenidade à proposta do Ministro das Obras Públicas e de acordo com o Conselho de Ministros, decreta o seguinte:
> Art. 19. Foram confirmados os privilégios e autonomia de jurisdição de que goza o Tribunal de Águas de Valencia.
> 2. São reconhecidos os poderes de polícia e de administração do citado tribunal sobre as águas que, em consequência das obras a realizar pelo Estado e especialmente da Barragem de Blasco Ibañez, percorrem os canais de Cuart, Tormos, Mislata, Mestalla, Favara, Rascaña e Rovella. (ESPANHA 1932, apud FAIREN-GUILEN, 1975, p. 297, tradução nossa do espanhol)[23]

---

[23] La Tradicional institución del Tribunal de Aguas de Valencia, que a través de los siglos viene gozando del acatamiento que merece la justicia de sus fallos, ha tomado el acuerdo

A autonomia reconhecida expressamente pelo estado espanhol foi acatada pela jurisprudência, como pode ser verificada em sentença proferida pela Audiência Provincial de Valência, em 1969, em sede de apelação, declarando que o supracitado decreto estaria em vigor e, com ele, a recepção do Tribunal e de sua autonomia e jurisdição, e referindo que o processo levado à corte era superfetatório, pois a demanda era considerada suficiente respondida ao ingressar no Tribunal (FAIREN-GUILLEN, 1975).

A jurisprudência mais recente da Audiência Provincial de Valência demonstra que a jurisdição ordinária preserva a autoridade do Tribunal e considera o direito construído historicamente pela comunidade de regentes como fonte do direito formal e capaz de produzir efeitos:

> (...) STSJ CV 7007/1999, no qual dizia ainda: 'a preexistência de alguns direitos dominicais da Comunidade de Irrigadores sobre os elementos que tradicionalmente servem a sua atividade (fundamentalmente, canais e canaletas das acéquias) é matéria que embora esta Câmara não possa declarar – como foi dito –, pode apreciá-la como fato notório, não se referindo a bens individualmente identificados. É assim não pelo farto e bem estruturado rol de documentos que acompanham a ação – e que não puderam ser levados em conta administrativamente, *mas pela importância e conhecimento público (com expressão constitucional no reconhecimento da jurisdição do Tribunal de Justiça as Águas; artigo 125 da Constituição Espanhola, desenvolvido pelo artigo 19.3 da Lei Orgânica do Poder Judiciário) que tem a organização da irrigação na Vega de Valencia desde tempos imemoriais* – mesmo antes da Reconquista e a respeito da qual o Direito Histórico (...) (ESPANHA, 2015, [s.p.], tradução nossa do original em espanhol) (grifo nosso).

Atualmente, o Tribunal, apesar de sua constituição *sui generis* como tribunal consuetudinário junto do *Consejo de Hombres Buenos*

---

de constituirse hoy en sesión bajo la autoridad del presidente de La República, quien en tal solemnidad a propuesta del ministro de Obras Públicas y de acuerdo con el Consejo de Ministros, decreta lo siguiente:
Art. 19. Se confirman los privilegios y autonomía de jurisdicción que disfruta el Tribunal de Las Aguas de Valencia
2. Se reconocen las facultades de policía y administración del mencionado tribunal sobre las aguas que, como consecuencia de las obras a realizar por el Estado y especialmente del Pantano Blasco Ibañez, discurran por las acequias de Cuart, Tormos, Mislata, Mestalla, Favara, Rascaña y Rovella (ESPANHA 1932, apud FAIREN-GUILEN, 1975, p. 297).

de Murcia, foi recepcionado pelo ordenamento jurídico espanhol a partir do artigo 125 da CE 1978, que reconhece os tribunais consuetudinários e tradicionais:

> Os cidadãos podem exercer a ação popular e participar na administração da justiça por intermédio da instituição do júri, na forma e no que diz respeito ao processo penal que a lei determinar, bem como nos tribunais consuetudinários e tradicionais (ESPANHA, 1978, tradução nossa do original em espanhol).

Ainda, o Tribunal aparece citado no preâmbulo da antiga Ley 29/195, a Lei de Águas Espanhola,[24] no Estatuto da Comunidade Valenciana de 1982, que, em seu artigo 39, refere expressamente,[25] e na Lei Orgânica do Poder Judiciário Espanhol de 1985, que, em seu artigo 19, admite o Tribunal de Águas como parte do sistema jurídico espanhol como tribunal consuetudinário.[26]

Como fontes de direito material positivadas utilizadas pelo Tribunal, citam-se, entre outras, e além dos decretos reais já vistos, as *Ordenanzas* das oito Comunidades-Acéquias (OLIVEIRA, 2008) realizadas entre 1699 (*Rovella*) e 1843 (*Tormos*), com a maioria delas editadas no século XVIII. Porém, o Tribunal, até hoje, aplica o costume e tem sua legitimidade derivada de sua *autorictas* que, ainda derivada de uma noção do Direito Romano, emana da superioridade moral, social, do prestígio e reputação ilibada da instituição e de seus membros, que deriva de seu arraigado costume e tradição, mas também do fato de seus juízes-síndicos, como veremos a seguir, serem eleitos por votação dos membros da comunidade, com total transparência de todos os seus atos e sua atuação adequada às necessidades do grupo social que se submete a eles, aliado a um

---

[24] "*Se hace, pues, imprescindible una nueva legislación en la materia, que aproveche al máximo los indudables aciertos de la legislación precedente y contemple tradicionales instituciones para regulación de los derechos de los regantes, de las que es ejemplo el Tribunal de las Aguas de la Vega Valenciana, pero que tenga muy en cuenta las transformaciones señaladas, y de manera especial, la nueva configuración autonómica del Estado, para que el ejercicio de las competencias de las distintas Administraciones se produzca en el obligado marco de colaboración, de forma que se logre una utilización racional y una protección adecuada del recurso*" (ESPANHA, 1985).

[25] "*Tercera. Coadyuvar en la organización de los Tribunales consuetudinarios y tradicionales, y en especial en el Tribunal de las Aguas de la Veja Valenciana, y en la instalación de los Juzgados, con sujeción, en todo caso, a lo dispuesto en la Ley Orgánica del Poder Judicial*" (VALÊNCIA, 1982).

[26] "*Tiene el carácter de Tribunal consuetudinario y tradicional el Tribunal de las Aguas de la Vega de Valencia*" (ESPANHA, 1985).

processo simples e gratuito que garante amplo acesso à justiça (FAIREN-GUILLEN, 1975).

A Coroa Aragonesa e posteriormente a Monarquia Espanhola necessitavam da renda advinda da frutífera produção agrícola da região. Portanto, a decisão de preservar não apenas a rede de canais que perpassava cerca de dez mil hectares e irrigava as plantações e também o uso urbano e industrial, como moinhos, banhos e outros, como o sistema inteiro, é de base econômica e pragmática e sobreviveu a períodos intensos de reforma e destruição do Estado Espanhol. Mas o advento de novas tecnologias no campo, substituindo a tradicional irrigação por inundação, cuja ordenação é uma das principais atividades do Tribunal, pode ameaçar toda a cultura e os valores socioambientais da *Huerta* de Valência e levar consigo o Tribunal (MARTINEZ, 2005). Essa tradição inspirou ainda o Estatuto de Autonomia da Comunidade Valenciana de 2006, que, em seu artigo 17 apresenta expressamente o acesso à água como um direito dos valencianos, ainda que a Sentença 247/2007 do Tribunal Constitucional Espanhol tenha, de certa forma, a partir de sua interpretação hermenêutica do Estatuto e do alcance do mesmo diante da Constituição Espanhola, esvaziado a força normativa deste artigo, ao considerá-lo um princípio do estado social:[27]

> 1. Garante-se o direito dos valencianos e valencianas de dispor de um abastecimento suficiente de água de qualidade. Igualmente, o direito de redistribuição das sobras de águas das bacias excedentes é reconhecido, atendendo a critérios de sustentabilidade de acordo com a Constituição e a legislação estadual.
> Os cidadãos e cidadãs valencianos têm direito de gozar de uma quantidade de água de qualidade, suficiente e segura, para atender às suas necessidades de consumo humano e para desenvolver suas atividades econômicas e sociais nos termos da lei.
> 2. Toda pessoa tem direito a uma vida e um meio ambiente seguros, sadio e ecologicamente equilibrado. A *Generalitat* protegerá o meio

---

[27] El derecho estatutario así enunciado presenta como rasgo distintivo el de no ser ejercitable de modo directo e inmediato en vía jurisdiccional, pues sólo podrá serlo cuando los poderes autonómicos lo instrumenten y, aún ello, de acuerdo con la Constitución, 'la legislación estatal' o 'la ley', estatal o autonómica, según los casos. (...) el derecho al abastecimiento de agua regulado en el art. 17.1 EAV constituye un objetivo marcado por los poderes públicos valencianos, lo que sitúa al precepto estatutario recurrido en el ámbito del Estado social y democrático de Derecho previsto en la Constitución (art. 1.1) (ESPANHA, 2007).

ambiente, a diversidade biológica, os processos ecológicos e outras áreas de especial importância ecológica (VALENCIA, 2006, [s.p.], tradução nossa do original em espanhol).

Assim como a própria existência e reconhecimento dos tribunais originários do costume e da tradição não são isentos de polêmicas, a questão das declarações de direitos dos Estatutos de Autonomia das Comunidades, sendo os direitos estatutários, sobretudo os que ultrapassam o conteúdo estipulado pela Constituição da Nação Espanhola, alvo de muitos questionamentos, inclusive tendo o Tribunal Constitucional Espanhol que dirimir diversas questões relativas ao alcance dessas cartas e da autonomia das regiões frente ao estado espanhol (MIRAS, 2020). No caso dos artigos que versam sobre o direito à água contidos no Estatuto Valenciano, ainda que sua redação tenha sido aceita pelo Tribunal Constitucional, decidiu-se que esse direito não impunha diretamente nenhuma obrigação ao Estado, carecendo de regulamentação posterior do exposto, de acordo não apenas com as leis comunitárias, mas também com a Constituição Espanhola, harmonizando-se com o ordenamento jurídico da nação.

3.2 Funcionamento e jurisdição

O Tribunal, composto por oito membros – com poderes de aplicar sanções, mas também executivos, e, por isso, juízes-síndicos, continua reunindo-se toda quinta-feira, usando as tradicionais vestes pretas, ao meio-dia, de forma pública, na frente da Catedral de Valência, em seus assentos dispostos em círculo na frente da Porta dos Apóstolos (denominado *El Corralet*). Após a sessão do Tribunal, em um prédio adjacente à chamada *Casa Vestuário*, reúnem a junta de síndicos que administra o sistema de águas das oito comunidades.[28] O fato de reunirem-se na quinta-feira, um dia antes da sexta-feira, dia sagrado para os muçulmanos, é outro indício de sua continuidade

---

[28] Segundo Fairen-Guillen (1975), o tribunal não é apenas um órgão jurisdicional, pois lhe competem também administração e o poder de polícia das águas da Vega de Valência, tendo, portanto, uma função administrativa complexa, com uma composição diferente da de quando assume a jurisdição.

desde os tempos da Andaluzia. Os procedimentos de cada sessão seguem o rito antigo e são todos pronunciados em valenciano, suas sentenças sendo irrecorríveis após pronunciadas, uma vez que os únicos capazes de destituir os juízes são os próprios *comuneiros* que os elegem democraticamente, sendo garantidas, desde os privilégios reais do século XIII, a independência judicial e autonomia do Tribunal.

Os juízes-síndicos são eleitos para mandatos de dois ou três anos, variando de acordo com a *Ordenanza* da *Acéquia* que representam e devem ser membros da comunidade e proprietários de terra (não podem ser arrendatários). Para ser elegível, deve ser uma pessoa distinta na comunidade, com reputação ilibada, reconhecida autoridade moral e cultural (FAIREN-GUILLEN, 1975), conforme vemos, por exemplo, na Ordenanza de Mestalla (1771),[29] de Tormos (1843)[30] ou de Rovella (1778).[31] Assim como na Idade Média, os juízes não recebem salário diretamente pelo posto, mas um percentual das multas aplicadas, bem como, por seu papel como administradores do sistema, podem ter certos benefícios tributários e isenção de impostos durante este período.

Foi crucial para o desenvolvimento da intensa identificação entre as comunidades e seu Tribunal – e, ainda hoje, é realidade – a noção de que as oito comunidades constituídas em volta das acéquias de Valência são as proprietárias (de forma comum) das acéquias que conduzem a água pública para uso dos habitantes, bem como dos terrenos adjacentes, pontes e outros canais. A divisão entre as acéquias da direita do Rio Turia (Cuart, Benacher y Faitanar, Mislata, Favara e Rovella) e as da esquerda (Tormos, Mestalla e Rascaña) é importante não apenas pela identificação geográfica das mesmas, mas pela importância, inclusive, no procedimento do próprio Tribunal, com os processos da margem direita sendo presididos pelo vice-presidente, e os da esquerda, pelo presidente, que são de margens distintas, para evitar suspeitas de parcialidade. Tradicionalmente, o presidente é um síndico da margem direita, por esta estar mais longe das fontes de água da acéquia de Moncada,

---

[29] *Sujeto bien visto y de bastante representación* (FAIREN-GUILLEN, 1975).
[30] *Labrador de probidad y honradez sin tacha* (FAIREN-GUILLEN, 1975).
[31] *Persona de inteligencia y justificación* (FAIREN-GUILLEN, 1975).

que não faz parte das oito valencianas e de onde a margem esquerda poderia aproveitar de seus excedentes (FAIREN-GUILLEN, 1975).

Fairen-Guillen (1975), em sua detalhada obra sobre o processo perante o Tribunal e seus procedimentos, aponta os principais aspectos característicos do mesmo: sua oralidade, concentração, rapidez e economia. Além desses, alguns dos princípios que regem o processo do Tribunal das Águas são o princípio do colegiado e do tribunal pericial, o princípio da concentração, da publicidade, da livre apreciação de provas e da irrecorribilidade ou única instância. Fairen-Guillen, o jurista que mais se dedicou ao estudo do funcionamento do Tribunal descreve o rito do exercício da jurisdição pelo Tribunal, começando este pela denúncia oral pela parte legitimada para tanto, diretamente ao síndico da acéquia ou ao guarda. Após o recebimento, o síndico comunica ao tribunal e instala-se uma instrução de caráter preliminar, geralmente com uma inspeção *in loco* pelo síndico (denominada *visura*), auxiliado pelos *veedores*, que oferecem seu conhecimento técnico e auxiliam o juízo, facultada a tomada de medidas cautelares para que se evite o agravamento do dano. Ainda, ao denunciado é permitido solicitar nova *visura* se não concordar com exposto no relatório, sendo esta realizada por dois juízes-síndicos.

O juiz-síndico então ordena ao guarda que cite o denunciado dos termos da acusação (oralmente) e o convoca para comparecer diante o Tribunal, ainda que muitas vezes, sirva o síndico-instrutor como um conciliador, atuando de maneira proativa para que o caso não chegue efetivamente para ser julgado pelo Tribunal, ocorrendo a citação formal posterior ao fracasso de uma solução sem litígio. Como a maioria dos danos relacionados aos canais de irrigação são ao menos indiretamente danos à comunidade como um todo, prejudicando a vazão e o fornecimento de águas de vários ao mesmo tempo, o guarda neste caso assume a função de um guardião do direito de todos, numa posição semelhante à exercida pelo Ministério Público, e nesses casos é facultado também ao infrator que pague o estipulado pelo juiz na visura, sem instalação oficial de procedimento judicial, numa espécie de fase pré-judicial, semelhante a institutos como *pre-trial* do *Common Law* ou, em casos de litigância entre particulares, pode ocorrer instituto semelhante a uma transação penal no sistema brasileiro (OLIVEIRA, 2008), ainda em suas faculdades administrativas. Caso o denunciado negue-se ou discorde total ou parcialmente da pena ou valor, é ordenada a citação.

A citação é feita de forma oral, geralmente no domicílio do denunciado, e em caso de não-comparecimento, o guarda da acéquia correspondente, responsável pela citação, seja ele o denunciante ou não, chama-os pelo nome em voz alta, e sem retorno, vira-se diante os juízes e profere "Senhores, tenho um denunciado da Acéquia de (...) que não compareceu" (OLIVEIRA, 2008, [s.p.], tradução nossa)[32] quando é declarado pelo Tribunal que renunciou a seu direito de defesa e desistiu do juízo, num equivalente à previsão de julgamento à revelia, não podendo mais defender-se no referido processo, o que não corresponde, no entanto, a uma condenação imediata, pois a denúncia ainda assim pode ser rejeitada pelos juízes. Está prevista pela jurisprudência do Tribunal que o denunciado será citado três vezes para comparecimento, sendo a terceira realizada por escrito, expressamente expondo o risco de ser *"juzgado e sentenciado en rebeldía"*. Se mesmo após todas as tentativas, este não comparece, na quarta quinta-feira em que o processo está pautado, o procedimento tomará forma, ouvindo-se o denunciante e o guarda da acéquia. Da mesma maneira, se o caso trazido perante a Corte é de um denunciante particular, e não trazido pela comunidade *acequiera* pelo guarda, este deve comparecer, sob pena de renúncia ao seu direito de reclamação, não podendo apresentar novamente sua denúncia sob aquele tema.

A instrução, segundo Fairen-Guillen, é bastante célere, raramente demorando mais do que uma semana. Durante todo o período de tramitação, o juiz-síndico daquela comunidade deve atuar para minimizar o impacto na vizinhança, incluindo-se aí o de relacionamentos entre as partes. O fenômeno da conformidade do denunciado com o pagamento da pena, mais danos e prejuízos é bastante interessante, uma vez que não se está diante de um processo penal, ainda que o autor refira que estamos diante de uma instrução de natureza processual-jurisdicional, não dependendo sua jurisdição de nenhuma autoridade judiciária, e não apenas administrativa, com semelhanças com o direito processual penal espanhol, sobretudo

---

[32] No original: *Señoria, tengo un denunciado de La Acequia de (...) que no comparece.*

pelo papel inquisitivo ainda exercido de certa forma pelos juízes-síndicos, ainda que sua capacidade seja civil.

Sobre este ponto, ainda que haja certo consenso sobre a autonomia do Tribunal, há um debate sobre a natureza da jurisdição exercida pelo Tribunal, com autores defendendo que hoje em dia sua natureza jurídica é de justiça administrativa apenas, ainda que de um tipo singular, enquanto outros, incluindo-se aí Fairen-Guillen defendendo a tese de que se trata de uma jurisdição atípica, *sui generis*, convivendo com o Poder Judiciário estabelecido, por ser um órgão legitimado pelo estado espanhol, porém possuindo uma jurisdição especial, não podendo ser caracterizada como ordinária, tampouco apenas administrativa, pelo caráter das penas que profere, espécies de sanções cíveis (OLIVEIRA, 2008).

Durante o rito, estabelecido pelos precedentes e pelo exposto nas *ordenanzas*, o Tribunal tem autoridade para abrir e encerrar o procedimento, solicitar a realização de atos de investigação e produção de provas, incluindo interrogatório, facultada a oitiva de testemunhas e produção de provas pelas partes, podendo aplicar multas pelo tumulto processual. O juiz-instrutor, representante da acéquia onde o delito que instaurou o procedimento foi cometido, após realizar a instrução preliminar e informar o relato do feito e suas conclusões para o restante do Tribunal antes da instalação da sessão ao meio-dia em ponto, encerra sua participação, e ainda que em seu assento, é vedada qualquer interferência, não podendo participar do debate e deliberação sobre o caso que instruiu, tampouco proferir voto, sendo a única possibilidade de intervenção sua oitiva como informante caso o juiz-presidente solicite algum esclarecimento. Proferida a sentença, no entanto, passa o juiz-instrutor do processo a ser o juiz-executor, responsável pela execução e cumprimento da sentença, o que ocorre frequentemente pela suspensão do fornecimento de água até o pagamento da pena correspondente (geralmente uma quantia em pecúnia ou obrigação de fazer ou não fazer).

O procedimento segue o mesmo centenário rito e todas as quintas-feiras é montada a estrutura para o funcionamento do Tribunal. Com a tradicional vestimenta preta valenciana, os juízes tomam seus assentos, com o *alguacil* ao seu lado, também vestido da mesma maneira com o gancho que é símbolo da autoridade do Tribunal. Ao meio-dia, o juiz-presidente profere a frase "se abre o tribunal" que oficialmente inicia os trabalhos e marca a mudança de papel daquele fórum, de síndicos para juízes. O *alguacil*, então, convoca os denunciados pela ordem das acéquias, em valenciano (*Denunciats de La sequia de Quart* etc.) apresentando-se sempre o guarda, que informa que há um denunciado naquela acéquia, o denunciante e o denunciado. O juiz que preside o procedimento (dependendo de qual a margem da acéquia de onde advém a denúncia, pode ser o presidente ou o vice-presidente do tribunal) concede então a palavra ao denunciante e depois ao denunciado e então procede ao interrogatório das partes, sendo ainda admitida a proposição de reconvenção.

Já a produção de provas, apesar de permitida, deve ser feita prioritariamente de forma oral, seja pela oitiva de testemunhas, seja pela apresentação dos eventuais documentos ao juízo no próprio ato, sendo uma exceção o pedido de produção de prova pericial (que não se confunde com o procedimento de *visura* pelo juízo-instrutor), sobretudo quando impugnam-se as conclusões exaradas pela *visura* ou quando requisitada pelo guarda, mas é possível requerer uma perícia mesmo nos casos em que não tenha havido *visura* na instrução preliminar, podendo ainda ser requisitada *ex officio* pelo juízo, por exemplo na fase de liquidação de sentença, para averiguar o tamanho real dos danos. No caso dos depoimentos de testemunhas, estas geralmente são ouvidas no mesmo ato, após o interrogatório, porém o juízo pode suspender o ato até a semana seguinte caso estas não compareçam no dia da sessão. É permitida ainda a *cross--examination*, com a formulação de perguntas de uma parte para a outra, ou para suas testemunhas. As provas são de livre apreciação pelos juízes, mas os depoimentos de autoridades como os guardas, síndicos e veedores possuem presunção legal de veracidade.

A *visura* realizada pelo Tribunal, *ex officio* ou mediante requerimento das partes ou do guarda, pode ser realizada de várias maneiras, com a suspensão da formalidade ou após esta, de forma a servir para um melhor conhecimento dos juízes sobre a causa antes de proferir a sentença.[33] A *visura* ordenada pelo tribunal é feita por dois síndicos com o auxílio dos *veedores*, um de cada margem

---

[33] No original: *diligencias para mejor proveer la sentencia*.

do rio, podendo as partes se fazerem presentes assim como o juiz-instrutor, embora estes não possam se manifestar. Em alguns casos, o Tribunal pode conceder o poder de realizar a *visura*, com todos os juízes inspecionando o feito. Como pode-se ver, ainda que seja formalmente um rito simplificado e bastante célere, a demanda é apreciada em sua completude, oportunizando a produção de provas, inclusive ao custo da comunidade (como o deslocamento de juízes e técnicos ao local), indo muito além de apenas uma breve e sumária explanação oral frente aos juízes leigos ou de um ritual de tribunal de exceção ou sumário.

A sentença, proferida publicamente e de forma oral, após deliberação "em voz baixa" pelos juízes-síndicos, é feita por meio de fórmulas simples de absolvição: "Este Tribunal te absolve da denúncia que foi apresentada perante este juízo e condena às penas e custas mais danos e prejuízos, segundo ordenanças, ao denunciante"[34] ou condenação: "Este Tribunal te condena às penas e custas com danos e prejuízos, segundo ordenança"[35] (FAIREN-GUILEN, 1975, p. 300, tradução nossa), não sendo referida neste momento a fundamentação da decisão, o que levou alguns processualistas a classificarem como um tribunal de jurados, uma vez que os juízes são agricultores como seus jurisdicionados, geralmente com parcos conhecimentos jurídicos, embora seja requerido que conheçam as *ordenanzas* das *acequias*. Fairen-Guilen, contudo, é contrário a esta denominação e utiliza o termo "juízes populares". Ainda que o rito seja praticamente todo oral, há um procedimento (obrigatório pelas próprias *ordenanzas*) de registro de cada caso, efetuada a relatoria pela secretaria do tribunal, que guarda cópias no arquivo, bem como as fornece às partes e a quem estiver interessado, por serem públicas. As sentenças proferidas pelo Tribunal são irrecorríveis, e, portanto, de plano passam para sua fase de liquidação e/ou execução (FAIREN-GUILEN, 1975).

Classificam-se as sentenças emitidas pelo Tribunal em pelo menos cinco tipos diferentes, a partir da análise feita por Fairen-

---

[34] No original: *Este Tribunal le absuelve a usted de la denuncia que fue presentada en este juicio y condena a pena y costas más daños y perjuicios, según ordenanza al denunciante.*

[35] No original: *Este Tribunal le condena a pena y costas con daños y perjuicios según ordenanza.*

Guillen do compilado de registros das sentenças pronunciadas. O autor encontrou diversas sentenças que implicam diretamente em uma obrigação de fazer ou não fazer, sem a condenação em pecúnia, e estas são baseadas diretamente nas postulações positivadas nas *ordenanzas*, como a obrigação de cortar árvores, limpar escombros e sujeiras, reparar algum dano, dentre outros, sendo que em caso de recusa em fazê-lo, a comunidade o fará e requisitar-se-á o reembolso ao condenado, no que a execução líquida é convertida em execução de quantia certa. Outros tipos mais raros dizem respeito às sentenças com reserva de direitos e aquelas em que há a condenação expressa de uma quantia, já praticamente sentenças líquidas, mas dada a simplicidade do rito oral, na maioria das sentenças determinam-se obrigações ilíquidas, contando desde já em seu relato com as bases da liquidação – como multa proporcional ao gasto, ao uso, ou ao tamanho da terra – ou não (FAIREN-GUILLEN, 1975).

Nesses casos, da mesma forma em que os juízes brasileiros solicitam cálculos aos contadores judiciais ou diligências aos peritos de confiança do juízo, o juiz síndico executor nomeia *veedores* para auxiliá-lo. Com a complexidade do tema, é bastante comum hoje em dia estes *veedores* serem *experts* de fora da região, chamados para o feito e especialistas no assunto, como engenheiros, agrimensores ou outros profissionais.

Ainda é relevante, sobretudo para operadores do Direito acostumados com um dogma relacionado ao duplo grau de jurisdição, ver a defesa da ausência de recursos perante as sentenças do Tribunal. Este debate, por certo, não é exclusividade do Tribunal de Águas, sendo a defesa de ritos extremamente mitigados em causas mais simples, como já começa a se esboçar no país com os ritos sumaríssimos, sendo uma forma de resposta mais ágil e objetiva às exigências dos cidadãos que demandam a prestação jurisdicional rápida e evitando que devedores possam ter propiciada pelo próprio procedimento a oportunidade de inadimplemento da obrigação. Sobre este tema ainda, há uma posição importante na doutrina[36] e jurisprudência sobre o artigo 5º, LV, da Constituição

---

[36] Dentre eles, Luiz Guilherme Marinoni. Ver tutela antecipatória e julgamento antecipado: parte incontroversa da demanda. 5. ed. rev., ampl. e atual. São Paulo: Revista dos Tribunais, 2002.

Federal, que não o considera no mesmo nível de direito fundamental e princípio constitucional dos jurisdicionados, ao contrário do direito ao contraditório e ampla defesa, expressamente previsto e que haveria exceções como o foro privilegiado em julgamentos perante o Supremo Tribunal Federal e que os próprios Tribunais preveem em súmulas restrições ao duplo grau de jurisdição.[37]

Entre as objeções para a previsão do duplo grau de jurisdição no rito do Tribunal, há as de ordem prática, como a simplicidade e a oralidade do ato, que dificultaria a revisão ampla permitida no efeito devolutivo aos tribunais, e questões de fundo sobre a própria existência do tribunal, sobretudo por serem as decisões já colegiadas, como a submissão à jurisdição a um tribunal não consuetudinário, o que praticamente faria o tribunal não ser mais necessário no médio e longo prazo, pois se todas suas decisões são passíveis de revisão por corte civil ordinária, não haveria mais razão para serem ajuizadas as denúncias no tribunal. E ainda sobre a impossibilidade de se sustentar a construção de um órgão popular superior, pois padeceria dos mesmos dilemas do tribunal e confrontaria o princípio de que todos os cidadãos são iguais perante a lei.

São submetidos à jurisdição do Tribunal como partes, podendo exercer o direito de denúncia (o Tribunal não funciona *ex officio*, apenas quando provocado), as comunidades, por meio de seu síndico eleito; os membros das juntas de governo das comunidades,

---

[37] Um exemplo é a Súmula 303 do Egrégio TST: FAZENDA PÚBLICA. REEXAME NECESSÁRIO (nova redação em decorrência do CPC de 2015) – Res. 211/2016, DEJT divulgado em 24, 25 e 26.08.2016. I – Em dissídio individual, está sujeita ao reexame necessário, mesmo na vigência da Constituição Federal de 1988, decisão contrária à Fazenda Pública, salvo quando a condenação não ultrapassar o valor correspondente a: a) 1.000 (mil) salários mínimos para a União e as respectivas autarquias e fundações de direito público; b) 500 (quinhentos) salários mínimos para os Estados, o Distrito Federal, as respectivas autarquias e fundações de direito público e os Municípios que constituam capitais dos Estados; c) 100 (cem) salários mínimos para todos os demais Municípios e respectivas autarquias e fundações de direito público. II – Também não se sujeita ao duplo grau de jurisdição a decisão fundada em: a) súmula ou orientação jurisprudencial do Tribunal Superior do Trabalho; b) acórdão proferido pelo Supremo Tribunal Federal ou pelo Tribunal Superior do Trabalho em julgamento de recursos repetitivos; c) entendimento firmado em incidente de resolução de demandas repetitivas ou de assunção de competência; d) entendimento coincidente com orientação vinculante firmada no âmbito administrativo do próprio ente público, consolidada em manifestação, parecer ou súmula administrativa. III – Em ação rescisória, a decisão proferida pelo Tribunal Regional do Trabalho está sujeita ao duplo grau de jurisdição obrigatório quando desfavorável ao ente público, exceto nas hipóteses dos incisos anteriores (ex-OJ 71 da SBDI-1 – inserida em 03.06.1996).

que auxiliam o síndico em seu trabalho administrativo; os guardas, os *veedores*[38] e *atandadores*; os coletores de multas; os auxiliares dos guardas; e o *alguacil*;[39] além de todos os membros da comunidade, podendo fazê-lo em litisconsórcio, e mesmo terceiros de fora da comunidade. Fairen-Guillen (1975) relata, ainda, que têm capacidade para ser denunciadas todas as pessoas físicas que tenham relação com o uso da água na região, como os proprietários de terra, os arrendatários, os irrigantes, bem como todos os que trabalham na administração das acéquias e toda e qualquer pessoa que venha a infringir as normas pelas quais o Tribunal zela – inclusive pessoas jurídicas, como sociedades mercantis, empresas e até ordens religiosas já foram condenadas. Estão, ainda, sob a jurisdição do Tribunal os povos castilhos, entendidos como os habitantes de Pedralva, Villmarchante, Benaguacil e Ribarroja, localizado na parte alta da Vega de Valência, também usufruindo das águas do Rio Turia e das águas canalizadas a partir de *Privilégio Real*, editado em 1321, pelo Rei Jaime II de Aragão.

Seguindo a tradição romana, a água, nas comunidades valencianas, é entendida como um bem público, de uso comum. Como todo proprietário de terras nas acéquias tem direito ao fornecimento adequado de água para cultivar seu plantio, o desenho adotado pelo Tribunal para garantir repartição justa foi a adoção do critério de equivalência entre a quantidade de água e o tamanho da terra, garantindo assim a equidade entre os minifúndios da região. Sua administração deve ser não apenas pública, mas comunitária e autônoma, e a criação de uma corte especial para regular e administrar os conflitos e sua institucionalização e legitimação, demonstram a importância desse patrimônio da humanidade. Ademais, em mais de mil anos, os *acequieros* nunca sentiram necessidade de considerar a água como mercadoria, sendo proibida a venda de sua água para outro agricultor, ou privatizá-la, mantendo-a na esfera pública sob estrito controle social a partir do entendimento de que ela era o meio para a sobrevivência e o desenvolvimento econômico e social da comunidade (KLUG, 2019).

---

[38] Agente incumbido de ver, no sentido de fiscalizar, vistoriar.
[39] Responsável por iniciar a sessão do tribunal, chamando os denunciantes de cada acéquia. O termo vem do árabe *alwazir/wazir*, e seria uma espécie de oficial de justiça ou meirinho.

A água, portanto, é de propriedade coletiva e comunitária, pertencendo ao mesmo tempo a todos, com cada um tendo direito a seu usufruto de acordo com sua necessidade, sendo a água utilizada tecnicamente gratuita, pois o pagamento realizado pelos *acequieros* à comunidade é por sua terra, e estes recursos são utilizados para a manutenção do sistema, embora o não-pagamento do *cequiaje*[40] possa acarretar sanções como a interrupção temporária do fornecimento de água.[41] O próprio nome "*comuneros*" advém de sua organização, pois os *regantes* de cada acéquia participam em comunidades (*las comunas*) organizadas (política e juridicamente) e possuem coletivamente a propriedade dos canais e das águas, estabelecendo por meio do costume seus pactos entre si e entre todas as acéquias, positivando parcela desse direito consuetudinário a partir do século XVIII, com a edição das *Ordenanzas* de cada acéquia, por ordem do Rei Felipe V, que extinguiu praticamente toda a estrutura jurídica do antigo Reino de Valencia (os chamados "*fueros*"), o que obrigou os *comuneros* a elaborarem suas normas e regulamentações por escrito, o que até então era feito apenas pela memória e pela oralidade, por meio do Tribunal.

O regime jurídico das águas durante o período da Coroa Aragonesa, também chamado de legislação foral, era que estas, assim como praticamente todas as coisas na terra, eram propriedade privada da Coroa, que por sua vez cedia ou doava para a nobreza, para a igreja ou mesmo para cidades ou comunidades, conservando as comunidades, no entanto, os direitos de uso, gozando perpetuamente de água gratuita, ainda que este direito fosse reservado apenas ao uso.

---

[40] *Cequiaje* ou *Sequiatge* é como é conhecido o tributo pago por cada fazenda (finca) nas acéquias, destinado a financiar primordialmente a manutenção e limpeza da infraestrutura dos canais e despesas da gestão da acéquia, como os gastos do juiz-sindico e do guarda da acéquia. Registros históricos apontam para sua cobrança desde o século XII ao menos, e essa nomenclatura é utilizada na Catalunha também.

[41] Segundo as *ordenanzas* da acéquia de Quart, compiladas pela primeira vez em 1709: "Cualquier regante que sea deudor de derrama o cequiaje, tenga obligación el síndico bienal por sí mismo, a dando la orden al guarda, siendo requerido por el recolector (y pedido por tres veces pagase, y con apercibimiento en la última de que se le quitará el agua) de privarle de riego del agua, hasta que haya pagado, imponiéndole, por este hecho diez libras de pena por seguir regando, la cual se haya de partir un tercio para la columna, otro para el síndico y otro para el acusador o guarda" (VALENCIA, 2013).

A destinação de Don Jaime à comunidade Valenciana, portanto, *a priori*, não significou um rompimento com nenhuma tradição jurídica, tampouco representava uma ameaça à autoridade real, mas tratava-se sim de um gesto pragmático do Rei Conquistador, ávido por manter sob seu manto a produção agrícola até então sob o domínio dos muçulmanos. O desenrolar da história, com uma mistura de *virtú* e fortuna, como nos traz Maquiavel, criaria uma instituição única no mundo e um tratamento singular da propriedade comunal que desafia as fronteiras do paradigma moderno de separação entre o bem público e privado.

Vê-se na *ordenanza* da Acequia y Comuna de Quart um exemplo raro de democracia local, com o *ayuntamiento*[42] renunciando expressamente ao poder de indicar o síndico da acéquia que a partir de então "se leve a cabo pelos próprios irrigadores residentes efetivos na dita vila, no lugar da prefeitura" (TORDERA *et al.*, 2013, tradução nossa),[43] bem como posteriormente às ordenanças, o obedecimento da administração real aos ditames da comunidade, um feito que difere muito do absolutismo em voga:

> Na cidade de Valência, em 2 de dezembro de 1709, o senhor licenciado D. Baltasar Antonio Beteta Malo, advogado dos conselhos reais e prefeito desta referida cidade de Valência, nela por sua majestade. Tendo em vista o acordo feito pelos representantes eleitos da acéquia de Cuart, e os demais realizados posteriormente, uns e outros sobre a distribuição e divisão da água que passa pela referida acéquia para o bom uso e aproveitamento dos seus próprios e de seus irrigadores. Disse que a aprovava e aprovou todos e cada um de seus capítulos por dirigir-se ao governo econômico entre os supramencionados para que com igualdade e proporcionalidade todos gozem do benefício comum; (...) (TORDERA *et al.*, 2013, [s.p.], tradução nossa do original em espanhol).[44]

---

[42] Prefeitura, administração local.

[43] No original: *se lleve a cabo por los propios regantes residentes efectivos en dicha villa, en lugar de que el Ayuntamiento.*

[44] No original: *En la ciudad de Valencia, en 2 de Diciembre de 1709, el señor licenciado D. Baltasar Antonio Beteta Malo, abogado de los reales consejos y alcalde mayor de esta dicha ciudad de Valencia, en ella por su majestad. Habiendo visto la concordia hecha por los electos de la acequia del lugar de Cuart, y los demás autos hechos a su continuación, que uno y otro es sobre la distribución y repartimiento del agua que viene por dicha acequia para el buen uso y aprovechamiento suyo y de sus regantes. Dijo que la aprobaba y la aprobó toda ella, y cada capítulo suyo por dirigirse al gobierno económico entre los susodichos de su haber para que con igualdad y proporción gocen todos de su común beneficio; (...)* (TORDERA *et al.*, 2013, [s.p.]).

O prólogo da *Ordenanza*, que reafirmou o que a junta geral (assembleia) já vinha deliberando desde o século XIV, antecipa em quase um século noções e conceitos que se testemunhariam por influência iluminista na França revolucionária e sua Constituição e na frase que é o pilar fundamental da mais longeva República do mundo, a estadunidense, com seu *"We the People"* no preâmbulo de sua Carta: "Elaborado pelos eleitos da Acéquia de *Cuart*, tendo poder amplíssimo da acéquia e conselho geral desta para o bom governo e administração da dita acéquia e comunidade" (TORDERA *et al*. 2013, tradução nossa).[45] O Barão Jaubert de Passat (1844), quando elaborou seus comentários sobre as legislações que regiam as acéquias, comenta sobre o status da água como pública, e não possessão privada:

> Assim, e para dizê-lo em poucas palavras, esta disposição, aparentemente tão severa, que proíbe a mudança de turno ou de dar ao vizinho a quantidade de água que não precisa e da qual é usuário, evita grandes abusos e realiza de maneira especial o objeto que o príncipe propôs na concessão de água: de fato, um curso de água público não é bloqueado, nem mesmo em parte, a não ser em favor de necessidades reais e muito evidentes. O poder público volta a gozar dos seus direitos, assim que cessam as necessidades, pois o irrigador é apenas utilizador de alguns, mas não o dono, portanto não pode dispor dele, muito menos vendê-lo para proveito próprio, pois o interesse geral exige que essa água seja adicionada ao canal (PASSÁ, 1844, [s.p.], tradução nossa do original em espanhol).[46]

É digno de nota também a presença de um tomo dedicado a *"Capítulos tocantes al buen gobierno en común de dicha acequia de Cuart"*, cuja primeira provisão é a manutenção de um livro-arquivo com os casos, partes e sentenças, bem como censos e medições, inclusive

---

[45] No original: *Hechos y hechas por los electos de la acequia de Cuart, habiendo poder amplísimo de la acequia y consejo general de aquella, para el bueno gobierno y administración de dicha acequia y común*".

[46] No original: *Así, pues, y para decirlo en una palabra, esta disposición, en la apariencia tan severa, que prohíbe cambiar su turno o ceder al vecino la cantidad de agua que uno no necesita y de que es usuario, impide grandes abusos y por fin llena de un modo especial el objeto que el príncipe se ha propuesto en la concesión de aguas: en efecto, un curso de agua público no se enajena, ni aun en parte, más que a favor de necesidad reales y muy evidentes. El poder público vuelve a entrar en el goce de sus derechos, en donde desde luego que cesen las necesidades, pues el regante no es más que usuario de alguna, mas no propietario, por consiguiente no puede disponer de ella, mucho menos venderla en beneficio suyo, pues que el interés general exige que esta agua acrezca al canal* (PASSAT, 1844, [s.p.]).

do passado oral, mas também contém provisões sobre a limpeza e conservação da acéquia e ainda regulamentação das juntas generais.

Não à toa, um dos documentos mais antigos do Reino de Valência, datado de 1223, é uma petição tratando de uma disputa sobre água entre duas acéquias, a de Cars e a de Torox, simbolizando a importância da irrigação, da água e da agricultura para a sociedade valenciana, pilar fundamental da cultura mediterrânea. É necessário, portanto, ressaltar o papel que o Tribunal sempre realizou dentro da gestão desse sistema para permitir o sucesso econômico e comercial, mas também o bem-estar da região, pois a administração desse intrincado emaranhado de canais e canaletes, todos advindos de um mesmo local de origem, um grande açude, depositário da água do rio, é algo que demanda diversos conhecimentos técnicos e também demanda um índice de resolução de conflitos grande e célere, sob pena de destruição de hectares de plantação e de um efeito em cadeia perigoso pois todos os campos estão interligados.

3.3 A gestão compartilhada da água na Vega de Valência

Quando seus feitos cantam os poetas e quando os estrangeiros se encantam com sua beleza, sabe-se que se está diante de algo especial. A *huerta* de Valência é obra de mundos que se tocaram, romanos, cristãos, judeus, islâmicos, e soube, ao contrário de outras partes do mundo, manter essa diversidade em seu favor, com respeito à natureza, mas não sem a teimosia de guiar as águas para fazer daquele belo cenário também uma zona produtiva. "O mais belo jardim do mundo", exclamou o Cardeal de Retz em 1654 enquanto Hieronymus Munzer, viajante durante o século de ouro valenciano, em 1495, refere que "o campo valenciano é fertilíssimo, pois produz imensa variedade de frutos, que se exportam a outros países". Em seu relato, Munzer refere a beleza dos jardins de Valência, mas uma leitura aprofundada evidencia a potência econômica e a variedade de produtos da região, referindo que os mercadores alemães estavam muito interessados na seda e na cana de açúcar que estava sendo produzida em Valência, além da variedade de grãos, a produção de azeite e azeitonas (que as considerou as maiores e mais saborosas que já provou), lã de qualidade, uva e vinho, açafrão, figos, arroz, mel, couro, laranjas e ainda refere a terra argilosa que serve de matéria prima para o artesanato local, referindo que Alicante, pequena cidade portuária na comunidade valenciana, chamava a atenção dos grandes centros comerciais do mundo, como Flanders (PUYOL, 1924).

Ainda que haja pouca literatura sobre o Tribunal e sobre a Vega de Valência e esta seja praticamente toda estrangeira até o início do século XX, parece haver um consenso entre os diversos relatos pelos séculos, com encantamento não apenas com as belas paisagens, mas interesse em aprender e exportar para seus países de origem as técnicas utilizadas pelos *acequieros*.

A irrigação, sobretudo em locais difíceis, foi historicamente uma grande estimuladora do desenvolvimento da engenharia e matemática por um lado e para o sistema jurídico de outro, para resolver os conflitos advindos da administração da escassez do recurso natural (GLICK, 1968). Glick (1968) continua aduzindo que não à toa as *Huertas* de Valência são uma ode à tecnologia medieval por um lado, pelos seus canais, e símbolo da especialização do ordenamento jurídico, com centenas de casos julgados durante o medievo, atraindo especialistas nas normas de irrigação e na construção dos canais, os *livelladores* (que poderiam, numa tradução, ser chamados de niveladores, mas não faria jus ao papel complexo que exercem em seu sistema social), que tinham o mesmo propósito: "garantir a distribuição equitativa do fornecimento irregular de água" na região.

Os *livelladores* não apenas construíam, mas supervisionavam o funcionamento e a distribuição de água, medindo e nivelando os canais e são uma evolução local dos *libratores* romanos, que eram funcionários especializados da equipe do *curator aquarum* (o responsável pela gestão do abastecimento de água pública nas cidades romanas), possuindo conhecimentos de matemática e geometria, para que pudessem determinar a diferença de nível entre os campos a fim de calcular os aclives e declives necessários, longe de um estereótipo de fazendeiros iletrados. Essa especialização foi crescendo ao longo do tempo e já no século XVI há registros que levam especialistas a acreditar que já não se atinham à construção como outros mestres de obra das guildas medievais, mas tão somente na condução da água, sendo um profissional bem pago, diferente dos trabalhadores braçais que construíam os canais propriamente, e disputado, trabalhando em projetos em todo o reino (GLICK, 1968).

O sistema valenciano, diferente de outros, funciona na base da proporcionalidade, separando-se o fluxo de água corrente nos canais e proveniente dos rios por meio de divisões, chamadas partidores, na proporção em que a comunidade decidia, em complexas obras de engenharia para a época. A importância dessa divisão é vista em registros históricos, com as proporções das divisões sendo garantida em documentos escritos aprovados pela assembleia dos lavradores dos canais, como mostra um inventário realizado por um *livellador* em 1362, após a decisão de que todas as divisões do canal de *Favara* deveriam ser medidas e niveladas para assegurar a continuidade. Os arquivos sobre casos julgados perante a corte mostram a importância de um bom trabalho os *livelladores*. Em 1437, os agricultores da Cequia de Benacher reclamaram que os fazendeiros da Cequia de Quart, com os quais dividiam igualmente um canal, estavam recebendo mais água, com Quart apresentando como defesa que as divisões (os partidores) eram iguais – o que se comprova pelos registros – e que a diferença estaria na limpeza, pois a proporção pode mudar a partir de depósitos de sujeira que obstruem um canal e forçam a água a jorrar mais forte por outro lado. O Tribunal, para resolver a questão, mandou *livelladores* de grande reputação para examinar o partidor, numa espécie de perícia pelo perito de confiança do juízo medieval. Após deliberação, a Corte mandou que este fosse elevado em meio palmo, para garantir que ambos os lados estivessem recebendo o mesmo nível de água. Há diversos registros de processos julgados perante o Tribunal de Águas durante o medievo, advindos prioritariamente das sentenças proferidas pelo Tribunal no século XV no Arquivo Real de Valência, uma vez que embora o Tribunal fosse estritamente oral, havia a possibilidade de apelação para o governador do reino, que possuía jurisdição, em nome do rei, para ouvir os argumentos, seja em duplo grau de jurisdição ou em caráter de súplica, bem como eram registradas as medidas tomadas, como execuções dos termos proferidos pelos juízes, as quais eram anotadas também, para que não houvesse disputas posteriores. Nessas anotações, enxerga-se um nível de complexidade da litigância de irrigação, com a exigência de talentos técnicos e jurídico-argumentativos para convencimento dos juízes.

A importância cultural da água nessa região é ilustrada por ruínas e artefatos arqueológicos ainda dos tempos da ocupação de Roma, como uma rede de aquedutos e canais romanos que canalizavam e transportavam a água do Rio Turia, sendo o arco ainda presente no Barranco de Porchinos um dos mais bem preservados e uma testemunha da engenharia romana. Em acéquias como Quart e Benacher, ainda se utiliza para irrigação as bases construídas pelos romanos, sendo o aqueduto conhecido como Les Arquetes de Manises fonte de preocupação por seu estado de conservação já em 1273, quando os acequieros da região solicitam fundos para restauração do mesmo ao Rei Don Jaime I (ESPANHA, 2004). No entanto, foi com a vinda das civilizações orientais, a partir da invasão islâmica da Península Ibérica em 711 d.C., sobretudo os povos muçulmanos oriundos das civilizações hidráulicas ou fluviais do Tigre, Eufrates e Nilo e o estabelecimento das taifas e posteriormente do califado que o atual desenho da produção e irrigação na comunidade valenciana começou a se desenhar. Esses novos habitantes trouxeram suas noções de irrigação por inundação, novos produtos e uma nova abordagem diferenciada sobre a produção agrícola, que permitiram um maior aproveitamento das terras e uma maior variedade de produtos em comparação com os tempos romanos.

Em sua análise de alguns exemplos bem sucedidos de *Common-Pool Resources* (CPR) autogestionados, auto-organizados e de longa duração, Ostrom (1990) demonstra como este sentimento – legitimado pelo Direito e pela institucionalidade criada – de pertencimento e simbiose entre administração da água, resolução de seus conflitos e a própria comunidade resolveu, no caso de Valência, problemas muito comuns, como o do comprometimento de todos os envolvidos, uma vez que seria muito fácil para alguns agricultores burlarem as regras para obter água, e a construção de um mútuo monitoramento entre as partes para que os conflitos não fossem para a violência física, o que seria muito comum, sobretudo numa região onde a falta de água é crônica, mas não é o que é visto quando se estuda o caso de Valência. A coexistência pacífica entre a propriedade privada da terra e a propriedade comum da água, nestas comunidades em que os indivíduos exercem considerável influência sobre as próprias instituições de controle, demonstra que há um benefício tão grande de administrar de forma comunitária um bem limitado como a água, que, em um milênio, não sentiram necessidade de ter outros arranjos jurídicos.

Ostrom (1990), segue afastando tanto aqueles que defendem uma centralização excessiva do Estado no controle dos recursos naturais escassos, como a defesa da privatização como a única saída para a garantia de seu uso racional. Desde o tempo dos *veedores* medievais, a alocação de água para as terras, separadas entre aquelas com acesso fácil à água (*regadiu*) e as secas é baseada na observância dos fenômenos climáticos que afetam o nível da água, como períodos sazonais de abundância, de pouca chuva e secas excepcionais. Basicamente, opera-se com três sistemas de normas: para tempos de abundância plena, tempos de *mitjana* (médio em catalão) e de seca extrema ou continuada[47] (MAASS; ANDERSON, 1986). O sistema de distribuição rotativo é complexo, realizado em turnos e baseado na boa-fé do agricultor que está recebendo sua água, sendo vedado o desperdício. O sistema e seu procedimento são adaptados nos casos de falta d'água por longos períodos, quando os fazendeiros cujas terras precisam mais de água terão prioridade, com o síndico e a gestão da *huerta* analisando as necessidades de cada plantação. Ainda que após a inauguração da represa construída durante o franquismo tenha diminuído a frequência das secas, a previsão destes procedimentos baseados na solidariedade e na divisão justa e equitativa do bem comum continuam.

Recentemente considerada pela FAO como um sistema de agricultura de importância global (GIAHS), sua importância atravessa diversos ramos de especialidades, e um olhar multidisciplinar sobre a gestão das águas na região auxilia na extração de exemplos positivos dessa experiência. O nível de consenso historicamente obtido na região, desde as evidências relacionadas ao baixo nível de punições e conflitos na idade média até a resistência de um sistema que passou incólume até praticamente o século 20 e que ainda

---

[47] No original: "*necessitat gran*".

hoje detém boa parte de seu desenho e estrutura organizacional, jurídica e social intacta dá-se justamente por suas características de celeridade, pouca burocracia, ampla participação, divisão de tarefas e legitimidade alcançada pela estabilidade de suas instituições. O estudo enviado a FAO, encomendado pelas administrações local e regional valenciana, propôs a seguinte classificação:

> Na verdade, o que torna o sistema de irrigação da Horta globalmente importante é que ele fornece uma base interessante de soluções para problemas modernos (HUDSON & GONZALES 2013). A ênfase no controle e propriedade comunitários é especialmente significativa à luz dos dados que sugerem que o envolvimento da comunidade é um caminho direto para o sucesso dos sistemas de água. HUDSON & GONZALES observam a governança da água como uma forma que pode permitir que as pessoas em todo o mundo que enfrentam as piores consequências da escassez de água ajam, resolvendo seus problemas locais de maneiras que atendam às suas necessidades diretas e busquem ativamente sua resiliência (VALENCIA, 2019, [s.p.], tradução nossa).

Ainda em sua análise sobre a gestão de bens comuns, Ostrom (1990) identifica alguns princípios que caracterizam o desenho institucional de um CPR bem sucedido: 1) Limites e associados bem estabelecidos; 2) Normas congruentes e coerentes; 3) Arenas de decisão coletiva; 4) Monitoramento do funcionamento; 5) Sanções e penalidades com gradação; 6) Mecanismos de resolução de conflitos; 7) Reconhecimento dos direitos coletivos e de organização; e 8) Unidade. As *huertas* de Valência (assim como suas vizinhas de Murcia) foram avaliadas positivamente, com a autora identificando a presença de todos os princípios de desenho institucional e de atuação necessários. Sua existência por um longo período de tempo (um milênio), como verificou Ostrom em seu estudo, traz dúvidas sobre o paradigma instalado de que a única forma de resolução dos problemas encontrados pelos *Common-Pool Resources* (bens comuns) é a imposição externa da propriedade privada e a regulação centralizada. Ao identificar todos esses elementos, Ostrom considera que a performance institucional é robusta e em sua pesquisa, a falta de alguns ou da maioria foi notada nas experiências estudadas que foram consideradas frágeis ou que foram malsucedidas, sendo que nestas últimas não se identificou mais do que três desses princípios-base da análise sobre CPRs autogovernados.

Da mesma forma, outro ganhador do Prêmio Nobel de Economia, Amartya Sen, refere que uma abordagem múltipla e cooperativa das instituições é necessária para uma gestão mais eficiente dos chamados 'bens públicos' pois "a base racional do mercado está voltada para os bens privados (como maçãs e camisas) e não para os bens públicos (como o meio livre de malária)" (SEN, 2008, [s.p.]), citando ainda a existência e a importância de casos mistos, em que a atuação estatal, o mercado e a comunidade devem atuar cooperativamente para garantir a efetividade dos serviços (direitos). Ao contrário do que ocorreu com outros bens extraídos da natureza, como os utilizados para a construção e para troca de mercadoria, a análise histórica do uso dos denominados bens comuns, sobretudo da historicidade do Direito no campo das águas, quando se investiga a trajetória da regulamentação deste bem comum e coletivo, aponta que na imensa maioria das civilizações e períodos históricos, houve regramentos e limites de seu uso, positivados ou não, visando a preservação deste bem essencial para a vida na terra, bem como aponta a construção de mecanismos de estruturação do acesso e uso, evitando a exploração pelo lucro, sendo estes notadamente cooperativos e com uma visão social bastante avançada, como procedeu-se a breve investigação neste e no capítulo anterior.

Celso Maran de Oliveira (2008), em sua pesquisa sobre a experiência de tribunais hídricos no Brasil, traça paralelos entre a gestão comunitária e democrática da água realizada na Vega de Valência por meio de seus representantes eleitos (síndicos) em atuação conjunta com a assembleia geral dos usuários (a junta) e o Tribunal como instituição, com o modelo brasileiro de gestão a partir dos Comitês de Bacia Hidrográfica, sobretudo a partir da criação da Política Nacional de Recursos Hídricos e a promulgação da Lei nº 9.433/97, com a previsão, pelo art. 38, II, da função de arbitrar os conflitos relacionados aos recursos hídricos, advogando o autor ainda por um maior protagonismo dos comitês na resolução dos conflitos hídricos, pela proximidade e conhecimento técnico e social sobre as causas, e as possibilidades de criação de instâncias administrativas nos comitês para melhor atender esta que é uma das competências dos comitês.

Ainda, merece referência o exposto no artigo 38, V, VI e IX da Lei das Águas Brasileira, que atribui aos comitês responsabilidades e deveres bastante complexos e com semelhanças às atribuições dadas pelas comunidades e acéquias à sua administração local das águas encabeçadas pelo juiz-síndico. De fato, o sistema adotado pelo Brasil pode aprimorar-se com um intercâmbio de práticas e um estudo aprofundado sobre a gestão da água na comunidade valenciana. Ainda que distantes tantos quilômetros quantos séculos um do outro, há semelhanças na visão sobre a relação do poder público e a proteção jurídica da água pela tradição de Valência e pelo regime jurídico brasileiro. Essas podem ser vistas na descrição de Casarin e Santos (2011, p. 83): "Os comitês são espaços privilegiados de negociação de conflitos e de estabelecimento de regras de convivência em relação à água" e possuem ao mesmo tempo papel consultivo (ao emitir pareceres e opiniões), deliberativo (resolução de conflitos e tomada de decisões, como instância administrativa) e normativo (ao estabelecer normas e regras de uso da água no território de sua competência).

Celso Maran Oliveira (2008) ainda aborda em seu estudo a breve e singular experiência do Tribunal da Água de Florianópolis como outra possibilidade de diálogo entre as experiências, respeitando as diferenças geográficas, culturais e de legislação. Como pontos positivos dessas experiências, pode-se mencionar que uma maior interlocução entre *experts* no assunto, juristas e intérpretes das normas e a comunidade aumenta a legitimidade, a satisfação com o resultado e oferece uma compreensão melhor sobre o caso concreto. No entanto, parece haver necessidade atualmente de uma maior assimilação pelo arcabouço jurídico-legal brasileiro, o que ocorreu no sistema jurídico espanhol, para ampliar o índice resolutivo de conflitos e evitar que o sistema administrativo especializado seja mera formalidade anterior ao ajuizamento de ações no Poder Judiciário:

> Em analisando o Tribunal da Água de Florianópolis e ao pensar numa transposição do que aconteceu no Tribunal da Água de Florianópolis para o sistema nacional, torna-se necessário que haja previsão legal para sua existência se tornar legítima no mundo jurídico. Mesmo que não se crie um tribunal específico para os recursos hídricos no formato do Tribunal da Água de Florianópolis, mas sua experiência pode ser aproveitada pelos Comitês de Bacia, como forma de decidirem seus conflitos, para que consigam maior celeridade e precisão nos julgamentos (OLIVEIRA, 2008, p. [s.p.]).

Nesse sentido, a experiência do Tribunal de Águas de Valência pode ser bastante útil para a construção de um desenho institucional e de procedimentos que visem dar efetividade para a avançada legislação ambiental e de recursos hídricos brasileira, como referem Oliveira *et al.* (2016) em sua defesa da construção de instrumentos alternativos de solução dos conflitos hídricos no Brasil, referindo que a reforma na legislação para possibilitar a criação de um tribunal arbitral de recursos hídricos deve levar em conta, a partir do estudo empírico, aspectos positivos do Tribunal de Águas de Valência, tais como sua celeridade, oralidade, informalidade ou formalidade mitigada e caráter de instância não apenas administrativa.

A utilização dos princípios da concentração, oralidade etc. para atingir a resolução mais rápida e efetiva de conflitos não seria propriamente uma novidade no ordenamento jurídico brasileiro, uma vez que foram eles que levaram à criação do rito sumaríssimo no processo do trabalho e que também avalizam as demandas apresentadas nos Juizados Especiais. A defesa de um modelo de maior liberdade, maior participação da comunidade e dos *experts* na área e que inclua uma gama maior de fontes do Direito, incluindo-se aí tanto a equidade (OLIVEIRA *et al.*, 2016) quanto fontes autônomas relativas àquela região abrangida pela bacia hidrográfica e seu respectivo Comitê, de forma semelhante às acéquias valencianas (e no caso do ordenamento brasileiro, experiência semelhante aos acordos coletivos de empresa e outras fontes normativas) começam a ter previsão na legislação brasileira a partir das atribuições dadas a cada Comitê, com respeito às características regionais e a diversidade social que compõe estes territórios.

Ademais, para além da simples transposição de um modelo para outro, defende-se uma maior atenção para o caso valenciano, de forma a perceber de que forma pode o Direito brasileiro, e mesmo o Direito em nível regional e internacional, criar mecanismos capazes de oferecer respostas adequadas e rápidas aos crescentes conflitos relacionados à questão do uso diverso, acesso e preservação da água.

A defesa de câmaras arbitrais nos comitês de bacia hidrográfica, o que, frise-se, necessitaria em primeiro lugar de uma reforma da atual legislação no país para que possa abarcar conflitos sobre direitos indisponíveis e direitos coletivos, como os relacionados ao meio ambiente, inspira-se sobremaneira no exemplo dado pelos juízes-síndicos de Valência, pois a instituição de uma entidade arbitral possibilita que entre os árbitros tenham não apenas juristas, mas também outros especialistas, permitindo que as decisões proferidas fossem tecnicamente superiores à mediana das sentenças de um juiz togado, ganhando-se em riqueza com aspectos multidisciplinares e com a integração do corpo da sociedade civil como julgadores, superando uma visão do monopólio total da jurisdição estatal (OLIVEIRA *et al.*, 2016). A mediação já vem sendo utilizada pela jurisdição estatal e pelos comitês, com a atribuição de arbitrar conflitos conferida pela Política Nacional de Recursos Hídricos.

SEGUNDA PARTE

A ÁGUA COMO DIREITO

CAPÍTULO 4

ACESSO À ÁGUA COMO DIREITO HUMANO

4.1 Direitos humanos e direitos fundamentais: a relevância jurídica da água

Não deixa de ser um fato digno de nota que a água, bem essencial para o ser humano e que diariamente é utilizada na vida humana de diversas maneiras, em todas as culturas e através dos milênios da história humana, seja tão pouco tutelada e juridicamente protegida. É somente a partir do surgimento da discussão sobre os chamados direitos fundamentais de terceira dimensão (ou geração), os direitos difusos e coletivos e concomitantemente ao debate sobre a preservação do meio ambiente, sobretudo a partir da década de 1970, que a proteção da água vai crescer em importância e começar a aparecer como uma preocupação no cenário internacional e na jurisprudência no Brasil e no mundo.

Esses direitos transindividuais, que no Brasil aparecem pela primeira vez positivados no artigo 81, *caput* e parágrafo único do Código de Defesa do Consumidor[48] (1990), diferenciam-se dos

---

[48] "Art. 81. A defesa dos interesses e direitos dos consumidores e das vítimas poderá ser exercida em juízo individualmente, ou a título coletivo. Parágrafo único. A defesa coletiva será exercida quando se tratar de: I – interesses ou direitos difusos, assim entendidos, para efeitos deste código, os transindividuais, de natureza indivisível, de que sejam titulares pessoas indeterminadas e ligadas por circunstâncias de fato; II – interesses ou direitos coletivos, assim entendidos, para efeitos deste código, os transindividuais, de natureza indivisível de que seja titular grupo, categoria ou classe de pessoas ligadas entre si ou com a parte contrária por uma relação jurídica base; III – interesses ou direitos individuais homogêneos, assim entendidos os decorrentes de origem comum" (BRASIL, 1990).

direitos às liberdades civis individuais (primeira dimensão/geração) e dos direitos econômicos e sociais (segunda dimensão/geração) por contemplarem, ao mesmo tempo, prestações positivas e negativas, deveres negativos e deveres de prover (SILVA, José Afonso, 2002) tanto para o Estado quanto para o poder econômico, por exemplo, como no caso do direito ao meio ambiente ecologicamente equilibrado, conforme exposto no *caput* do artigo 225 da nossa Constituição (1988).

A discussão sobre o status jurídico da água – como direito humano, direito fundamental, direito humano essencial e bem comum e vital – necessita que, antes, revisite-se a problemática da fundamentalidade dos direitos e a classificação do que são direitos e garantias fundamentais e o que são os direitos do homem. Os direitos do homem ou direitos humanos, de maneira resumida, seriam aqueles que emanam da simples condição de ser humano, a partir de uma concepção jusnaturalista de direitos inerentes à vida humana e que prescindem e precedem a positivação jurídica dos mesmos. O único requisito para que a pessoa seja dotada desses direitos seria ser ela mesma, sendo a vida o bem mais precioso de todos a ser tutelado.

Porém, para fins de reflexão, pode-se observar que, mesmo antes ou posterior à vida, ainda que este seja um tema complexo, há direitos ou, ao menos, um debate em relação às garantias ao nascituro e, após a morte, ao cadáver e à honra da pessoa já falecida. Para Morton Winston (1989), um direito consiste numa reivindicação justificada do ser humano, a qual a sociedade, por meio do Estado, possui a obrigação de proteger, defender e viabilizar o gozo deste direito. Há nesta reflexão, sobretudo em relação aos direitos humanos, uma justificação de cunho moral, ainda que estes venham sendo juridificados e exigidos no âmbito do Poder Judiciário de forma cada vez mais frequente, e positivados e constitucionalizados sobretudo a partir da segunda metade do século XX, pois estes geralmente são referentes à garantia das condições mais básicas e elementares e consistem na fruição em patamares mínimos civilizatórios de subsistência por todos os seres humanos, numa garantia intrínseca à sua natureza.

Ainda que autores defendam que todos os direitos fundamentais seriam direitos humanos (SARLET, 2012), uma vez que têm como objeto a tutela e proteção da vida humana em toda a sua complexidade e facetas múltiplas, afilia-se parte importante da doutrina a uma conceituação de direitos humanos como aqueles de caráter universal, garantidos a todo humano independentemente de sua origem e constantes em documentos e normativas internacionais, diferindo dos direitos fundamentais, presentes nas constituições dos países e portanto relativos ao pacto político constituinte, possuindo diversas interpretações, matizes e variações, podendo haver direitos fundamentais dos brasileiros que não seriam, por esta interpretação, direitos humanos, por falta desse caráter universal e internacional. Jorge Miranda (1993) expõe que as concepções filosóficas e as terminologias variam, com jusnaturalistas, juspositivistas, realistas, socialistas e outras vertentes justificando de maneira diferenciada a razão pela qual existem certos direitos alçados à condição maior, de direitos fundamentais. Da mesma forma, Gilmar Mendes (2011) aduz que o esforço de harmonização e de debate sobre a caracterização e o objetivo dos direitos fundamentais é árduo, mas necessário, pois não significa meramente uma infrutífera discussão academicista, mas tem impacto real, sobretudo com a evolução da sociedade e com o corpo de direitos fundamentais e humanos evoluindo, necessitando-se deste debate para justamente identificar e fundamentar direitos fundamentais implícitos ou fora dos catálogos e róis presentes na Constituição.

Para Bobbio (2004), os direitos do homem são afirmados a partir da quebra do paradigma anterior de relação do súdito para com o soberano e do cidadão com o Estado, com a ótica da primazia do indivíduo, sendo esta concepção individualista da sociedade consagrada na Declaração Universal dos Direitos Humanos e na aparição, na esfera internacional, pela primeira vez, do homem como sujeito de direitos, além dos estados soberanos. Segue Bobbio (2004, p. 9) afirmando em *A Era dos Direitos* que os direitos do homem são históricos, forjados nas circunstâncias e frutos da luta em prol de liberdades contra poderes estabelecidos e conquistados de forma gradual, exemplificando que as liberdades civis são fruto da luta dos parlamentos contra os reis absolutistas; os direitos sociais são fruto da ascensão e organização do movimento de trabalhadores; que uma nova geração constitui-se com o movimento ecológico à frente; e que já se poderia vislumbrar uma quarta geração a partir dos debates sobre a manipulação genética. Bobbio (2004), portanto, rejeita a ideia dos jusnaturalistas de direitos humanos como direitos naturais, pois contextualiza-os dentro da materialidade e temporalidade, bem com os relativiza, e contrapõe a essa ideia as miríades de direitos naturais e morais existentes na civilização humana – além da própria ideia de que o que não está positivado ou juridificado não poderia ser considerado direito, ainda que seja uma obrigação.

Ainda nesta seara, vale referir a crítica de Boaventura de Souza Santos (1997) em relação à compreensão atual de direitos humanos com uma pretensão retórica universal que, em realidade, reflete os padrões do Ocidente, instrumentalizada pelas grandes potências e, geralmente, a serviço dos interesses econômicos e geopolíticos do capitalismo norte-americano e seus aliados, sendo uma marca ocidental-liberal, aduzindo que o multiculturalismo é a pré-condição para a construção de uma nova concepção dos direitos humanos que sirva realmente para a emancipação social.

Não sendo o escopo desta pesquisa, não há como aprofundar-se no debate sobre as diferentes posições relativas à conceituação e concepção jusfilosófica sobre os direitos fundamentais, adotando-se, no entanto, o posicionamento de que estes são, historicamente, frutos do constitucionalismo e da adoção do paradigma do estado de direito, e sua atual expansão, respeito e garantia são características do Estado Democrático de Direito e do Constitucionalismo do pós-guerra que emerge como paradigma limitador da atuação do Estado a partir do debate soberano do povo de cada país, conforme nos traz Canotilho (2003) em sua teoria normativa da política e cuja busca pela paz, cooperação e interação entre estados, a partir de organismos internacionais, favoreceu a construção de pilares essenciais básicos da humanidade e uma concepção de direitos que se sobrepõem às ficções jurídico-políticas dos estados nacionais, sendo ambas as movimentações, intra e supra-estatais, caudatárias de um esforço para se superar e evitar que os horrores causados pelo nazifascismo na II Guerra Mundial, com o beneplácito do Direito e de juristas alemães, se repetisse. Não à toa, a Lei Fundamental de Bonn e o Tribunal Constitucional Federal Alemão (*Bundesverfassungsgericht*) possuem enorme influência na literatura, dogmática e jurisprudência relativa à jurisdição constitucional e no debate sobre alcance, eficácia, efetividade e limitação dos direitos fundamentais.

Feito este breve recorte, a conceituação e definição de expressões tão amplas como Direitos Humanos e Direitos Fundamentais é desafiadora, tendo em vista a vasta gama de doutrinadores que apresentam definições diferentes. Além disso, há uma diversidade de termos que, muitas vezes, são tratados como sinônimos, o que deixa a tarefa de defini-los ainda mais difícil. Segundo Sarlet (2012), a doutrina constitucional vem abandonando estes termos – expressões como garantias, liberdades, direitos civis – e optando pela nomenclatura "direitos fundamentais", que têm ligação com o Direito Constitucional positivado. Não à toa, é a terminologia escolhida pelo legislador constituinte brasileiro quando trata dos "direitos e garantias fundamentais". Ingo Sarlet (2012) segue para fazer a diferenciação entre os termos direitos humanos e direitos fundamentais, aduzindo que os direitos fundamentais são também direitos humanos, pois o titular do direito é o ser humano, mesmo que sob a forma do sujeito coletivo. A distinção ocorre porque os direitos fundamentais são aqueles que foram positivados constitucionalmente, ou seja, são direitos (dos seres humanos) formalmente reconhecidos por um estado-nação no âmbito do estado democrático de direito. Já os direitos humanos, atualmente, guardam uma ligação maior no âmbito do direito internacional, por meio dos tratados internacionais e multilaterais, com uma pretensão de universalidade. Porém, com menos poder coercitivo real e, portanto, uma diferença no plano em que se insere a positivação. Ressalta-se que essa nomenclatura pode abranger direitos não positivados do homem, tudo o que emana de sua condição como tal.

José Afonso da Silva (2014) também vai analisar, de forma crítica, as demais expressões utilizadas como sinônimo de direitos fundamentais, apresentando as limitações destas, sobretudo no que tange às expressões direitos do homem e direitos humanos, reforçando que, historicamente, não houve direito que não fosse feito por ou para humanos. Assim como, ainda que afirme que houve influência nas primeiras declarações de direito das ideias advindas do conceito de direito natural como direitos inerentes à natureza do homem, conforme apontavam os jusnaturalistas, a doutrina vem progressivamente abandonando esses termos por desconsiderarem a influência do Direito positivo para a sociedade e dos direitos como fruto das relações sociais de determinado período histórico, o que leva em conta a correlação de forças existente e, portanto, dialogando com a arena política.[49]

Para o autor supracitado, direitos fundamentais do homem (da pessoa humana) é a expressão mais completa para exprimir a atual complexidade do que o termo pretende se referir, englobando a fundamentalidade, como direitos e condições *sine qua non* para o ser humano, ou seja, sem os quais o homem não se realiza plenamente ou sequer vive, além de exprimir uma otimização, uma concepção de mundo que visa à concretude destes direitos (SILVA, 2014).

Para Canotilho (2003), os direitos fundamentais são direitos jurídicos positivamente vigentes em uma ordem constitucional. Ou seja, sua fundamentalidade advém de sua localização dentro do ordenamento jurídico, isto é, devem estar na constituição. Portanto, não basta estarem positivados para serem tidos como direitos fundamentais. Canotilho (2003) apresenta, a partir da obra de Alexy, dois sentidos de fundamentalidade, formal e material.

O primeiro, como já visto, refere-se à posição privilegiada dentro do ordenamento jurídico, como parte do texto constitucional. Emana, desse, posição de destaque entre as fontes do Direito. Já o segundo sentido refere-se à essencialidade do conteúdo desses direitos para a constituição do Estado e da sociedade. Em análise da Constituição Portuguesa de 1976, Canotilho (2003) vai aduzir que há uma base antropológica que estrutura o estado de direito português a partir do texto constitucional, tendo, como enunciado superior a dignidade da pessoa humana.

Os direitos fundamentais constitucionalmente consagrados referem-se às diversas facetas do ser humano, como pessoa, como cidadãos, como trabalhador e como administrado, a partir do que ele conceitua como integração pragmática dos direitos fundamentais, pois a Constituição funciona como um sistema de direitos fundamentais. Nesta mesma linha, Hoffe (apud SARLET, 2012) coloca que os direitos humanos se referem ao ser humano pelo simples fato de ser pessoa humana, com menor precisão, enquanto os direitos fundamentais dizem respeito ao ser humano como membro de um estado, de um ente público estabelecido.

---

[49] Nesse sentido, Canotilho (2003) vai referir a Constituição como uma teoria normativa da política.

Sobre os popularmente denominados direitos de terceira geração, Canotilho (2003) traz a ideia de que seriam os direitos de solidariedade, com as outras duas gerações sendo os direitos de liberdade e os direitos de igualdade. Esses direitos pressupõem a colaboração de todos para preservar o patrimônio comum da humanidade, em uma dimensão coletiva e atemporal, que classifica como direito dos povos. Ingo Sarlet (2012) conceitua-os como direitos de fraternidade ou solidariedade e, apesar de utilizar a terminologia de dimensão, dialoga com a obra de Canotilho (2003), ao referir que esses direitos se desprendem do homem enquanto indivíduo, e trata do homem enquanto coletividade, referindo, como exemplos, a qualidade de vida, meio ambiente e o patrimônio histórico e cultural como um rol não exaustivo de reivindicações que não se encaixam nos tradicionais parâmetros de direitos fundamentais. Uma dessas diferenças é que tais demandas são para além do estado-nação e de sua organização administrativa, pois tais direitos visam a proteger toda uma série de coletividades humanas ligadas por sangue, pela cultura, por características em comum, garantindo a proteção estatal a seu modo de vida.

É justamente por essas interconexões entre o ser jurídico e o ser social, de carne e osso, que o texto constitucional no Estado Democrático de Direito contemporâneo é um texto aberto, que não apenas aceita, mas pressupõe uma evolução hermenêutica que contemple novas situações jurídicas por sua característica teleológica, voltado ao futuro e não preso ao passado, num processo dialético permanente que vai criando uma cultura e uma identidade constitucional (LOBATO, 2014).

Da mesma forma, ao analisar a transição do Estado Social de Direito para o que denomina Estado de Direito Democrático e Social, Tarso Genro (2010) expõe que as principais diferenças estão no caráter democrático que perpassa e irradia efeitos para todo o ordenamento jurídico e no estabelecimento de um nexo entre o sentido dirigente da Constituição e seu conteúdo programático, derivando os fins políticos supremos do estado nacional e os objetivos da república do texto normatizado na Constituição e não da vontade da maioria expressa pelo sufrágio popular ou da vontade política ocasional do governo. Essa caracterização permite que a regulação e concertação dos conflitos sociais não seja atribuição apenas dos poderes diretamente eleitos, legislativo e executivo, como outrora, mas outorga papel primordial na sociedade ao Poder Judiciário, que se não cria leis, pode reinterpretar e recriar normas à luz do exposto na Constituição Federal e dos princípios jurídicos e normas internacionais:

> Desta forma, em vez de aceitar a abertura de espaços para a anomia ou lacunas "sem normas", nas relações sociais reais, promove as condições políticas para a inclusão dos grandes conflitos de interesse à sombra do Estado de Direito, não aceitando as limitações para a reinvenção do Estado oriundas das assimetrias da globalização (GENRO, 2010, p. 71).

Baseado nestas conceituações sobre o significado de direitos humanos e direitos fundamentais, e também sobre os direitos de terceira dimensão, pode-se classificar a água como inclusa em todas as categorias, o que aumenta a responsabilidade da humanidade e do Estado brasileiro, com a conservação desse bem que não é infinito, ao menos na sua forma potável e usável para seus fins sociais e econômicos.

Como direito complexo e multifacetado, que não pressupõe tão somente a abstenção do Estado (prestação negativa), ainda que esta previsão esteja contemplada no sentido de proibir o Estado de reservar as fontes de água para poucos, ou impedir o acesso de um cidadão à água a partir de sistemas alternativos e até informais de abastecimento (tais como poços artesianos, captação de água da chuva, água de rio etc.) o Direito inclui medidas que somente se concretizam com a atuação do Estado, a partir de prestações jurídicas (normas infraconstitucionais que prevejam e regulamentem este direito) e sobretudo prestações materiais, em especial os sistemas públicos e as obras de tubulação e instalação de estações para tratamento da água, abastecimento e fornecimento. Portanto, engloba formas de uso comum – e até informal – uso de serviços públicos de água e esgoto prestados por intermédio de estatais, e mais recentemente, serviço público essencial manejado pelo setor privado por meio de concessão ou parceria-público-privada, estes prioritariamente domésticos, mas também o uso em escala, para uso industrial, para fins energéticos, para uso agrícola (mecanizado ou familiar) etc.

Cada um desses usos possui suas características e distinções. No entanto, a priorização deve ser para fins de subsistência, tal como hoje é regulado infraconstitucionalmente no país pela Lei nº 9.433/97. Desta forma, deve preocupar-se a administração pública, o legislador e o judiciário com os mecanismos estatais, institucionais e jurídicos capazes de garantir o acesso da população à água.

Já em relação a sua aplicação e eficácia, outra problemática bastante recorrente no debate da dogmática constitucional, parte-se de uma compreensão hermenêutica em relação ao *status* das normas constitucionais, mesmo as classificadas de cunho programático, notadamente os direitos sociais, que considera que estas devem produzir efeitos e ser passíveis de judicialização e exigibilidade, posto que dotadas de eficácia por força do art. 5º, §1º da Constituição, que, mesmo com a redação genérica, contém normas que definem finalidades e objetivos a serem cumpridos pelo Estado (SARLET, 2012), o que garante, no mínimo, a proibição do retrocesso social (CANOTILHO, 2003), a vedação à proteção insuficiente e a proteção do núcleo essencial do direito (LEWANDOWSKI, 2018), não podendo o Estado agir para agravar a situação ou ir de encontro com a garantia destes direitos. Ademais, naquilo que necessite de regulamentação por meio de legislação infraconstitucional, está vinculado o legislador a concretizar estes fins, ainda que com certo grau de discricionariedade.

O Supremo Tribunal Federal já mais de uma vez se pronunciou no sentido de que a interpretação de norma programática não pode ser feita de tal maneira que a torne uma promessa constitucional inconsequente.[50] Sarlet ainda refere que:

> (...) todas as normas consagradoras de direitos fundamentais são dotadas de eficácia e, em certa medida, diretamente aplicáveis já ao nível da Constituição e independentemente de intermediação legislativa. Em verdade, todas as normas de direitos fundamentais são direta (imediatamente) aplicáveis na medida de sua eficácia (SARLET, 2012, p. 260).

Konrad Hesse (1991), que nos brinda com uma construção teórica que possui muita aceitação no debate da jurisdição

---

[50] A teoria do grau mínimo de efetividade dos direitos sociais à prestação material foi adotada pelo Supremo Tribunal Federal em diversas decisões relacionadas ao direito à saúde e à educação. Sobre o tema, ver julgado Agravo Regimental no Recurso Extraordinário 271.286-8/RS, Relator Ministro Celso de Mello, Diário da Justiça da União, de 24/11/2000.

constitucional brasileira, quando conceitua a força normativa da Constituição, afirma que a interpretação do texto da Carta Magna deve sempre buscar garantir a maior efetividade possível, respeitando o que cunhou como "vontade da constituição". Da mesma forma, os direitos fundamentais possuem dimensão objetiva importantíssima no atual estágio do arcabouço jurídico-legal brasileiro, sendo ao mesmo tempo diretrizes e nortes programáticos para a atuação estatal e limitação para ação, inclusive do legislador, servindo de baliza e parâmetro para aferir a recepção do ordenamento brasileiro a eventual lei ou ato administrativo, não se admitindo disposições contrárias ao texto por parte do poder público, ou mesmo de particulares (eficácia horizontal dos direitos fundamentais) e afastando-se da visão individualista dos direitos fundamentais como direitos subjetivos do sujeito, mas como direitos de que emanam efeitos para toda coletividade, valores e pressupostos da sociedade.

O acesso à água ilustra essa condição ambivalente dos direitos fundamentais, por sua essencialidade ao indivíduo, mas cujos efeitos são sentidos por toda a sociedade (no caso de uma seca, escassez de água, impotabilidade etc.) ou seja, deve ser garantido a todos e a cada um. Trata-se o direito ao acesso à água como fundamental no ordenamento brasileiro pela adoção de um sistema aberto de direitos fundamentais pelo legislador constituinte, interpretação esta que se coaduna com a posição majoritária da jurisprudência do STF, que percebe a fundamentalidade de direitos constantes em outros artigos fora do título II da Constituição, bem como de princípios do Direito e de tratados internacionais dos quais o Brasil é signatário. Portanto, o acesso à água é direito materialmente fundamental por sua condição de essencial para a vida, e apesar do acesso à água potável poder ser extraído do princípio da dignidade humana, este não é o único fundamento. Traz-se à baila mais uma vez Canotilho (2003) para referir que os direitos fundamentais não restam apenas na personalidade e no indivíduo, possuindo a coletividade e pessoas coletivas também direitos fundamentais (entre eles à água), bem como é a água bem necessário para a vida em todas as suas formas, onde se inclui fauna, flora, meio ambiente e ecossistema, protegendo bens jurídicos além da vida humana.

João Hélio Ferreira Pes (2012) defende a noção da água potável como bem fundamental, a partir da teoria dos bens fundamentais de Luigi Ferrajoli e da teoria garantista. Refere o autor que a constitucionalização dos direitos fundamentais sociais e as estipulações de proteção ao meio ambiente sadio, limpo, constante também de inúmeros documentos internacionais, não tem sido suficiente para efetivamente garantir estes direitos e traduzir em políticas concretas. A partir da defesa da construção de um constitucionalismo garantista, Ferrajoli (2010) em seu artigo *Por uma carta dos bens fundamentais* questiona se as noções atuais de direitos humanos e direitos fundamentais e as obrigações e proibições daí decorrentes são suficientes, argumentando que o atual estágio dos direitos fundamentais ainda é demasiadamente individualista, localizado e submetido à lógica do mercado capitalista e por si só não garantem o acesso e a proteção adequada aos direitos, advogando por uma nova lógica que submeta o mercado ao Direito e garanta a fundamentalidade de bens essenciais para vida de todos e de cada um (dos quais a água é um exemplo).

Apresenta-se a crítica à noção tradicional civilista de bem, que não se confunde com coisa e com bem patrimonial e a necessidade de uma redefinição do conceito de bens e introduzindo a definição de "bens fundamentais", subdivididos em bens personalíssimos, ligados à personalidade humana, bens comuns, entendidos como aqueles que devem ser protegidos da sanha do poder econômico e os bens sociais, objetos de direitos sociais e efetivados a partir das prestações estatais, dentre eles, segundo o autor, o acesso a medicamentos (direito à saúde), fornecimento de alimentos (direito à alimentação e à vida) e o acesso à água, fundamentando a necessidade dessa mudança de *status* jurídico para garantir uma maior proteção não apenas no campo teórico, mas também prático, pois os bens fundamentais, ao contrário dos direitos fundamentais, são materialmente acessíveis e portanto passíveis de tutela concreta, proibições, penalizações etc.

> Em segundo lugar, verifica-se a transformação em bens comuns de muitos bens ecológicos que, até poucos anos atrás, não eram nem mesmo considerados bens, mas simplesmente coisas, como a água e a atmosfera, e que, a causa da superveniente escassez e vulnerabilidade devidas às crescentes agressões e devastações, têm-se revelado fundamentais para a sobrevivência do gênero humano (FERRAJOLI, 2010, p. 40).

A partir da teoria do Direito, Ferrajoli busca aproximar a noção de direitos e bens fundamentais da mesma forma em que há nexo entre direitos e bens patrimoniais, sendo estes objeto daquele, e apresenta crítica à atual tutela dos direitos fundamentais, a partir de constatações empíricas de que apesar de essencial como plataforma de luta e para a promoção da juridicização e tutela jurisdicional desses direitos, o que antes não era possível, a resposta dos poderes públicos tem sido no mínimo insuficiente.

Portanto a conceituação de bens fundamentais seria uma resposta para a crescente ofensiva em sentido contrário, de transformar bens comuns em bens patrimoniais por serem dotados de valor econômico (como é a água na legislação brasileira por força da Lei nº 9.433/97) e por serem escassos, noção que é contraditória com todo o paradigma historicamente construído em relação à água, pois incabível pensar a distribuição de um bem essencial à vida a partir de seu valor de troca e da noção de direitos patrimoniais (*ius utendi e ius fruendi*), garantindo sua indisponibilidade, inviolabilidade e assim a primazia da garantia de fruição de todos, impondo limites ao poder público e sobretudo ao poder econômico privado (PES, 2012).

4.2 A água como direito humano essencial (Resolução 64/292 da ONU)

A Conferência das Nações Unidas sobre o Meio Ambiente Humano, em Estocolmo, no ano de 1972, é considerada um marco ao ser o primeiro evento oficial da ONU em relação à temática, redigindo-se, no espaço, a Declaração das Nações Unidas sobre o Meio Ambiente Humano, também pioneira como o primeiro documento a reconhecer o meio ambiente como um direito humano. Muitos outros documentos internacionais foram assinados posteriormente sobre o tema, da Convenção para a Proteção da Poluição Marinha por Fontes Terrestres (1974) ao recente Acordo de Paris (2015). Estima-se, hoje, que cerca de 150 constituições contenham algum tipo de tutela em relação ao meio ambiente e limitação à exploração de recursos minerais.

Já no que tange à água como direito humano, especificamente, deve-se analisar alguns documentos, como a Declaração de

Dublin sobre Água e Desenvolvimento de 1992, redigida a partir das conclusões da Conferência Internacional sobre Água e Meio Ambiente, pouco antes da Conferência das Nações Unidas sobre Meio Ambiente e Desenvolvimento, a ECO-92. Esse documento é relevante, pois está na justificativa do PLS 495/2017 e abre um debate interessante sobre o *status* jurídico da água. As recomendações dos peritos para a ação dos estados membros trazem, como primeiro princípio norteador, o enunciado: "A água doce é um recurso finito e vulnerável, essencial para sustentar a vida, o desenvolvimento e o meio ambiente" (DECLARAÇÃO, 1992, [s.p.]). Ao que se agrega um entendimento, no segundo princípio, de que a gestão da água deveria ser participada e envolver usuários, planejadores e agentes políticos, em todos os níveis, com ampla consulta pública. Já, no princípio de nº 4: "A água tem um valor econômico em todos os usos competitivos e deve ser reconhecida como um bem econômico" (DECLARAÇÃO, 1992, [s.p.]). A declaração apresenta algumas contradições e conceitos um pouco confusos, pois parece misturar categorias diferentes e confundir meios com finalidades.[51] Apesar de reconhecer, no princípio nº 4, o direito básico de todos os seres humanos à água potável e ao saneamento, a declaração defende reconhecer a água como bem econômico como forma de corrigir erros do passado e para evitar o desperdício e ter uma gestão eficaz desse recurso finito, incentivando a conservação.

Ainda que seja inegável seu valor econômico – inclusive, está expressamente descrito no ordenamento jurídico brasileiro, por exemplo, que a água é necessária, tem utilidade e é um recurso limitado, e, portanto, suscetível à escassez, ao menos em sua condição de água potável –, tal entendimento que cunha a água como bem econômico enseja críticas por ser incompleta e por embasar a defesa da alocação eficiente desse recurso a partir da ótica privada,

---

[51] "Princípio nº 4 – A água tem valor econômico em todos os usos competitivos e deve ser reconhecida como um bem econômico. No contexto deste princípio, é vital reconhecer inicialmente o direito básico de todos os seres humanos do acesso ao abastecimento e saneamento a custos razoáveis. O erro no passado de não reconhecer o valor econômico da água tem levado ao desperdício e usos deste recurso de forma destrutiva ao meio ambiente. O gerenciamento da água como bem de valor econômico é um meio importante para atingir o uso eficiente e equitativo e o incentivo à conservação e proteção dos recursos hídricos" (ICWE, 1992).

sob a égide do capital, e, portanto, fomentar a mercantilização, privatização e a formação de oligopólios privados de água ao desconsiderar que, junto desta concepção sobre a água, tenha que se abordar outras dimensões igualmente fundamentais, como sua função social, ecológica e sua classificação como bem comum de todos, que ofereçam restrições e limitações à propriedade privada e à comercialização da água por sua essencialidade e natureza pública. Aqui, é importante esclarecer que a água que é objeto de intensa disputa é a água doce, ou seja, a água cuja concentração de sal é menor que a dos mares e oceanos (BAYER; BORBA, 2015) e é encontrada em lagos, rios, riachos, fontes subterrâneas e aquíferos, geleiras e na água da chuva, além de diferir da água salobra, cuja salinidade é intermediária. Essa classificação de água também diferencia a água potável, pois a potabilidade pressupõe tratamentos que a tornam própria para o consumo humano sem causar doenças, como a adição de flúor.

Petrella (2000, [s.p.]) reforça esse entendimento, aduzindo que: "Para o estado-maior mundial da água, é necessário que seja tratada como um bem econômico, sob o pretexto de que seja a única maneira de combater eficazmente a escassez e o aumento rápido do seu preço". A corrida pelo carvão, no século XIX, e pelo petróleo, no século XX, pode ser repetida, neste século XXI, pela água, como o ouro azul, essencial e em falta para a humanidade. Por muito tempo, a água foi tratada como um recurso ilimitado, com nascentes sendo poluídas e muita água limpa sendo desperdiçada.

A garantia da segurança hídrica[52] é, com certeza, um dos objetivos principais da humanidade em um cenário em que mais de um bilhão de pessoas sofrem diariamente com a falta d'água e tudo que decorre do fornecimento insuficiente deste líquido vital (doenças, dessecação, subdesenvolvimento, óbitos, conflitos armados pelos recursos etc.) em um mundo em que a desigualdade brutal de água faz com que um habitante do interior de Gana, na

---

[52] A capacidade de uma população de salvaguardar o acesso sustentável a quantidades adequadas de água de qualidade para garantir meios de sobrevivência, o bem-estar humano, o desenvolvimento socioeconômico; para assegurar proteção contra poluição e desastres relacionados à água, e para preservação de ecossistemas em um clima de paz e estabilidade política (ONU, 2013, p. 6).

África, consuma 300 vezes menos água do que um norte-americano (ANTUNES, 2009 apud BAYER; BORBA, 2015).

No entanto, é necessário que isso seja feito por meio de políticas públicas e a partir de uma gestão compartilhada, estimulando a participação dos usuários e possibilitando o controle social, não podendo ser a água vista como negócio (CAPELLARI; CAPELLARI, 2018), necessitando de uma abordagem que recepcione uma intervenção estatal forte a partir do uso de instrumentos econômicos nas políticas ambientais (FARIAS, 2008) que regule o uso excessivo de água, sobretudo pelo agronegócio, como as ainda esparsas iniciativas à luz da Política Nacional de Recursos Hídricos e da Lei nº 9.433/97 da cobrança pelo uso da água *per se* (e não apenas pelos custos de tratamento ou disponibilidade dos serviços).

As primeiras menções ao acesso à água como direito nas normativas internacionais foram relativas ao fornecimento de água potável para beber e à garantia da higiene e salubridade para prisioneiros de guerra pela potência detentora, previsões constantes na Convenção de Genebra de 1949 (arts. 20, 22, 29), constando a necessidade e o dever de fornecimento e garantia de acesso à água em alguns outros documentos internacionais, como o Protocolo sobre Água e Saúde à Convenção de 1992 Relativa à Proteção e Utilização dos Cursos de Água Transfronteiriços e dos Lagos Internacionais em 1999 e a Resolução 54/175 sobre o direito ao desenvolvimento, bem como aparece de forma implícita no direito internacional sanitário, com a necessidade da garantia de higiene pública. Nota-se ainda que em relação a outros direitos humanos de caráter social, a aprovação do direito humano ao acesso à água e saneamento é bastante recente, sobretudo em comparação aos direitos econômicos, sociais e culturais constantes no PIDESC desde 1966 e que reconhece, dentre outros, direitos laborais e sindicais, direito à seguridade social, à saúde, proteção à família, direito à alimentação, moradia e vestimenta adequada e vida digna.

A partir da década de 2000, podemos ver uma mudança de enfoque e abordagem da comunidade internacional em relação ao tema da água, primeiramente adotada pelo Conselho de Direitos Humanos das Nações Unidas e, posteriormente, de forma gradual pela Assembleia Geral da ONU. Os primeiros documentos relevantes especificamente relacionados à água foram produzidos na virada do milênio, com a Resolução 55/196 proclamando o ano de 2003 como "Ano Internacional da Água Fresca" e a Resolução 58/217, de 2003, declarando que a década de 2005 a 2015 seria a "Década Internacional de Ação, Água pela Vida". Os documentos produzidos pelas Nações Unidas, tais como as *Millenium Development Goals*, posteriormente substituídas pelas *Sustainable Development Goals* a partir de 2015, a Agenda 21 e a chamada Declaração de Johanesburgo sobre Desenvolvimento Sustentável também continham provisões relacionadas ao acesso a água e a questão do saneamento. Em 28 de julho de 2010, a Resolução 64/292 da Assembleia Geral da ONU consagrou o direito ao acesso à água potável e segura e ao saneamento básico não apenas como um direito humano, mas como um direito essencial para a concretização de todos os outros direitos humanos. A comunidade internacional, reunida, alçou o direito ao acesso a água, como condição *sine qua non* para a vida humana, ao patamar mais elevado de direito humano possível, classificando-o como essencial e transversal:

> 1. Reconhece o direito à água potável segura e limpa e ao saneamento como um direito humano essencial para o pleno gozo da vida e de todos os direitos humanos;
>
> 2. Exorta os Estados e as organizações internacionais a fornecerem recursos financeiros, capacitação e transferência de tecnologia, por meio de assistência e cooperação internacional, em particular para os países em desenvolvimento, a fim de intensificar os esforços para fornecer água potável segura, limpa, acessível e acessível e saneamento para todos (ONU, 2010, [s.p.]).

Portanto, desde a Declaração de Dublin, há uma notável evolução do conceito de direito à água e um crescente convencimento de que os estados nacionais sozinhos não conseguirão garantir a segurança hídrica de suas populações, dado o contexto geopolítico global e o caráter irregular da distribuição da água no planeta, o que leva diversas organizações e *players* internacionais a temerem e inclusive preverem o potencial escalonamento de conflitos, revoltas populares e competição entre estados nacionais e empresas privadas relacionados à disputa pelas fontes de água no planeta, o que já se observou em diversas localidades, como a guerra da água em Cochabamba, na Bolívia no ano 2000 (BROWN; NEVES-SILVA; HELLER, 2016).

Deve-se referir que, no entanto, o conteúdo do direito humano à água e saneamento que hoje aparece nos documentos das Nações Unidas ainda está sendo construído e disputado e não está isento de controvérsias e retrocessos. Pelo lado positivo, vê-se uma preocupação constante na última década com o monitoramento dos índices de acesso e qualidade da água e uma maior demanda por políticas públicas que veio ao encontro das reivindicações dos movimentos sociais, sobretudo na América Latina e África sobre o tema (BROWN; NEVES-SILVA; HELLER, 2016).

Especialistas, no entanto, apontam que uma abordagem focada apenas na demanda ao Poder Público (*right-based approach*) não seria suficiente, dado o custo para incluir mais um bilhão de pessoas, sobretudo em países em desenvolvimento, e que tampouco a exploração dos serviços privados tem aparecido como uma solução viável, apontando que a participação das comunidades atingidas, soluções baratas e descentralizadas, financiadas a partir de linhas de crédito internacional, com apoio do poder público local, ONGs etc. podem criar sistemas de saneamento de forma mais célere e a um custo mais baixo (BUDDS, MCGRANAHAN, 2003).

A noção de um conceito em disputa leva a necessidade cada vez maior de conscientização do povo e luta e mobilização social em torno do direito ao acesso à água nos países, sobretudo países da periferia do capitalismo. As experiências de êxito na reversão de privatizações, por exemplo, se deram a partir do expressivo apoio da população, como plebiscitos no Uruguai em 2004 e em Berlim e a "guerra da água" na Bolívia. Setores econômicos, arautos da austeridade, tratando sintoma como causa, argumentam que a capacidade de investimento estatal está exaurida e que, portanto, a evolução do conceito de direito ao acesso à água potável e saneamento e as metas estipuladas para sua universalização denotam a necessidade de intervenção privada nestes serviços, com empresas de capital aberto negociando ações de água na bolsa (PES, 2016).

Diversos organismos internacionais, sobretudo aqueles ligados ao mercado financeiro, pressionam fortemente para a elaboração do conceito da água como um bem econômico com valor de mercado, argumentando que sua escassez e a necessidade cada vez maior do uso da água na produção industrial assim requerem esta classificação, com o Banco Mundial atrelando a possibilidade de financiamentos e empréstimos à privatização dos serviços de água (PES, 2016), agindo da mesma maneira o Fundo Monetário Internacional (FMI).

A formulação do direito ao acesso à água como um direito independente, complexo e alçado ao patamar dos outros direitos humanos reconhecidos por documentos como a Declaração e Programa de Ação de Viena é bastante recente, e as discussões nos fóruns internacionais não foram amenas, com proposição semelhante não obtendo aprovação em 2008 e mesmo com a aprovação em 2010, após apresentação pela Bolívia, a Assembleia Geral da ONU se dividiu, com quarenta e um estados-membros se abstendo de votar[53] e apenas 122 votos dos 192 países membros, persistindo até hoje diversos questionamentos sobre as bases jurídicas desse direito e as repercussões advindas desse reconhecimento, ainda que resoluções posteriores sobre o tema tenham sido aprovadas por consenso (BROWN, NEVES-SILVA, HELLER, 2016).

Uma das objeções levantadas dizia respeito justamente à novidade trazida ao plano internacional, não sendo este um direito formalmente reconhecido até então em nenhum tratado ou convenção internacional de direitos humanos e portanto não poderia ser aprovado, pois não existiria na seara do direito internacional, bem como divergências sobre como superar os obstáculos relativos à falta de saneamento básico, que seria uma intromissão demasiada da comunidade internacional na política de desenvolvimento e investimento em infraestrutura de cada país.

Em 2013, a Assembleia Geral novamente pronuncia-se sobre o tema do direito humano à água potável e segura e saneamento básico, por meio da Resolução 68/157, e expressa a importância de considerar na elaboração da Agenda Pós-2015 a necessidade de definir indicadores, metas e objetivos concretos, reconhecendo a importância das relações entre comunidades para a garantia de soluções sustentáveis e de longo prazo.[54]

---

[53] Dentre eles: Estados Unidos da América, Reino Unido, Japão.
[54] No original: 6. *Calls upon States: (...) To consult with communities on adequate solutions to ensure sustainable access to safe drinking water and sanitation* (ONU, 2013).

Em 2015, a Assembleia Geral da ONU, por meio da Resolução 70/169, novamente considerou que o direito à água potável e ao saneamento são componentes do direito a um padrão de vida mínimo, essenciais para o gozo do direito à vida e todos os direitos humanos, aprofundando os conceitos da resolução anterior e dividindo os direitos ao acesso à água potável e ao saneamento. Nessa resolução, a ONU mais uma vez identifica e reconhece que uma das causas de maior desigualdade social no mundo é a falta de acesso à água potável, e essa Resolução possui o mais longo e forte preâmbulo até então escrito pelas Nações Unidas sobre o tema:

> Reconhece que o direito humano à água potável dá direito a todos, sem discriminação, ao acesso a água suficiente, segura, aceitável, fisicamente disponível e acessível para uso pessoal e doméstico, e que o direito humano ao saneamento dá direito a todos, sem discriminação, a ter acesso físico e disponível ao saneamento, em todas as esferas da vida, que seja seguro, higiênico, seguro, social e culturalmente aceitável e que forneça privacidade e garanta dignidade, ao mesmo tempo em que reafirma que ambos os direitos são componentes do direito a um padrão de vida adequado (ONU, 2015, [s.p.], tradução nossa).[55]

As Nações Unidas, após apreciar o Relatório do Relator Especial da ONU para o direito humano ao consumo seguro de água e saneamento, nesta Resolução, além de destacar com preocupação[56] que a humanidade falhou em atingir os objetivos a que se propôs no que tange à garantia do acesso à água (700 milhões de pessoas abaixo da meta), apontam ainda que a perpetuação das desigualdades hídricas afeta sobretudo as mulheres, uma vez que são atribuídos às mulheres em sua maioria os cuidados relacionados à família, e portanto a busca pela água em poços e rios é uma tarefa preponderantemente feminina, o que por vezes demora horas e

---

[55] No original: *Recognizes that the human right to safe drinking water entitles everyone, without discrimination, to have access to sufficient, safe, acceptable, physically accessible and affordable water for personal and domestic use, and that the human right to sanitation entitles everyone, without discrimination, to have physical and affordable access to sanitation, in all spheres of life, that is safe, hygienic, secure, socially and culturally acceptable and that provides privacy and ensures dignity, while reaffirming that both rights are components of the right to an adequate standard of living* (ONU, 2015, [s.p.]).

[56] No vocabulário utilizado no preâmbulo das resoluções da ONU, é bastante comum o uso da expressão *deeply concerned*.

retira tempo de lazer, trabalho e educação das mulheres em dezenas de países, bem como relacionando a falta de um acesso seguro e permanente à água com a segurança dessas mães e meninas que ficam expostas à violência, inclusive sexual.

Em 2017, novamente a Assembleia Geral adotou uma resolução sobre o tópico (A/RES/72/178), reafirmando as resoluções anteriores e relembrando que o direito ao acesso seguro à água é derivado do direito a um patamar adequado de vida e está intrinsecamente ligado ao direito ao mais alto patamar possível de saúde mental e física, bem como ao direito à vida e a dignidade humana. Para avaliar as medidas tomadas no âmbito do direito e das relações internacionais, a ONU aprovou no final de 2020 uma nova Resolução (A/RES/75/212) dentro da Agenda 2030 de Desenvolvimento Sustentável,[57] convocando uma conferência denominada *Midterm Comprehensive Review of the Implementation of the Objectives of the International Decade for Action, Water for Sustainable Development, 2018-2028"* para acontecer em 2023 (ONU, 2020, [s.p.]), a partir da constatação pelo órgão de que o mundo não deve atingir seus objetivos relacionados à temática até 2030 se continuar no atual ritmo de progresso e que a pandemia do coronavírus demonstrou a crucialidade do fornecimento de água para a vida humana, inclusive no que tange às medidas de higiene consideradas essenciais no combate ao Covid-19, como a frequente higienização das mãos.

Ainda, a ONU aprovou resolução referente aos aquíferos transfronteiriços (A/RES/63/124) em 2008, medida importante para o desenvolvimento do direito internacional das águas, visando regular a utilização da água dos aquíferos que ultrapassam os limites de mais de um estado nacional, bem como proteger[58] e preservar[59] o

---

[57] Resolução 70/1, de 25 de setembro de 2015: *Transforming our world: the 2030 Agenda for Sustainable Development"*.

[58] Article 6 – Obligation not to cause significant harm 1. Aquifer States shall, in utilizing transboundary aquifers or aquifer systems in their territories, take all appropriate measures to prevent the causing of significant harm to other aquifer States or other States in whose territory a discharge zone is located.

[59] Article 10 – Protection and preservation of ecosystems Aquifer States shall take all appropriate measures to protect and preserve ecosystems within, or dependent upon, their transboundary aquifers or aquifer systems, including measures to ensure that the quality and quantity of water retained in an aquifer or aquifer system, as well as that released through its discharge zones, are sufficient to protect and preserve such ecosystems.

aquífero e seu ecossistema, estimulando a cooperação, inclusive técnica e de gestão dos estados, contra a poluição, uso desenfreado e mesmo durante conflito armado entre os estados em cujo território as águas subterrâneas se encontram. O Aquífero Guarani, em boa parte localizado no Brasil, é objeto de um acordo multilateral firmado em 2010 no âmbito do Mercosul, abordando a cooperação para a administração conjunta do Sistema Aquífero Guarani de forma harmônica entre Argentina, Brasil, Paraguai e Uruguai.

Ademais, é necessário referir que diversas convenções e tratados internacionais de direitos humanos, bem como instrumentos multilaterais e bilaterais abordam a questão dos recursos hídricos, ainda que parte importante desses marcos normativos internacionais se refira à navegação, diversos instrumentos regulam o uso da água doce sob o prisma da responsabilidade socioambiental, como a Convenção de Nova York de 1997.[60]

O Relatório do Desenvolvimento Humano de 2006 do PNUD, denominado "água para além da escassez: poder, pobreza e a crise mundial da água", ao estabelecer seus quatro pilares para o sucesso, expressou a importância dos ordenamentos jurídicos nacionais e os tratados internacionais expressamente positivarem o direito ao acesso água, referindo como primeiro pilar fundamental "Converter a água em um direito humano – e fazer com que seja cumprido" e explicitando que a falta de previsão legal, e portanto de cogência, coercitividade e capacidade de juridificação e responsabilidade estatal deixava o acesso à água como apenas uma intenção, aduzindo que:

> Todos os governos deveriam ir além dos vagos princípios constitucionais para a preservação do direito humano à água na legislação em vigor. Para ser cumprido, o direito humano deve corresponder a uma habilitação a um abastecimento de água seguro, acessível e a um preço razoável. (...) Devem ser estabelecidos indicadores de referência claros para o progresso em direção à meta, com a responsabilização dos governos nacionais e locais e também dos fornecedores de água. Se os fornecedores privados têm um papel a desempenhar no abastecimento de água, alargar o direito humano à água é uma obrigação dos governos (PNUD/ONU, 2006, [s.p.]).

---

[60] O nome oficial é Convenção das Nações Unidas sobre os Usos Não Navegacionais dos Cursos d'Água Internacionais.

Em muitos aspectos, a evolução do direito ao acesso à água potável e saneamento possui semelhanças com a trajetória do direito à moradia e habitação, sobretudo no ordenamento jurídico brasileiro, sendo, portanto, interessante para os juristas das águas olhar para a experiência da construção teórica, metodológica e jurisprudencial do direito à cidade no Brasil. Tal semelhança se dá por características de conteúdo, como a defesa da gestão democrática e a interseccionalidade e multidisciplinariedade dos temas, e também pela forma como esses direitos evoluíram, sendo consagrado o direito à moradia no Comentário Geral nº 4 do Comitê DESC sobre direito à moradia e outros documentos do Comitê de Direitos Econômicos, Sociais e Culturais (CDESC), no Pacto Internacional de Direitos Econômicos, Sociais e Culturais (PIDESC) e outras fontes internacionais de direitos humanos (OSÓRIO, 2014).

Ambos possuem origens internacionais e forte influência dos organismos internacionais para sua internalização e transformações no âmbito Estatal, fruto de uma larga experiência brasileira em âmbito internacional como defensor dos tratados de direitos humanos e em permanente diálogo com as metas estabelecidas pela ONU.

O Brasil reconheceu o direito humano à moradia a partir dos documentos internacionais dos quais é signatário e do sistema internacional de proteção dos direitos humanos do qual é partícipe (NUNES DE SOUZA, 2013), sendo que havia previsão da necessidade de constituir legislação e instrumentos capazes de dar efetividade para esse direito, o que posteriormente frutificaria na emenda 26 de 2000, no Estatuto das Cidades e outros marcos normativos que foram promulgados com o intuito de garantir a moradia como direito e estabelecer um novo paradigma fundado no direito urbanístico e no direito à cidade, superando alguns dogmas do estado liberal ainda presentes sobre um direito quase absoluto de propriedade e dando conteúdo, força e juridicidade para a função social da propriedade.

Da mesma forma, identifica-se que o direito humano ao acesso à água, assim como o direito à moradia, possui, além de sua dimensão jurídica, dimensões políticas, sociais, econômicas e territoriais que são transversais e perpassam os conflitos pela água, carecendo este direito de efetividade mesmo quando já foi conquistado positiva e formalmente no direito estatal oficial, com o foco de atuação dos movimentos sociais voltado ao cumprimento das leis existentes e para evitar retrocessos ainda maiores (WOLKMER, 2001, p. 91), envolvendo o processo de desdemocratização vivido pelo Brasil (TILLY, 2013) e o impacto disso na gestão da água, sobretudo com a entrada do capital privado na distribuição e fornecimento de água e tentativas de retirar a participação da sociedade civil da gestão das águas, como a PEC nº 280, que trata da retirada do plebiscito para a privatização da Corsan, no Rio Grande do Sul.

Assim como identificado também na política urbana brasileira recente (ALFONSIN *et al.*, 2020) esse processo de desdemocratização do estado brasileiro e sua legislação, que afeta sobremaneira a gestão das águas e do saneamento básico no país, com incentivo à privatização e desconstrução do trabalho dos comitês de bacia hidrográfica e mudanças expressivas no marco legal das águas, descaracteriza o sistema nacional de recursos hídricos e o paradigma até então vigente, substituindo a gestão democrática das águas e a gestão pública de um bem essencial e estratégico, por meio de um sistema coletivo e unitário com subsídio cruzado por uma visão da água como serviço e mercadoria e não como direito.

Sobre o impacto no país desse novo olhar sobre a água que vem emergindo no mundo todo, fruto da (re)construção e afirmação do paradigma da água como bem comum, ainda que numa perspectiva de *soft power*, temos como um exemplo do caso do Brasil, que foi recentemente alvo de denúncia ao Alto Comissariado dos Direitos Humanos das Nações Unidas dentro do escopo de ambas as resoluções que garantem o direito humano à água em 2018, a partir de iniciativa de ONGs e *think tanks*, "por violação histórica e sistemática do direito humano de acesso à água e aos serviços de esgotamento sanitário" (EACDH, 2010, n.p.), o que violaria o artigo 2º da Resolução 64/292 e o artigos 5º, *a*, *b* e *d* da Resolução 70/169, violando, ainda, disposições constantes em resoluções do Conselho de Direitos Humanos da ONU.

4.3 A PEC nº 4/2018 e o regime das águas na Constituição brasileira

No plano constitucional, as Constituições Brasileiras anteriores à Carta Cidadã de 1988, excetuando-se a Imperial de 1824[61] e a Republicana de 1891, que nada referiram sobre os recursos hídricos, apenas estabeleceram a competência da União para legislar sobre o tema e, nos capítulos referentes à ordem econômica, visaram regular o uso e exploração industrial da água, dependente sempre de autorização ou concessão do Executivo Federal, mesmo se encontrada em propriedade privada. Portanto, num primeiro momento, não parte das normas positivadas o polo irradiador da valorização axiológica e da importância dada pela hermenêutica ao *status* da água em si e do direito de acesso, mas sim da leitura harmônica e unitária do texto magno, e, mesmo antes do processo constituinte, da realidade fática e da análise do contexto social, econômico, jurídico e político, que exige patamares mínimos civilizatórios de acesso à água limpa para garantir o desenvolvimento econômico e social de regiões.

Essa omissão da água como direito constitucionalmente garantido, numa análise histórico-jurídica, dá-se primeiro pela influência do *lassez-faire* e o conceito de Constituição enquanto limite e moldura para os poderes, mas também por uma incidência relativamente baixa até o século XX de conflitos advindos do uso da água, dada a parca urbanização no país, a abundância de fontes de água, a inexistência de indústrias em larga escala e a localização destas nas costas do país.

Num segundo momento, a partir da Revolução de 1930 e da ascensão do getulismo e o estímulo à ação estatal e à industrialização brasileira, há a necessidade de regular o uso das águas no setor elétrico e industrial, o que culmina com a edição do Decreto 24.643, de 10 de julho de 1934, o Código de Águas, ainda com uma visão individualista e civilista da água, mas que marca um ponto de inflexão no uso dos recursos hídricos do Brasil, fruto da pressão de setores da elite econômica e política para que o país não ficasse à mercê de serviços ruins prestados até então pelas multinacionais que exploravam o setor de energia elétrica (ESPÓSITO NETO, 2015).

---

[61] É válido ressaltar, no entanto, que a Constituição Imperial de 1824 previu expressamente a sobreposição do interesse público sobre o bem particular em seu art. 179, inciso 22: "XXII. É garantido o direito de propriedade em toda a sua plenitude. Se o bem público legalmente verificado exigir o uso, e emprego da propriedade do cidadão, será elle préviamente indemnisado do valor della. A Lei marcará os casos, em que terá logar esta unica excepção, e dará as regras para se determinar a indemnisação" (BRASIL, 1824).

A vinculação entre a regulamentação dos recursos hídricos e a produção de energia, essencial para o processo de urbanização e industrialização do Brasil pensado por Getúlio é exemplificada pela criação em 1939 do Conselho Nacional de Águas e Energia Elétrica. Este papel estratégico dos recursos naturais e a ampliação do papel estatal na proteção e exploração dos recursos em nome da soberania nacional é consolidada com a Constituição de 1934, promulgada alguns meses após o Código de Águas e que inclusive incorporou algumas de suas determinações, citando expressamente os recursos hídricos no capítulo da Ordem Econômica e Social e determinações semelhantes constarão da Constituição de 1937:

> §4º – A lei regulará a nacionalização progressiva das minas, jazidas minerais e quedas d'água ou outras fontes de energia hidráulica, julgadas básicas ou essenciais à defesa econômica ou militar do País (BRASIL, 1934).
> Art. 144. A lei regulará a nacionalização progressiva das minas, jazidas minerais e quedas d'água ou outras fontes de energia assim como das indústrias consideradas básicas ou essenciais à defesa econômica ou militar da Nação (BRASIL, 1937).

Previa ainda a Constituição que as quedas d'água e a energia hidráulica produzida não se confundiam com o solo e não se submetiam ao uso, prazer e disposição do proprietário, tal como previsto para outras formas de propriedade, necessitando de autorização expressa do governo para ser explorado seu uso industrial, e vedada a exploração por estrangeiros:

> §1º. A autorização só será concedida a brasileiros, ou empresas constituídas por acionistas brasileiros, podendo o Governo, em cada caso, por medida de conveniência pública, permitir o aproveitamento de quedas d'água e outras fontes de energia hidráulica a empresas que já exercitem utilizações amparadas pelo §4º, ou as que se organizem como sociedades nacionais, reservada sempre ao proprietário preferência na exploração, ou participação nos lucros (BRASIL, 1937).

No Direito comparado, entre as constituições pioneiras do chamado constitucionalismo social, nas quais aparecem, pela primeira vez, os esforços do legislador de superar a visão formalista e estruturalista da lei fundamental do minimalismo constitucional (MELLO, 2004), a de Weimar, de 1919, não citou diretamente a questão da água como direito, mas resguardou a competência para legislar sobre o tema à União e referiu a importância de se estimular vias navegáveis pelos rios alemães.

Já a constituição mexicana de 1917, em seu artigo 27, na redação original, estabelecia que as terras e as águas pertencem à nação e, de maneira pioneira, afirmava que a Nação poderia impor sobre a propriedade privada o interesse público, referindo textualmente que as águas poderiam ser alvo de medidas para garantir as águas indispensáveis para novas cidades, para a agricultura e para evitar a destruição dos elementos naturais pelos danos que a propriedade privada poderia causar em prejuízo à sociedade, inclusive prevendo que os povos que não tivessem água suficiente teriam direito a ela e poderiam tomar propriedades para esse fim. A constituição espanhola republicana de 1931, em seu artigo 47, que trata da proteção aos agricultores e pescadores, fala que, para esse fim, legislará infraconstitucionalmente sobre obras para a irrigação.

Como já visto, algumas constituições modernas preveem expressamente o acesso à água como um direito fundamental, notadamente a Bolívia, que após ser palco da "Guerra da Água" em Cochabamba no início do século XX, proibiu a privatização ou concessão dos serviços de água e saneamento básico e expressamente declarou em sua Carta Política que a água é um direito humano de todos (BOLÍVIA, 2009) e a constituição equatoriana que da mesma forma apresenta a água como direito humano, dando uma qualidade universal e de bem da humanidade, qualificando-a como estratégica e essencial à vida (EQUADOR, 2008).

A constituição venezuelana, que também passou por um processo constituinte na primeira década do século XXI, em seu artigo 304, declara que todas as águas são bens de domínio público, insubstituíveis para a vida e o desenvolvimento, e serão protegidas de acordo com seu ciclo hidrológico (VENEZUELA, 1999).

A constituição do Uruguai, da mesma forma, optou pela constitucionalização do direito à água em seu artigo 47,[62] que afirma

---

[62] El agua es un recurso natural esencial para la vida. El acceso al agua potable y el acceso al saneamiento, constituyen derechos humanos fundamentales. a) el ordenamiento del territorio, conservación y protección del Medio Ambiente y la restauración de la naturaleza. b) la gestión sustentable, solidaria con las generaciones futuras, de los recursos

a essencialidade da água e estabelece que o atendimento ao interesse e a ordem social deve reger o fornecimento e abastecimento de água e saneamento básico, sobrepondo-se ao interesse econômico e prevendo que o serviço público de água e saneamento básico será prestado exclusivamente por entes estatais por este motivo.

Ainda, a constituição sul-africana, bastante reconhecida entre juristas como um modelo positivo de constituição, prevê em sua *Bill of Rights*, artigo 27, que todos têm direito a água suficiente para suas necessidades e que o estado deve tomar as providências para assegurar esse direito a todos. Vê-se, portanto, que diversos ordenamentos jurídicos no mundo vêm admitindo o direito ao acesso à água e todos os seus sucedâneos lógicos, como água potável, segura, limpa, suficiente, para fins vitais, sociais e econômicos de todos e de cada um.

Uma política para a água no Brasil que realmente efetive o direito humano de acesso à água potável, segura e de qualidade e em quantidade suficiente deve levar em conta e ter como diretrizes básicas a garantia de segurança hídrica, o combate à seca e à desertificação, a gestão democrática das águas, a reversão do processo de privatização do saneamento básico, a sustentabilidade, a reversão da expansão das fronteiras agrícolas e dos "desertos verdes" e a aceitação de premissas como a existência da crise climática que afeta o mundo todo, o respeito ao ciclo hidrológico e ao meio ambiente e a finitude do bem da água, tratando-o como bem escasso, precioso e inestimável para a vida no planeta Terra. Ainda que o marco normativo brasileiro atual congregue essas questões e seja reconhecidamente avançado em sua concepção democrática, há de se pontuar que se pode e se deve avançar para uma concepção ainda mais abrangente e sistemática do direito humano à água, que, frise-se, é um dos poucos direitos essenciais à vida humana que não

---

hídricos y la preservación del ciclo hidrológico que constituyen asuntos de interés general. Los usuarios y la sociedad civil, participarán en todas las instancias de planificación, gestión y control de recursos hídricos; estableciéndose las cuencas hidrográficas como unidades básicas. c) el establecimiento de prioridades para el uso del agua por regiones, cuencas o partes de ellas, siendo la primera prioridad el abastecimiento de agua potable a poblaciones. d) el principio por el cual la prestación del servicio de agua potable y saneamiento, deberá hacerse anteponiendo las razones de orden social a las de orden económico. Toda autorización, concesión o permiso que de cualquier manera vulnere las disposiciones anteriores deberá ser dejada sin efecto (URUGUAI, 2004).

está de forma clara constitucionalizado no Brasil, o que de forma simbólica ilustra a falta de prioridade para o assunto.

Apesar da omissão do texto constitucional ao não mencionar expressamente o acesso aos recursos hídricos como direito do cidadão e dever do Estado, há relativo consenso entre juristas e especialistas de que a água está protegida e abarcada por uma leitura sistemática do texto constitucional, fruto de uma hermenêutica em favor da vida humana e sua dignidade.

Um exemplo da citada leitura é a conclusão do plenário do Supremo Tribunal Federal no Recurso Extraordinário 607.056/RJ, que considerou o fornecimento de água encanada como serviço público essencial e água como bem público, não se confundindo com mercadoria, e, por ser um bem essencial à vida, não poderia estar, como uma mercadoria comercializada, à mercê dos fornecedores. Ainda que na essência tenha sido um julgamento relativo à questão tributária e a cobrança de ICMS sobre o serviço de fornecimento de água tratada, a conclusão dos ministros, ainda que em *obter dictum*, é de suma importância. Nesse sentido, o voto do ministro relator:

> Todavia, as águas públicas derivadas de rios ou mananciais são qualificadas juridicamente como bem de uso comum do povo, conforme os arts. 20, III, e 26, I, da Constituição Federal, não podendo ser equiparadas a uma espécie de mercadoria, sobre a qual incidiria o ICMS. O tratamento químico necessário ao consumo não tem o condão de descaracterizar a água como um bem público de uso comum de todos (...)
> Em verdade, os concessionários que detêm o direito ao uso dessas águas prestam serviços públicos essenciais de competência do Estado, mediante a captação, o tratamento e o abastecimento de água de forma adequada ao consumidor final – os quais compreendem um conjunto de serviços que visam assegurar a universalidade e a qualidade do consumo de água pela população, promovendo, desse modo, a saúde pública (STF, 2013).

Chama a atenção o número reduzido de julgados relativos à matéria do acesso à água potável no país pelo Pretório Excelso. Dentre esses, é digno de nota que uma das razões preponderantes para a recusa do Ministro Luís Roberto Barroso em homologar o Plano Geral de Enfrentamento a COVID-19 para povos indígenas apresentado pela União Federal, discussão ocorrida nos autos da ADPF 709, foi justamente a falta de previsão relativa ao acesso e fornecimento imediato de água em terras indígenas homologadas e não homologadas (STF, 2020). Há, no entanto, jurisprudências em outros tribunais que reafirmam o caráter de direito humano e fundamental do acesso à água:

> ADMINISTRATIVO. AÇÃO CIVIL PÚBLICA. TUTELA ANTECIPADA. ABASTECIMENTO DE ÁGUA EM ALDEIA INDÍGENA. 1. O direito ao fornecimento de água de forma plena e adequada é serviço público essencial. Isto é, sendo o direito à água direito fundamental de todos os indivíduos, este deve ser prestado de forma digna, contemplando as necessidades básicas do ser humano. Toda a população tem direito ao acesso à água em padrão de qualidade adequado ao uso. Não basta que o fornecimento de água seja feito de forma insuficiente e insustentável como vem sendo realizado em relação à aldeia Vera Tupãi (BRASIL, 2014).

Essa interpretação é plenamente adequada, pois interpreta a questão a partir da ótica das normas constitucionais, uma vez que o legislador constituinte definiu que a água é um bem público, atribuindo competências para os estados e para a União no art. 26, I e no art. 20, III, VI, VII, e prevendo a exclusividade da União para legislar sobre o tema no art. 22. Ao caracterizá-la assim, visou protegê-la de uso inadequado e barrar sua precificação demasiada e sua mercantilização.

Ademais, o saneamento básico consta como dever do Estado, por meio da competência concorrente dos entes federados, na esteira do exposto no art. 23, IX da Constituição Federal e o acesso à água potável e esgotamento também são considerados como essenciais para o cumprimento de outros direitos, como o direito à saúde, e na legislação infraconstitucional, além da Política Nacional de Recursos Hídricos, a água consta ainda como serviço essencial na Lei de Greve – Lei nº 7.783/89.

O artigo 43, §2º, IV, da Constituição Federal, ao tratar do desenvolvimento regional do país, estabelece que entre os incentivos regionais que a União estabelecerá, encontram-se a "prioridade para o aproveitamento econômico e social dos rios e das massas de água represadas ou represáveis nas regiões de baixa renda, sujeitas a secas periódicas" (BRASIL, 1988), prevendo ainda no parágrafo 3º que a União cooperará para recuperação de terras áridas e estabelecimento de fontes de água e de irrigação para pequenos e médios proprietários. Portanto, inequívoco que o legislador alçou a água como um direito, prevendo deveres de prestações positivas ao Estado, visando a conformação do futuro e a vinculação do Estado a realizar essas políticas públicas. Dessa redação ainda se pode extrair o conceito de direito à organização e ao procedimento (MENDES; BRANCO, 2011), exigindo que a administração pública tome providências, crie os órgãos competentes e adote os atos administrativos necessários para garantir essas funções públicas de Estado expressamente e detalhadamente constantes no texto constitucional.

Portanto, pode-se afirmar que a água está constitucionalmente protegida no Brasil e mesmo sendo atualmente um direito implícito, estaria incluída no rol de direitos fundamentais, como desdobramento e consequência do bem jurídico tutelado mais importante de todos, o direito à vida, constante no art. 5º, *caput*, da Carta Magna. Conforme Branco (2011, p. 287): "O direito à vida é a premissa dos direitos proclamados pelo constituinte; não faria sentido declarar qualquer outro se, antes, não fosse assegurado o próprio direito de estar vivo para usufruí-lo" e essa vida deve poder ser vivida com qualidade (art. 225) e dignidade, sendo o direito ao acesso adequado à água potável e limpa um postulado que se coaduna com o princípio da dignidade humana e corolário do entendimento de que a vida é o valor básico e supremo dentro da ordem jurídica, cujos efeitos emanam para toda a estrutura do Estado Democrático de Direito (BRASIL, 1988).

Desta forma, percebe-se que o direito à água é um direito essencial e fundamental, embora o acesso à água não esteja ainda insculpido de forma direta em nossa Constituição, por força inclusive do exposto no art. 5º, §2º, da CFRB, uma vez que o direito internacional cada vez mais se preocupa com o tema, conforme disposição do artigo 4º constitucional que reconhece a prevalência dos direitos humanos, isto é, aqueles direitos reconhecidos por meio de instrumentos internacionais.

Ademais, além do acesso à água poder ser extraído de exercício hermenêutico como direito que possui status constitucional, ainda que apenas legalmente tutelado por normas infraconstitucionais, é pacífico que, ao integrar e – mais do que isso – ser parte essencial do ecossistema, a preservação da água está incluída dentro do Capítulo VI da Constituição Federal Brasileira, que, em seu artigo 225, garante que "todos têm direito ao meio ambiente ecologicamente equilibrado", classificando-o como um "bem de uso comum do povo e essencial à sadia qualidade de vida". Esse artigo da Constituição é bastante inovador na história do Direito Constitucional Brasileiro e continua atual em sua redação e objetivos, ainda que passados mais de 30 anos de sua redação, o que apenas agrega a seu pioneirismo. O artigo estabelece obrigações ao Poder Público, à coletividade e ao indivíduo que cometer condutas lesivas ao meio ambiente. É, ao mesmo tempo, direito e dever do cidadão. O legislador constituinte também expressou a importância do meio ambiente ao referi-lo expressamente no artigo 5º, LXXIII, que trata da ação popular como remédio para anular atos lesivos que o agridam.

Benjamin (2015) refere que o Estado brasileiro somente começou a atentar para o tema em 1981, com a Política Nacional do Meio Ambiente (Lei nº 6.938/81) dando o pontapé na construção de um novo paradigma jurídico sobre o tema no país, pois as necessidades advindas da proteção à natureza não se enquadravam nos paradigmas anteriores. Benjamin (2015, p. 4) coloca que:

> Não há aí simples reordenação cosmética da superfície normativa, constitucional e infraconstitucional. Ao revés, trata-se de operação mais sofisticada, que resulta em tríplice fratura no paradigma vigente: a diluição das posições formais rígidas entre credores e devedores (a todos se atribuem, simultaneamente, o direito ao meio ambiente ecologicamente equilibrado e o dever de protegê-lo); a irrelevância da distinção entre sujeito estatal e sujeito privado, conquanto a degradação ambiental pode ser causada, indistintamente, por um ou pelo outro, e até, com frequência, por ambos de maneira direta ou indiretamente concertada; e, finalmente, o enfraquecimento da separação absoluta entre os componentes naturais do entorno (o objeto, na expressão da dogmática privatística) e os sujeitos da relação jurídica, coma decorrente limitação, em sentido e extensão ainda incertos, do poder de disposição destes (= *dominus*) em face daqueles (= *res*) (BENJAMIN. 2015, p. 4).

Ainda, segundo Herman Benjamin (2015), há na Constituição brasileira uma clara tentativa de contribuir para a sobrevivência do planeta e de sua biodiversidade, não apenas preservando o equilíbrio ecológico e tratando-o de forma sistêmica, mas também contribuindo, de forma ativa, para a melhora das condições ambientais como um meio de melhora da qualidade de vida dos humanos, entendendo que não há como separar o homem de seu habitat natural e único. Benjamin esclarece, ainda que, para além da função social, o novo paradigma do meio ambiente no ordenamento jurídico brasileiro estabeleceu a função ambiental da propriedade: "...o constituinte de 1988, a partir das bases da função social básica, introduziu uma função ecológica autônoma, que deve ser cumprida necessariamente pela propriedade, sob pena de perversão de seus fins, de sua legitimidade e de seus atributos (BENJAMIN, 2015, p. 140).

Esse entendimento é caudatário de uma intensa mobilização de movimentos ambientais e ecologistas no Brasil, dentro do movimento constituinte, e acompanhava um crescimento da importância do tema no mundo todo.

Para Canotilho (2015), pode-se falar de um "Estado de Direito Ambiental" e um "Estado Constitucional Ecológico", pois só se é Estado de Direito, nos dias de hoje, se for um Estado protetor do meio ambiente. O surgimento e a absorção pelo ordenamento jurídico desses direitos transindividuais e bens jurídicos reconhecidamente coletivos, comuns e ecológicos vêm somar com a constatação de que a maior parte do planeta é constituída de mares, lagos e oceanos, o ar e os ecossistemas como as florestas, desertos, entre outros. Isso colocou uma cunha no dogma liberal do direito à propriedade e da propriedade privada como forma preponderante (mas não única) de propriedade e de uma visão individualista do direito e mesmo dos bens públicos (tratados como propriedade privada estatal).

Assim como a evolução normativa do direito à água e ao esgotamento sanitário evoluiu lentamente se comparada com outros direitos humanos garantidos nos marcos normativos internacionais – e ainda está muito atrás em seu desenvolvimento e compreensão – também se nota uma importante omissão na Constituição Cidadã de 1988, que não inclui o acesso à água, tampouco ao saneamento básico, no rol dos direitos fundamentais.

Desde a promulgação da carta democrática de outubro de 1988, o artigo 6º, que expõe o rol dos direitos sociais fundamentais, já foi alvo de três emendas, que incluíram o direito à moradia, à alimentação e ao transporte. A Emenda Constitucional 45/04 incluiu no art. 5º o inciso LXXVIII, do direito à razoável duração do processo. E ainda que expressamente o parágrafo 2º do art. 5º resguarde outros direitos fundamentais e direitos humanos, pois o rol constante no título II não é taxativo, não se retira a importância simbólica, política e jurídica de robustecer a garantia de um direito com sua previsão expressa no texto, proporcionando uma maior efetividade e um incremento argumentativo para a sua judicialização e juridicização. Nesse sentido, a doutrina do direito das águas vem há muito tempo expressando a necessidade da expressão "direito ao acesso à água" estar normatizada na Constituição Federal. Há diversas proposições tramitando na Câmara e no Senado Federal no sentido de incluir o acesso à água como direito fundamental, sobretudo após a normatização pioneira pelas Nações Unidas, notadamente a PEC nº 258/2016, que inclui o direito ao acesso à água potável em quantidade adequada e à terra no art. 6º; a PEC nº 4/2018, que, optando por um caminho diferente adiciona um inciso no art. 5º, garantindo a água como direito e garantia fundamental;[63] e a PEC nº 7/2010, que incluía também no rol dos direitos sociais o direito ao saneamento básico, todas apontando a importância da constitucionalização do direito à água potável em quantidade suficiente como essencial para a vida e para o desenvolvimento econômico e social do país.

No dia 31 de março de 2021, alguns dias após o Dia Mundial da Água, celebrado em 22 de março, o Senado Federal aprovou em dois turnos e por unanimidade a Proposta de Emenda Constitucional nº 4/2018, que assim dispõe em sua ementa: "inclui, na Constituição Federal, o acesso à água potável entre os direitos e garantias fundamentais", adicionando o inciso LXXXIX ao artigo 5º, estabelecendo que "é garantido a todos o acesso à água potável em quantidade adequada para possibilitar meios de vida, bem-estar e desenvolvimento socioeconômico".

Vale ressaltar o parecer aprovado pela Comissão de Constituição e Justiça que, ao opinar pela aprovação da proposta, expõe a importância de se consolidar o direito humano ao acesso à água como

---

[63] Neste ponto, interessante ver um trecho da justificativa para incluir a água não no rol dos direitos sociais, mas no art. 5º: "Nesse sentido, urge positivar na nossa Carta Magna o acesso à água potável como um direito fundamental, em desdobramento da garantia à inviolabilidade do direito à vida, que não pode existir sem provisão de água. Essa alteração na Constituição dotará os aplicadores do Direito de ferramentas adequadas para garantir que o interesse econômico-mercantil que atualmente desponta com vigor em torno do tema, não se sobreponha ao direito humano de se obter água potável para viver dignamente" (BRASIL, 2018).

direito fundamental. Esse reconhecimento explícito instrumentaliza os operadores do Direito na garantia desse recurso. Coadunando-se com o entendimento já esposado pelo Supremo Tribunal Federal[64] de que a água não pode ser considerada mercadoria, a aprovação dessa PEC pode repercutir em discussões sobre questão tarifária e do funcionamento dos serviços, num momento de ampliação da concessão dos serviços de abastecimento de água e de esgotamento sanitário para a iniciativa privada, assim expôs o relator Senador Jaques Wagner (PT-BA):

> Ponderamos que a constitucionalização do direito à água potável no rol dos direitos e garantias fundamentais é uma inovação constitucional importante no sentido de fortalecer o marco regulatório doméstico e de reforçar políticas públicas voltadas à universalização do acesso à água no Brasil. Essa medida também é fundamental para se contrapor à tendência de elevação do custo da água que se verifica em diversos países, dificultando seu acesso para as populações economicamente mais vulneráveis (BRASIL, 2019).

A constitucionalização expressa do acesso à água, em especial em sua cristalina e forte redação constante na PEC nº 4/2018, inaugura um novo momento no Direito brasileiro, trazendo para a centralidade jurídico-política, dada a força que emana do texto constitucional, os múltiplos deveres do Estado brasileiro relativos ao fornecimento de água para sua população.

Ao estipular a garantia do acesso água, o poder constituinte derivado reformador, por meio do legislador, reconheceu que a água potável é fundamental para manutenção da vida em si (relacionada ao direito à saúde, direito à vida), mas também ao bem estar da população, relacionando-se o fornecimento em quantidade suficiente e adequada com o bem comum, a partir do diálogo com a dignidade da pessoa humana, a garantia do bem de todos e da qualidade de vida e também o desenvolvimento socioeconômico, o que, pela opção de não dividir o desenvolvimento econômico do

---

[64] Ver por exemplo ADI 567/DF: "Relevância do direito, caracterizada pela circunstância de haver-se definido, por decreto, fato gerador e base de cálculo de tributo; e, ainda, por ter-se pretendido modificar, pela mesma via, a natureza jurídica do fornecimento de água potável, encanada, às populações urbanas, transmudando-a de serviço público essencial em circulação de mercadoria" (BRASIL, 1991).

desenvolvimento social, o que se aplaude por ser esta uma visão já ultrapassada, tem interação direta com os objetivos fundamentais da república e da ordem econômica (art. 3º e art. 170), entre eles sobretudo a erradicação da pobreza e da desigualdade social, restando inequívoco que o uso e o interesse público e social se sobrepõem aos interesses privados.

Parte importante desses direitos e conceitos que agora atingem efetivamente *status* constitucional e inauguram simbolicamente um Direito Constitucional das águas no Brasil, e correlacionados ao direito humano ao acesso à água, conforme já visto em suas bases internacionais e principiológicas e de interpretação da Constituição, já estavam positivados na Lei nº 9.433/97, em seus artigos 1º, 2º e 3º em que constam os fundamentos, objetivos e diretrizes do manejo de recursos hídricos no Brasil, como a prioridade para o consumo humano e dessedentação, e na Lei nº 11.445/2007 (modificada profundamente pela Lei nº 14.026/2020), que estabelece as diretrizes nacionais para o saneamento básico, como a universalização do serviço e acesso e a prestação de maneira adequada à saúde pública e proteção do meio ambiente e já vinham sendo cumpridos (ainda que de maneira aquém do necessário) pelo Estado brasileiro.

Importante reafirmar que para parte substancial da doutrina, o direito fundamental à água já era recepcionado em nosso texto, pois o direito subjetivo de acesso à água potável, enquanto não for promulgada a Emenda Constitucional que o inclua de forma explícita, é extraído das normas constitucionais de acesso à vida, dignidade humana, saúde, meio ambiente sadio e qualidade de vida, alimentação, moradia adequada, entre outras, e regulamentado pelo marco regulatório do saneamento e pela Lei de Águas. Como direito fundamental que tutela o direito de acesso a um bem material essencial para a vida humana, o direito de acesso à água potável em quantidade suficiente, de forma segura e adequada gera deveres e pretensões exigíveis e judicializáveis (PES, 2016) contra o Estado e contra particulares (eficácia horizontal dos direitos fundamentais), tais como obrigação de fazer e não fazer.

Como exemplos, tem-se a obrigação de respeitar, como a vedação aos órgãos estatais de adotarem medidas que tenham como consequência a negação de acesso à água; de proteger, que significa que cabe ao Estado adotar medidas destinadas a evitar que órgãos estatais ou particulares dificultem ou obstem o acesso das pessoas à água ou discriminem populações minoritárias e vulneráveis e também dirimir os potenciais focos de contaminação e poluição por meio de prevenção e de realizar, com a execução de ações concretas para efetivar o acesso à água, principalmente destinadas àqueles que necessitam de políticas públicas para exercer o direito de acesso à água, e evitar secas e escassez (PES, 2016).

CAPÍTULO 5

REGULAMENTAÇÃO E CONCEITO NO ORDENAMENTO JURÍDICO BRASILEIRO

5.1 A Lei nº 9.433/97, política e o sistema nacional de gerenciamento de recursos hídricos

A visão da água como um bem comum, como um bem finito e precioso, cujo usufruto é de todos os cidadãos, e que possui a salvaguarda do Estado para que esses objetivos se cumpram, atravessa milênios e chega até a sociedade moderna. Em um primeiro momento, observamos a regulamentação de seu uso e de sua proteção a partir da atribuição de competências para sua regulação. No Brasil, aplicava-se, durante o período do Brasil Colônia, o ordenamento jurídico vigente em Portugal, como as Ordenações Afonsinas, Manuelinas e Filipinas, contendo, no entanto, uma legislação local escassa.

Nas Ordenações Filipinas é onde aparece, pela primeira vez, a menção ao cuidado com as águas, em seu Livro V, título LXXXVIII, que trata "Das caças e pescarias defesas". Nota-se a preocupação com a manutenção do equilíbrio do ecossistema, já no século XVII, contendo a previsão de que: "pessoa alguma não lance nos rios e lagoas em qualquer tempo do anno [sic] (posto que seja fora dos ditos trez [sic] mezes [sic] da criação) trovisco, barbasco, cocca [sic], cal, nem outro algum material com que se o peixe mate" (ALMEIDA, 1870, p. 1.238). O mesmo título define a água doce como "e entender-se-ha agoa [sic] doce nos rios, onde não houver maré e nos em que a houver, onde ella [sic] não chegar".

Ademais, havia, no Brasil, à época, no nível municipal, sistemas de águas públicas, principalmente a partir de fontes públicas que foram alvo de legislações das câmaras municipais, ressaltando-se que a água era essencial para os setores econômicos brasileiros, tanto para a agricultura – e, aqui, incluem-se os moinhos d'água – quanto para a mineração. Segundo Carles (2016), a Câmara de Vila Rica, em Minas Gerais, no século XVIII (principalmente entre 1750 e 1770), despendeu parte significativa de seu orçamento para a compra de águas privadas e reconstrução do sistema de abastecimento da cidade, visando à criação de um serviço de águas públicas. Na época, um curso d'água, ao atravessar uma propriedade privada, estava à disposição do mesmo. Porém, quando ultrapassava os limites da terra, voltava a ser um bem de domínio público, de utilidade comunitária, confundindo-se a natureza da água com a propriedade da terra que lhe circundava (CARLES, 2016).

O estudo de documentos da administração e de processos administrativos no estado de Minas Gerais, à época, clarificam que essa política de águas públicas representava a efetividade de um entendimento da comunidade de que esse bem deveria ser comum, e que a Câmara Municipal deveria protegê-lo visando à preservação, inclusive em relação a qualidade e potabilidade (CARLES, 2016).

A primeira menção às águas, na legislação pátria, em âmbito federal, foi em 1828, durante o Império, em lei que atribuiu às câmaras municipais o poder de disciplinar e deliberar sobre aquedutos, chafarizes, poços, tanques, esgotamento de pântanos e águas infectas (CANOTILHO; LEITE, 2011 apud BAYER; BORBA, 2015). O Código Penal de 1890, em seu artigo 162,[65] estabelecia penas com fins de proteção da água potável. Foi com o Código Civil de 1916, em sua Seção V, sobre os direitos de vizinhança, dos artigos 563 a 568, no entanto, que as águas foram efetivamente alvo de disposições e normas, em uma perspectiva ainda eminentemente privada e dispondo de fontes de água como propriedade, apenas regulamentando os conflitos.

Posteriormente, soma-se também a noção de que dever-se-ia codificar também o direito ao acesso à água, como foi feito no Brasil

---

[65] "Corromper ou conspurcar a água potável de uso comum ou particular, tornando-a impossível de beber ou nociva à saúde. Pena: prisão celular de 1 (um) a 3 (três) anos" (BRASIL, 1890).

a partir do Decreto 24.643, o Código das Águas de 1934, que, em seu Livro II – "Do aproveitamento das águas", Título I – "Águas comuns de todos", especialmente em seu artigo 34, garante que "é assegurado o uso gratuito de qualquer corrente ou nascente de águas para as primeiras necessidades da vida, se houver caminho público que a torne acessível" (BRASIL, 1934). No entanto, o Código apresenta um entendimento já defasado sobre as características da água, conforme podemos aferir no voto do Ministro Marco Aurélio Mello, do Supremo Tribunal Federal, em caso que versou sobre a captação de água por poço artesiano sem autorização estatal:

> (...) comungo do entendimento que reconhece a validade do art. 96 do Estadual nº 23.430/74, devendo a água ser compreendida como bem de domínio público, de forma que não foi recepcionado pela Constituição da República o Código de Águas (Decreto nº 24.643/34), cujo art. 96 possibilitava ao proprietário a apropriação das águas encontradas abaixo de seu imóvel (BRASIL, 2017, [s.p.]).

Em dezembro de 1991, o então presidente Fernando Collor de Mello, juntamente com seu ministro do meio ambiente, o ambientalista José Lutzenberger, enviou para o Congresso o Projeto de Lei nº 2.249/1991, que instituía a Política Nacional de Recursos Hídricos e criava o Sistema Nacional de Gerenciamento de Recursos Hídricos (SINGREH), que, anos mais tarde, tornar-se-ia a Lei nº 9.433/97. Na justificativa enviada ao Congresso Nacional, refere-se que tal PL objetivava "disciplinar a execução de uma política capaz de assegurar o uso integrado e harmônico dos recursos hídricos, considerando a crescente importância estratégica para o nosso país" (BRASIL, 1991). Ainda, já trazia a ideia do controle social sobre o sistema:

> A estrutura básica do SINGREH foi concebida em observância ao princípio da gestão participativa, que se efetivará na organização do Colegiado Nacional, dos Comitês de Bacias Hidrográficas e de uma Secretaria Executiva, com ampla participação de todos os órgãos competentes envolvidos na gestão dos recursos hídricos (BRASIL, 1991, [s.p.]).

A justificativa se encerra esperando que a proposta assegure os usos sociais e econômicos dos recursos hídricos, de forma harmônica e integrada, observada a proteção do meio ambiente, a saúde, bem-estar, segurança e desenvolvimento da sociedade, que seria sua finalidade máxima. A aprovação do projeto, anos depois, em 1997, foi seguida pelo veto presidencial de várias disposições, notando-se preocupação do Executivo, à época, com a exploração da água para a produção de energia elétrica (a água, por meio das hidrelétricas, é a principal matriz energética do país), apreciado pela Câmara em 1999 com os vetos mantidos.

A Lei nº 9.433/97 é a principal legislação brasileira sobre a temática das águas, regulamentando o exposto no artigo 21, inciso XIX, da Constituição Federal, ao estabelecer a PNRH e o SINGREH, seus respectivos objetivos e instrumentos, as competências dos poderes no escopo do tema, dispor sobre a criação das agências de água (com a Agência Nacional de Águas efetivamente criada pela Lei nº 9.984 de 2000) e, ainda, regulamentar a Política de Participação Social e Gestão Compartilhada dos Recursos Naturais Hídricos por meio dos conselhos e comitês.

Ademais, estabeleceu infrações e penalidades e conceituou as organizações civis de recursos hídricos. Em seu artigo 1º, a lei estabelece os fundamentos da Política Nacional de Recursos Hídricos.[66] Cabe ater-se, com detalhe, sobre os fundamentos expostos em seus incisos I, II, III, IV, V e VI, escolhidos pelo legislador para serem os pilares que estruturam o modo como a água é regulada no país, a partir do dispositivo constitucional que estabeleceu a obrigação de criação de um sistema nacional de gerenciamento de recursos hídricos e de definição de critérios para a outorga do uso desses recursos, com parte da doutrina defendendo sua atuação como verdadeiros princípios a serem seguidos na gestão dos recursos hídricos no país.

Em seu inciso I, na caracterização da água como um bem de domínio público, vemos o diálogo do atual ordenamento das

---

[66] "Art. 1º. A Política Nacional de Recursos Hídricos baseia-se nos seguintes fundamentos: I – a água é um bem de domínio público; II – a água é um recurso natural limitado, dotado de valor econômico; III – em situações de escassez, o uso prioritário dos recursos hídricos é o consumo humano e a dessedentação de animais; IV – a gestão dos recursos hídricos deve sempre proporcionar o uso múltiplo das águas; V – a bacia hidrográfica é a unidade territorial para implementação da Política Nacional de Recursos Hídricos e atuação do Sistema Nacional de Gerenciamento de Recursos Hídricos; VI – a gestão dos recursos hídricos deve ser descentralizada e contar com a participação do Poder Público, dos usuários e das comunidades" (BRASIL, 1997).

águas brasileiras com o paradigma da água como um bem comum, que vem perpassando diversos sistemas desde a Antiguidade, e que tem a água como insuscetível de ser privatizada por pertencer a todos, pela sua essencialidade. Se a água não for livre, isto é, se alguém puder mudar o curso de um rio que passa em sua propriedade, monopolizar uma fonte de água pela força ou pelo poder econômico, as consequências de tal trato podem ocasionar a morte por desidratação de humanos e animais, a seca de campos de plantio e mesmo de flora e fauna preservadas, desequilibrando todo o ecossistema vital. O fato de ser um bem público também não pode ser confundido como se a água fosse um monopólio estatal disponível ao bel-prazer das autoridades.

Nesse sentido, de acordo com o exposto no inciso VI do mesmo artigo, a transparência, a gestão descentralizada e compartilhada, bem como o controle social, garantem que a água também não seja apenas dos entes federados, mas de todos. Segundo Paulo Affonso Leme Machado (apud SANTILLI, 2001, p. 148):

> A dimensão jurídica do domínio público hídrico não deve levar o Poder Público a conduzir-se como mero proprietário do bem, mas como gestor que presta contas, de forma contínua, transparente e motivada, para toda a sociedade, motivação, inclusive, da criação de um sistema de informações sobre recursos hídricos na própria lei.

Deve-se, ainda, distinguir o conceito de bem utilizado para conceituar a água, dos conceitos de bens para os civilistas. Tais conceitos, igualando-se bem a mera coisa ou serviço, não devem ser utilizados para recursos naturais limitados e essenciais como a água. A água, em todas as suas formas, reveste-se de especial interesse público e expressamente não pode ser privatizada, sendo classificada, dentro do Livro II do Código Civil, como um bem público de uso comum do povo, inalienável. No entanto, juristas estudiosos da matéria ambiental vão além e preconizam um novo entendimento sobre o que é um bem ambiental:

> O bem ambiental é, portanto, um bem que tem como característica constitucional mais relevante ser ESSENCIAL À SADIA QUALIDADE DE VIDA, sendo ontologicamente de uso comum do povo, podendo ser desfrutado por toda e qualquer pessoa dentro dos limites constitucionais. Uma vida saudável reclama a satisfação de um dos

fundamentos democráticos de nossa Constituição Federal, qual seja, a dignidade da pessoa humana, conforme dispõe o art. 1º, III. É, portanto, da somatória dos dois aspectos: bem de uso comum do povo e essencial à sadia qualidade de vida, que estrutura constitucionalmente o bem ambiental (FIORILLO, 2004, [s.p.]).

Para Souza Filho (1997), a dominialidade de um bem ambiental tem uma titularidade difusa que altera a essência desse bem, ainda que ele integre o patrimônio público. Essa característica concede, segundo o autor, uma proteção extra capaz de limitar e modificar a propriedade para garantir sua função social por meio desse direito coletivo difuso de todos ao meio ambiente. Ao fazer tudo isso ao mesmo tempo, não se confunde com outros instrumentos, como o poder de polícia e poderes da administração pública, nem com a função social da propriedade em si, embora apresente funcionalidade de ambos.

O inciso II trata do valor econômico da água como um recurso limitado, diferenciando-o do ar, por exemplo, no que vale combinar com a leitura dos incisos I, II e III do artigo 19 e com o artigo 20, localizado na seção IV da Lei nº 9.433/97, que trata sobre a cobrança do uso de recursos hídricos. Nesse artigo, que apresenta os objetivos da cobrança pelo uso de recursos hídricos, vemos que o sentido da palavra econômico está interligado com seu conceito original, de escassez, de bem que possui valor por não ser ilimitado, em oposição a um enfoque irresponsável de que toda água é igual e que seria um recurso natural impossível de ser esgotado. Uma leitura sistemática da lei à luz da Constituição demonstra que considerar a água dotada de valor econômico e como um bem econômico não pressupõe sua mercantilização – pelo contrário, a política nacional é bem clara no sentido de que a cobrança é para evitar o desperdício e capacitar o Estado para financiar os programas, não apenas autorizando, mas estimulando a intervenção pública e estatal. Não apenas isso, mas a lei afirma que o uso racional da água advém de uma gestão compartilhada, da valorização do local e da proteção do Estado.[67]

---

[67] Art. 19. A cobrança pelo uso de recursos hídricos objetiva:
I – reconhecer a água como bem econômico e dar ao usuário uma indicação de seu real valor;
II – incentivar a racionalização do uso da água;

Candido (2015) refere que o valor econômico da água tem quatro fatores que, de forma agregada, são essenciais para justificar a cobrança pelo uso da água, quais sejam o valor para os usuários, os benefícios líquidos sobre fluxos adicionais, o ajustamento para fins sociais e os efeitos líquidos indiretos. Ainda, Hartmann (2010) vai aduzir que o valor da água é um valor em relação à sociedade, visando a benefícios para a coletividade:

> Esta cobrança pelo uso da água bruta, que doravante passaremos a chamar de cobrança, segundo o texto da lei, deverá sinalizar, para os usuários, por um lado, o verdadeiro valor da água e incentivá-los a um uso responsável e racional da água; por outro lado, deverá ter como meta a arrecadação de recursos que propiciem o financiamento das medidas e dos programas previstos nos planos de recursos hídricos e de bacias (HARTMANN, 2010, p. 96).

O inciso III ressalta que há limitações ao uso da água, elencando, como prioridade, em períodos de seca e estiagem (chamados, de forma ampla, de período de escassez), o consumo humano e de animais. Essa prioridade é prevista também no artigo 15 da mesma lei,[68] que elenca, entre as possibilidades em que a outorga do direito de uso pode ser suspensa, a necessidade de atender usos prioritários e o interesse coletivo. Aqui há um recorte que liga diretamente o acesso à água com a dignidade da pessoa humana, traçando uma linha abaixo da qual não há dignidade, e, portanto, há um dever do Estado de agir de modo a coibir tamanha indignidade (HACHEM, 2013).

Hachem (2013) aborda ainda a noção de mínimo existencial e de mínimo vital, e sua relação umbilical com a proteção da dignidade

---

III – obter recursos financeiros para o financiamento dos programas e intervenções contemplados nos planos de recursos hídricos.
Art. 20. Serão cobrados os usos de recursos hídricos sujeitos a outorga, nos termos do art. 12 desta Lei (BRASIL, 1997).

[68] Art. 15. A outorga de direito de uso de recursos hídricos poderá ser suspensa parcial ou totalmente, em definitivo ou por prazo determinado, nas seguintes circunstâncias: I – não cumprimento pelo outorgado dos termos da outorga; II – ausência de uso por três anos consecutivos; III – necessidade premente de água para atender a situações de calamidade, inclusive as decorrentes de condições climáticas adversas; IV – necessidade de se prevenir ou reverter grave degradação ambiental; V – necessidade de se atender a usos prioritários, de interesse coletivo, para os quais não se disponha de fontes alternativas; VI – necessidade de serem mantidas as características de navegabilidade do corpo de água (BRASIL, 1997).

humana, em lição que pode plenamente ser aplicada ao acesso humano à água, pois o acesso a que se refere a legislação vigente e seus deveres de promoção e proteção desse direito não abrange tão somente o mínimo fisiológico e vital, ligado à sobrevivência física, ainda que esta seja uma perspectiva central no direito à água, mas também o acesso de forma adequada para que se garanta a fruição de todos os outros direitos, protegendo o núcleo material do princípio da dignidade humana.

Ainda, há a previsão, no inciso IV, de se planejar, antever conflitos e estimular o uso múltiplo das águas, explorando possibilidades para além das prioritárias e impedindo que apenas um determinado setor absorva toda a potencialidade das águas. Pode-se elencar, como exemplos, a navegação e transporte de cargas e passageiros, o turismo, a geração de energia elétrica, a irrigação, a pesca e aquicultura, os esportes náuticos, o lazer, bem como o reconhecimento da importância das águas para a cultura e a religião, sobretudo dos povos tradicionais, quilombolas e indígenas, mas também para manifestações religiosas católicas, como as procissões marítimas de Nossa Senhora dos Navegantes, por exemplo.

A bacia hidrográfica é a unidade territorial para implementação da PNRH e atuação do SINGREH, conforme disposto no inciso V, mudança de paradigma importante, importada do modelo francês de gestão de recursos hídricos, construído a partir da Lei Francesa de Águas de·1964 e a Agência Nacional de Águas Francesa. Esse modelo, é válido ressaltar, foi testado em um estado unitário, como é a França, um país muito menor que o Brasil, país continental e República Federativa, e que, portanto, estabelece a possibilidade, por força do exposto na Constituição, de múltiplas titularidades da gestão dos rios numa mesma bacia, com rios federais, estaduais de apenas um estado, estaduais que atravessam mais de um estado e ainda rios federais com afluentes estaduais, o que demanda ampla negociação entre os entes federados e vasta gama de desafios interinstitucionais (BARROS; BARROS, 2009)

O inciso VI estabelece que a gestão dos recursos hídricos deve ser descentralizada e contar com a participação da sociedade civil. Portanto, não cabe apenas àqueles que são pagantes pela água. Isso é de fundamental importância para o presente estudo por ser o fundamento que estrutura todo o marco legal da gestão das águas no Brasil, representando o pilar do chamado processo de democratização da gestão das águas. Este é um processo que envolve diversas camadas, pois a gestão descentralizada diz respeito ao envolvimento não apenas dos órgãos que prestam serviços diretamente ou os citados na Lei nº 9.433/97, mas também inclui, para além da União, por meio da Secretaria de Recursos Hídricos do Ministério do Meio Ambiente e da Agência Nacional da Água, os governos estaduais e os municípios, que são fundamentais para o funcionamento do sistema, sobretudo por sua competência sobre diversos assuntos correlatos, como o uso do solo, e sobre outros assuntos de importância local, por sua proximidade política e geográfica com a bacia e com os usuários, além de dizer respeito à inclusão do Poder Público como um todo, incluindo aí diversos órgãos e agências fiscalizadoras, bem como um papel protagonista das câmaras de vereadores, que frequentemente têm participação ativa nos comitês de bacia e ainda preservam competências em relação aos rumos do saneamento nos municípios.

Os entes federados e órgãos da administração pública, no entanto, não possuem competência para decidir de forma exclusiva e isolada, pois há a previsão de participação e consulta dos comitês de bacia, e expressões como a participação dos usuários e comunidades levam a conclusões de que a participação vai além de mera consulta formal aos fóruns estabelecidos, mas sim que a gestão da água não pode prescindir de um processo realmente participativo e democrático.

Segundo Taborda (2006, p. 18), o conceito de participação pode ser entendido como a ideia de um direito do cidadão de participar, dentro do Estado, de sua comunidade política organizada, dos processos de decisão do que lhe concerne, a noção de "tomar parte nas decisões políticas". A participação deixa o poder público em permanente vigília, contrariando a ideia de que as autoridades públicas são entidades isoladas do cotidiano do povo. A participação pode ser dividida em diversas etapas, sendo a primeira a necessidade de publicidade, pois seus processos não podem ocorrer de forma secreta.

A segunda é a intervenção da população nos processos internos de tomada de decisão, costumeiramente feito por meio de órgãos consultivos, por meio de representantes eleitos. A participação da população, por meio dos conselhos, dos comitês e outros mecanismos, na definição dos rumos da política pública sobre os recursos hídricos, sobre a elaboração dos planos e sobre o uso da água nas bacias, é necessária para garantir a representação da comunidade nas decisões em todos os níveis de um elemento essencial para a implementação de todas as políticas públicas no país e para a concretização da finalidade do Estado Democrático de Direito no Brasil, cuja administração pública tem como finalidade o estabelecimento de uma democracia procedimental que oportunize aos cidadãos participar das decisões políticas que afetem o rumo de suas vidas.

A oportunização da participação, de questionamentos e de contribuições da sociedade civil pode auxiliar também nas questões técnicas e aumentar a efetividade e eficácia na execução das políticas, que também são princípios da Administração Pública. É no diálogo entre a Administração e as pessoas interessadas no tema, as quais podem apresentar sugestões e oferecer seu conhecimento, que se expressa realmente a ideia de participação na Administração (TABORDA, 2006).

Já o artigo 2º (BRASIL, 1997) define os objetivos da PNRH,[69] dialogando com o artigo anterior no sentido de trazer para o direito positivado, em uma redação finalística, os pilares da lei, de traduzir os fundamentos agora com os verbos no infinitivo, visando o legislador a orientar a ação de médio e longo prazo daqueles que irão definir e executar a gestão dos recursos hídricos, e dialogando também com o artigo 3º, que aborda as diretrizes gerais da ação, desdobrando, de forma mais detalhada, o já desenhado nos artigos anteriores. Nota-se a preocupação com a preservação da água em todos os objetivos citados, ressaltando a proteção do bem contra o uso humano desenfreado, contra mudanças climáticas e também pelo uso em escala industrial, usando a expressão 'desenvolvimento sustentável' como insígnia (BRASIL, 1997).

---

[69] "Art. 2º. São objetivos da Política Nacional de Recursos Hídricos: I – assegurar à atual e às futuras gerações a necessária disponibilidade de água, em padrões de qualidade adequados aos respectivos usos; II – a utilização racional e integrada dos recursos hídricos, incluindo o transporte aquaviário, com vistas ao desenvolvimento sustentável; III – a prevenção e a defesa contra eventos hidrológicos críticos de origem natural ou decorrentes do uso inadequado dos recursos naturais. IV – incentivar e promover a captação, a preservação e o aproveitamento de águas pluviais (Incluído pela Lei nº 13.501, de 2017)" (BRASIL, 1997).

Uma análise das diretrizes para a implementação da Política Nacional de Recursos Hídricos reunidas no art. 3º demonstra a importância para o legislador de um gerenciamento de forma integrada, sistêmica e harmônica das águas brasileiras e de seus diversos usos, garantindo não apenas o acesso, mas também a qualidade desse acesso (inciso I), com a repetição dos termos 'articulação' e 'integração' em diversos incisos, notoriamente o inciso II: "II – a adequação da gestão de recursos hídricos às diversidades físicas, bióticas, demográficas, econômicas, sociais e culturais das diversas regiões do País", combinado com as noções de que se deve integrar a gestão dos recursos hídricos com a política ambiental, com o direito urbanístico (uso do solo), com a participação da população (usuários) de forma descentralizada e federativa (integrando os órgãos responsáveis em todos os níveis da federação), frisando em específico no artigo 4º a gestão em consonância com os entes federativos.

A extração de uma interpretação hermenêutica satisfatória da Lei de Águas em seu conjunto e sobretudo da utilização de seus instrumentos deve levar em conta uma abordagem adequada dos princípios que dela emanam, indissociáveis dos objetivos a que se propõe expressamente o Estado brasileiro com a PNRH e o modo pelo qual decidiu garantir a preservação, o uso comum e a qualidade das águas. Portanto, qualquer discussão sobre o destino da água no país (incluindo-se acesso, tratamento e fornecimento) atrai obrigatoriamente, pelo princípio da especialidade, o conjunto principiológico e também as ferramentas presentes neste marco normativo balizador para o direito das águas, que deve ser considerado como o polo estruturador do direito das águas, forçando inclusive a releitura e reinterpretação de instrumentos já presentes há décadas, sem desfazer da influência recíproca de outras normas e a presença de outros institutos, como os presentes no marco do saneamento, por exemplo, mas sendo norteador quando da análise casuística para uma correta exegese do direito ao acesso à água, como por exemplo, a priorização do acesso humano e a obrigatoriedade da participação popular nas decisões referentes aos recursos hídricos, tido como bens de domínio público.

Ademais, é digno de nota ressaltar a importância, para o regime jurídico das águas no país, as previsões constantes na seção V, "Das águas", integrante do Capítulo V do Código Civil, referente ao direito de vizinhança. Os artigos 1.288 a 1.296 são notavelmente similares às previsões do Código de Justiniano, com limitações ao domínio e a propriedade privada em relação às nascentes, fontes e cursos naturais de água, bem como a previsão da impossibilidade de recusar-se a passagem de aquedutos, demonstrando que o estabelecido pelos jurisconsultos do lácio continua sendo o alicerce do Direito Civil brasileiro e confirmando que o paradigma da água como coisa pública e da importância do acesso à água, ilustrado pelos artigos 1.290, 1.291 e 1.293, sobretudo, continua hígido na legislação brasileira.

É válido destacar ainda que o fornecimento de água é considerado serviço público essencial, constando no rol do artigo 10 da Lei nº 7.783/89 (Lei de Greve), utilizada pela doutrina e jurisprudência como fonte de onde se extrai essa classificação, uma vez que não há ainda legislação específica sobre o tema, devendo, portanto, ser prestado de forma contínua, adequada, segura e eficiente, inteligência do art. 22 da Lei nº 8.078/90 (Código de Defesa do Consumidor), cumulado com o art. 42 da mesma lei, que veda abuso ou coação na cobrança de débitos. Incide, pois, uma série de restrições sobre seu corte e suspensão,[70] algumas recentemente positivadas pela Lei nº 14.015/2020, que acresceu um parágrafo ao artigo 6º da Lei nº 8.987/95 e expressamente vedou o corte ou suspensão do fornecimento de serviços oriundos de concessão, como é o fornecimento de água, durante finais de semana, feriados e no dia imediatamente anterior, além de uma série de normativas durante a vigência do estado de calamidade pública pela pandemia do Covid-19, como decretos e leis estaduais, tal como a Lei nº 6.551, de 22 de abril de 2020, do Distrito Federal, que veda a interrupção dos serviços de água, luz, Internet e gás na vigência de situações de calamidade pública, por inadimplência.

---

[70] O tema é fruto de divergência doutrinária e jurisprudencial, entendendo, no entanto, a maioria do Superior Tribunal de Justiça pela possibilidade da suspensão do fornecimento em caso de inadimplemento, salvo se for débito antigo, e condicionando ao aviso prévio, por força do art. 40, V, da Lei nº 11.445/2007 e art. 6º da Lei nº 8.987/95. Sobre o tema, ver AgRg nos EDcl no AREsp 57.598/RJ, Rel. Ministro Mauro Campbell, Segunda Turma, DJe 12/11/2012. Da mesma forma, o Supremo Tribunal Federal se manifestou no RE 544.289-AgR, de relatoria do Ministro Ricardo Lewandowski, no sentido de que o fornecimento de água não é gratuito, é serviço prestado mediante concessão de forma remunerada, na forma de tarifa ou preço público.

5.2 Mecanismos para a efetividade do direito humano à água na legislação brasileira

A Lei nº 9.433/97 prevê em seu artigo 5º os seis instrumentos principais da Política Nacional de Recursos Hídricos, que serão detalhados nos próximos 20 artigos (dois artigos foram vetados à época pelo Presidente Fernando Henrique Cardoso), optando-se pela nomenclatura de instrumentos principais, pois há na referida Lei outros instrumentos, mecanismos e previsões de ações a serem realizadas pelo Poder Público que não estão elencados nesse artigo. São eles: os Planos de Recursos Hídricos; o enquadramento dos corpos de água, segundo seus usos preponderantes; a outorga onerosa dos direitos de uso dos recursos hídricos; a cobrança por esse uso; a compensação aos municípios (que foi vetada); e o Sistema de Informações sobre Recursos Hídricos. Coerente com o paradigma até então construído da água como bem comum e direito humano essencial, nas seções correspondentes a esses instrumentos existem previsões de priorização do uso humano, como por exemplo, na desnecessidade de outorga pelo Poder Público do uso de recursos hídricos para satisfazer as necessidades vitais da população rural ou de uso de pequenas populações e uso considerado insignificante, e na possibilidade de suspensão parcial ou total da outorga de direito de uso para atender usos prioritários de interesse coletivo, prevenção ou reversão de grave dano ambiental ou situações de calamidade, inclusive decorrentes das condições climáticas. Essas últimas deverão ser cada vez mais utilizadas no país em decorrência da crise climática.

O modelo adotado pela Lei nº 9.433/97 é baseado no modelo francês e representa um rompimento definitivo com a visão de que a água poderia ser privada, ainda tolerada pelo antigo Código de Águas, e introduz definitivamente um novo paradigma na gestão dos recursos hídricos no país, ao exigir, por meio dos Comitês de Bacia Hidrográfica, a participação ativa do governo, sociedade e usuários na busca de soluções e consensos (Cedes – Centro de Estudos e Debates Estratégicos, 2015), sendo unanimidade que tais inovações normativas não foram acompanhadas por evolução similar na cultura jurídica, com uma comunidade que ignora os preceitos da Lei, desconhecida por boa parte dos próprios operadores e intérpretes do Direito. Deve-se referir, no entanto, que muito do que foi positivado pela Lei das Águas já eram práticas que ocorriam nos estados da federação, não sendo inédito o planejamento a partir de unidades territoriais ou a existência de planos de recursos hídricos, com algumas unidades da federação já possuindo leis neste sentido. Tampouco são criação deste marco normativo a outorga ou o enquadramento dos corpos d'água, instrumentos que já existiam no arcabouço jurídico-normativo e que foram reunidos na Lei das Águas com os outros (Cedes, 2015, p. 44).

O enquadramento dos corpos d'água (art. 5º, II) possui como fonte normativa principalmente a Resolução 357 do Conama (2005) que subdivide as águas superficiais em águas doces, águas salinas e águas salobras e as classifica em classe especial e classes 1, 2, 3 e 4, sendo alvo de críticas de especialistas na área de hidrologia, química e gestão de águas pela insuficiência de suas exigências para o tratamento simplificado e adequado da água, sobretudo do tratamento simplificado e sua desconsideração da classificação diferenciada das águas amazônicas (COUCEIRO; HAMADA, 2011). Por sua vez, a outorga de recursos hídricos é de competência comum da União, estados, Distrito Federal e municípios, pelo exposto no artigo 23, inciso XI da Constituição Federal e artigos 29 e 30 da Lei nº 9.433/97, facultada a delegação dessa competência para os estados e municípios pela União Federal no caso de rios de domínio da União, restando claro, no entanto, que essa outorga é privativa do poder público, não podendo ser realizada outorga de direitos de uso de água por gestão privada (MACHADO, 2014). A outorga é regulada pela Instrução Normativa 4, de 21 de junho de 2000, do Ministério do Meio Ambiente, que a define como o "ato administrativo, de autorização, mediante o qual o Poder Público outorgante faculta ao outorgado o direito de uso de recurso hídrico, por prazo determinado, nos termos e nas condições expressas no respectivo ato" (BRASIL, 2000), em consonância com a etimologia da palavra outorga, que significa consentimento, concessão, aprovação ou beneplácito (MELO, 2016), ainda que haja no Poder Judiciário e na doutrina defensores de que a outorga dos direitos de uso de água a terceiros não seja ato administrativo, mas sim um tipo de contrato administrativo *sui generis*.⁷¹ Quando preenchidos os requisitos necessários, deve o interessado apresentar requerimento para a Agência Nacional das Águas (ANA), que analisará e votará por seus diretores, devendo ter o voto da maioria da direção colegiada (no mínimo três votos) e posterior publicação no diário oficial e em jornais de grande circulação (MELO, 2016), com limite de tempo de concessão de 35 anos, ainda que renováveis, não se confundindo com a alienação das águas, posto que inalienáveis, mas apenas autorização de uso, inteligência dos artigos 15, 16 e 18 da Lei nº 9.433/97.

A cobrança pelo uso da água é outro instrumento essencial, ainda que seja um dos menos utilizados. Como já visto, a cogestão realiza o gerenciamento dos recursos hídricos visando a aplicação concreta dos princípios por meio da outorga pública do uso da água, que consiste na permissão do Poder Público para que usuários, especialmente neste caso os usuários econômicos, como agricultores e pecuaristas, ou mesmo os serviços de abastecimento de água, que captam, tratam e fornecem água para a população, utilizem os recursos hídricos existentes em determinada região.

No entanto, reduzir a cobrança de água à fixação de um preço, por sua fundamentalidade e escassez e por ser um bem dotado de valor econômico, é restringir a noção possibilitada pela cumulação do instrumento com os princípios norteadores da PNRH, uma vez que não se trata apenas de estabelecer o custo que há na captação, distribuição ou outros usos da água. Seu estabelecimento permite

---

[71] Sobre o tema, o Desembargador aposentado do Tribunal de Justiça do Rio Grande do Sul, Wellington Pacheco Barros: "A Lei nº 9.433/97, diferentemente do Código das Águas de 1934, não prevê a natureza jurídica da outorga do direito de uso da água. Naquele, há a previsão expressa de concessão administrativa, no caso de utilidade pública, e de autorização, para outras finalidades, sendo que, no primeiro caso, haveria um contrato e, no segundo, um ato administrativo (...) Sempre que a Administração Pública competente pretender outorgar o direito de uso da água a um terceiro, ente público ou não, somente poderá fazê-lo através de um contrato administrativo *sui generis*, com prévia licitação, ou não, dependendo neste caso de que o terceiro seja outra administração pública ou incida a inexigibilidade licitatória para o outorgado privado por impossibilidade de concorrência. A outorga do direito de uso, dessa forma, é a regra geral. (...) Dessa forma, penso eu, diferentemente do Código de Águas, a Lei das Águas de 1997 deixou de considerar a outorga como ato administrativo autorizativo, para inseri-lo como contrato administrativo *sui generis*, pois não se coaduna com a especificidade do ato administrativo a possibilidade de não poder ser ele revogado por conveniência administrativa a qualquer tempo e ainda com a possibilidade de ensejar cobrança, que é circunstância típica de contraprestação, que, de igual forma, impediria a revogação" (BARROS, 2005).

ampla discussão socioeconômica sobre o valor e não o custo somente, tornando-se um preço firmado em conjunto pelo Poder Público, usuários e representantes da sociedade civil na arena de debates do comitê de bacia local.

Esse uso permitido e fiscalizado pelo Estado e pela sociedade visa preservar um bem finito. Sua utilização enseja direito complexo, com direitos e deveres por parte do concedente, do concessionário, dos usuários e da população em geral e leva em conta as particularidades da disponibilidade hídrica de cada bacia hidrográfica, com os critérios definidos no plano de recursos hídricos daquela bacia elaborado por representantes de usuários e da sociedade, como movimentos sociais e entidades associativas, condição *sine qua non* para sua validade, inclusive. Essa cobrança é conceitualmente bastante complexa e compreende tanto a retirada quanto os despejos no corpo d'água, ensejando o reconhecimento público e coletivo dos custos que são gerados pelo uso de maior escala de um bem limitado e compartilhado por vários usuários e que deve ter múltiplos usos (BARROS, 2005).

Os planos de recursos hídricos, por sua vez, atuam como planos diretores das águas, ou seja, visam orientar e fundamentar a implementação da PNRH e de sua gestão (art. 6º da Lei nº 9.433/97), sendo considerados documentos de planejamento, devendo ser elaborados pelas Agências da Água e posteriormente submetidos aos comitês de bacia, garantindo-se assim o diálogo entre o corpo técnico e a participação social (BARROS, 2005) e onde ainda não houver sido instalado um ou ambos órgãos, poderão os planos ser confeccionados pelas entidades ou órgãos gestores locais dos recursos hídricos, sempre garantida a participação dos usuários da bacia, conforme exposto na Resolução 17 do Conselho Nacional de Recursos Hídricos.

Esses planos devem ser elaborados em três níveis, na unidade territorial (bacia), nos estados e em nível nacional, consoante exposto no artigo 8º da Lei das Águas, e têm um conteúdo programático mínimo estabelecido pelo artigo 7º da Lei nº 9.433/97, que inclui a elaboração de um diagnóstico da situação dos recursos hídricos, análises de alternativas relativas ao aumento do uso da água a partir do crescimento demográfico ou da atividade industrial, metas de racionalização de uso e de qualidade, balanço entre a disponibilidade e demanda futura dos recursos hídricos, medidas a serem tomadas, programas que serão estabelecidos, diretrizes e critérios para a cobrança do uso dos recursos hídricos e proposição de áreas de restrição de uso (BRASIL, 1997).

A implementação de todos os outros instrumentos demanda um sistema eficiente de coleta, tratamento, armazenamento e recuperação de informações sobre os recursos hídricos, conforme preconizam a seção VI da Lei das Águas, que trata do sistema de informações sobre recursos hídricos e seus artigos 25 a 27. Segundo Paulo Affonso Leme Machado, acertou o legislador ao salientar a importância da sistematização das informações e da transparência para a adequada e eficaz elaboração das políticas públicas:

> Ao criar um 'Sistema de Informações sobre Recursos Hídricos' a lei está procurando articular as informações, para que não fiquem dispersas e isoladas. Os organismos integrantes do Sistema Nacional de Gerenciamento dos Recursos Hídricos terão obrigações de fornecer os dados ao Sistema de Informação sobre Recursos Hídricos (art. 25, parágrafo único, da Lei 9.433/97). Não haverá, portanto, informações privilegiadas e secretas nos órgãos de recursos hídricos, nem que os mesmos estejam submetidos a regime de Direito Privado (MACHADO, 2000, p. 470).

Esses cinco instrumentos principais previstos na Lei das Águas buscam viabilizar a gestão integrada dos recursos hídricos e são considerados interdependentes, devendo ser aplicados de forma harmônica e integrada junto com outros instrumentos da PNRH, mas possuem diferenças entre si, com finalidades distintas, pois enquanto os Planos de Recursos Hídricos, enquadramento dos corpos de água e o sistema de informações sobre recursos hídricos são instrumentos essenciais ao planejamento, para além do planejamento tradicional, mas possibilitando a construção de consensos, previsões e construção de cenários para maximizar os efeitos sociais dos recursos para garantir o bem-estar da população e o desenvolvimento da região, a outorga e a previsão de cobrança pelo uso da água são instrumentos de controle administrativo desse uso (FALCÃO DE MOURA; SILVA, 2017).

Esses instrumentos estão profundamente interligados com os fundamentos da Lei nº 9.433/97, também entendidos como os princípios da política de águas no país (KETTELHUT; BARROS, 2001), quais sejam a descentralização, a democratização e o valor econômico da água, cuja extração deve obrigatoriamente reverter em recursos pecuniários a serem investidos em benefício da localidade e da comunidade que gere aqueles recursos hídricos.

Assim, a cobrança do uso da água busca a racionalização de seu uso, e sua implementação efetiva (raramente feita no Brasil) gerará receita que reverterá em benefício da bacia hidrográfica. A aprovação desse instrumento, por sua vez, necessita da aprovação de um Plano de Recursos Hídricos, o que demanda a participação da sociedade, pois são os usuários e a sociedade civil que debaterão os problemas referentes ao uso dos recursos hídricos, por meio dos Comitês de Bacia Hidrográfica e Conselhos de Recursos Hídricos. Da mesma forma, garante-se a qualidade e a potencialidade da água em determinada região a partir do enquadramento dos corpos d'água, estabelecendo a multiplicidade de usos e metas de qualidade capazes de preservar não apenas a água como bem econômico, mas garantir a continuidade da bacia, assegurando para as futuras gerações a disponibilidade dos recursos hídricos ali existentes, conforme consta nos objetivos da PNRH.

Da mesma forma, esses usos, em sua maioria, requerem a outorga do direito de uso da água, umbilicalmente ligada ao resgate da territorialização a partir dos Comitês de Bacia Hidrográfica e do recolhimento de informações cruciais sobre vazão, qualidade da água e impacto de eventual uso sobre a bacia e seu entorno, o que é fornecido pelo sistema de informações. Esses três instrumentos são imprescindíveis para superar a noção do papel do Estado como simples árbitro dos conflitos em relação ao uso da água, à mercê de sua exploração pela iniciativa privada, e efetivar a transformação ao assumir uma função proativa, não apenas estatal, mas pública, de cogestão participativa do sistema, visando planejar e explorar de forma sustentável, equilibrada e equitativa um enorme potencial logístico, energético e agroexportador das fontes de água no país (GARZON, 2006).

O enorme desafio da efetivação dos princípios da gestão das águas por seus instrumentos está nas dimensões continentais do Brasil e sua diversidade, o que traz dificuldades para uma gestão descentralizada. Outra dificuldade está na forma como está estruturada a gestão dos recursos hídricos no país pela Lei nº 9.433/97, indo na contramão de uma centralização de recursos e gerência administrativa no governo federal, superando – e de certa forma atravessando – as noções de entes federados, sendo os comitês entidades que obedecem uma lógica diversa, que não se resume em municípios e portanto parece estar um pouco deslocada da lógica de outros sistemas nacionais (que seguem a ordem tradicional de divisão entre União, estados e municípios, sendo estes últimos os executores locais).

Uma certa incompreensão e má vontade do poder público em todas as esferas com a PNRH impediu que esta atingisse toda a sua potencialidade. Ainda causou desconforto a instituição da bacia hidrográfica como unidade territorial administrativa (art. 1º, V, da Lei nº 9.433/97), uma vez que dos incisos constantes nos fundamentos da Política Nacional, é o único que de forma expressiva contrasta com a lógica da administração pública brasileira, pois utiliza um conceito da geografia e hidrologia e o exporta para a seara do Direito e da administração pública, sendo, portanto, desconhecido dos gestores públicos e da população.

A bacia como unidade de planejamento territorial encontra desafios institucionais, administrativos, legais e financeiros pois desafia as relações federativas, com disputas e interesses políticos intermunicipais, regionais e interestaduais prejudicando sua consolidação (BARROS; BARROS, 2009). Contribui para essas disputas o fato de que nunca foram regulamentados de forma satisfatória diversos dispositivos da Lei nº 9.433/97, como era a intenção do Projeto de Lei nº 1.616, de 1999, que tratava da gestão administrativa e organização institucional do Sistema Nacional de Gerenciamento de Recursos Hídricos. Essa descentralização da gestão dos recursos hídricos, dividindo responsabilidades e competências com os estados por meio das políticas estaduais e com os comitês de bacia hidrográfica em sua área de abrangência, no entanto, não pode ser confundida com renúncia ou usurpação da competência exclusiva da União para legislar sobre o tema:

> Não é de ser confundida a gestão das águas com a competência para legislar sobre as águas. A descentralização recomendada e instaurada pela Lei 9.433/1997 foi no domínio da gestão, pois a competência para legislar sobre as águas é matéria concernente à Constituição Federal

e continua centralizada nas mãos da União, conforme o art. 22, IV. Lei complementar poderá autorizar os Estados a legislar sobre águas (art. 22, parágrafo único, da CF), sendo que até agora não existe tal lei (...). Baseando-se no que consta nos arts. 41 a 44 da Lei 9.433/1997, antes mesmo do advento da Lei de Agências de Águas, os estados têm competência para legislar sobre a gestão das águas (não sobre as águas, como já foi exposto) (MACHADO, 2014, p. 516-585).

Como parte do arcabouço jurídico-estrutural dos instrumentos previstos no art. 5º, há uma série de órgãos e entidades constantes na Lei nº 9.433/97 e na Lei nº 9.984/2000 e mais recentemente na Lei nº 14.026/2020, que são essenciais para a realização da PNRH, por oferecerem as possibilidades institucionais para seu funcionamento, tais como o Conselho Nacional e os Conselhos Estaduais de Recursos Hídricos, a Agência Nacional de Águas e as Agências de Água, a Secretaria Executiva do Conselho Nacional de Recursos Hídricos, as organizações civis de recursos hídricos e os Comitês de Bacia Hidrográfica, que conjuntamente formam a chamada matriz institucional do Sistema Nacional de Gerenciamento de Recursos Hídricos (ANA, 2011).

Fora do espectro específico relacionado às águas, o Operador Nacional do Sistema Elétrico (ONS), criado pela Lei nº 9.648/98, também possui papel destacado ao monitorar reservatórios, usinas hidrelétricas, represas e bacias, uma vez que são os recursos hídricos que compõem a maior parte da matriz energética brasileira, com 165 usinas hidrelétricas compondo o Sistema Interligado Nacional (ONS, 2020) e outras dezenas de usinas de pequena geração espalhadas pelo país.

A Agência Nacional de Águas cumpre papel fundamental na implementação da PNRH e do SINGREH e teve acréscimos em sua área de atuação, com diversas alterações nos últimos anos, sobretudo com a edição da Lei nº 14.026, de 2020, que modificou o caráter da ANA ao incluir, inclusive na nomenclatura, as tarefas relativas ao saneamento básico. Suas principais atribuições são supervisionar, controlar e avaliar o cumprimento da legislação federal de recursos hídricos, disciplinar e normatizar os instrumentos da PNRH, outorgar o direito de uso de recursos hídricos e fiscalizar esse uso, elaborar estudos técnicos, arrecadar, distribuir e aplicar as receitas da cobrança pelo uso dos recursos hídricos, planejar o uso e as ações de prevenção contra efeitos da seca, escassez e inundações, inclusive com a declaração de situação crítica, organizar e implementar o sistema de informações sobre recursos hídricos, capacitar pessoal para atuação, regular e fiscalizar a prestação de serviços quando forem em domínios da União (BRASIL, 2000). Posteriormente, foram incluídas atribuições relativas às barragens (BRASIL, 2010) e, a partir do novel marco legal do saneamento básico, atribuiu-se a tarefa de estabelecer normas de referência, metas de universalização, metodologia de cálculo de indenizações, normas de governança, padronização de instrumentos negociais e de padrões de qualidade sobre os sistemas de saneamento, e de realizar a regulação tarifária dos serviços públicos de saneamento básico (BRASIL, 2021).

Para além dos instrumentos previstos na PNRH e nos semelhantes presentes nas leis que instituem as políticas estaduais de recursos hídricos,[72] existem no arcabouço jurídico brasileiro outras disposições normativas que preveem o direito ao acesso à água potável e a seu fornecimento, de forma gratuita, coadunando-se com a noção da água como bem essencial à vida. Na seara juslaboral, notam-se os dispositivos constantes nas Normas Regulamentadoras (NRs), a partir da concessão prevista no artigo 200 da CLT à autoridade administrativa (agora que não há mais Ministério do Trabalho) de estabelecer normas referentes a saúde, segurança e higiene no trabalho.

A NR 18, que prevê normas de segurança no trabalho na indústria da construção, prevê o fornecimento obrigatório pelo empregador de água de forma gratuita aos trabalhadores,[73] assim

---

[72] Como exemplo, ver: Lei nº 10.350, de 1994, do Rio Grande do Sul; Lei nº 12.726, de 1999, do Paraná; Lei nº 7.663, de 1991, de São Paulo; e Lei nº 13.199, de 1999, de Minas Gerais.

[73] 8.4.2.10.10. É obrigatório no alojamento o fornecimento de água potável, filtrada e fresca, para os trabalhadores por meio de bebedouros de jato inclinado ou equipamento similar que garanta as mesmas condições, na proporção de 1 (um) para cada grupo de 25 (vinte e cinco) trabalhadores ou fração. 18.4.2.11.4. É obrigatório o fornecimento de água potável, filtrada e fresca, para os trabalhadores, por meio de bebedouro de jato inclinado ou outro dispositivo equivalente, sendo proibido o uso de copos coletivos. 18.37.2.1 O disposto neste subitem deve ser garantido de forma que, do posto de trabalho ao bebedouro, não haja deslocamento superior a 100 (cem) metros, no plano horizontal e 15 (quinze) metros no plano vertical. 18.37.2.2 Na impossibilidade de instalação de bebedouro dentro dos limites referidos no subitem anterior, as empresas devem garantir, nos postos de trabalho, suprimento de água potável, filtrada e fresca fornecida em recipientes portáteis hermeticamente fechados, confeccionados em material apropriado, sendo proibido o uso de copos coletivos. 18.37.2.3 Em regiões do país ou estações do ano de clima quente deve ser garantido o fornecimento de água refrigerada (NR 18).

como a NR 24, que trata das "Condições Sanitárias e de Conforto no Local de Trabalho" prevê que "em todos os locais de trabalho deverá ser fornecida aos trabalhadores água potável, sendo proibido o uso de copos coletivos" (BRASIL, 1978), ditando ainda que haja sempre água potável disponível nos locais de refeição.

Anteriormente à edição da Lei nº 9.433 de 1997, a normatização do direito relativo às águas estava concentrada no Decreto-Lei nº 24.643 de 1934, o Código de Águas, sendo uma das poucas exceções a Lei nº 4.366, de 23 de julho de 1964, que previu o financiamento pelo Poder Executivo Federal, sem juros, de sistemas públicos de abastecimento de água potável no interior dos estados, em um momento que as companhias estaduais de água e saneamento se estabeleceram.

Ademais, pode-se dizer que em 2006, antes inclusive da aprovação da Resolução 64/292 da ONU, o Brasil já havia reconhecido expressamente a água como direito humano, ainda que infraconstitucionalmente, por força do exposto no artigos 1º e 4º da Lei nº 11.346, que visa garantir o direito humano à alimentação adequada, constando a ampliação do acesso à água no rol do artigo 4º. Mais recentemente, a Lei nº 13.839, de 2019 ampliou o conceito de segurança alimentar e nutricional previsto na Lei nº 11.346, de 2006, ao acrescer no artigo 4º a proteção contra a escassez de água potável, assimilando que o acesso a alimentos é facilitado quando o acesso à água potável e limpa na região está assegurado, sobretudo no que tange a agricultura familiar e plantio e criação de animais para a subsistência, reforçando a essencialidade da água.

No âmbito da saúde, há ainda o Decreto 79.367, de 1977, que dispõe sobre as normas de potabilidade de água e o Decreto 5.440, de maio de 2005, que ensejaram uma série de portarias do Ministério da Saúde sobre o tema, notadamente a Portaria 2.914, de 2011, que dispõe sobre a obrigação do Poder Público de vigiar a qualidade de água para consumo humano, mesmo quando proveniente de sistemas ou soluções alternativas, ou seja, quando não é a água fornecida pela empresa responsável pelo fornecimento de água ou água mineral comprada em estabelecimentos comerciais, incluindo as aldeias dos povos indígenas, poços e instalações familiares, com ou sem rede ou canalização.

Há ainda diversas leis estaduais que obrigam bares, restaurantes e outros estabelecimentos a fornecerem água filtrada de forma gratuita para seus clientes, normatizando costume recorrente em outros países (*tap water* ou água da torneira/bica), sendo o Rio de Janeiro o estado pioneiro, com a Lei nº 2.424, de 22 de agosto de 1995 e hoje seguida por outros estados e municípios, como São Paulo, que recentemente aprovou a lei apelidada de "Água da Casa", Lei nº 17.453/20. Da mesma forma, a Lei nº 4.425, de 2009, do Distrito Federal, prevê a obrigatoriedade de fornecimento gratuito de água nos estabelecimentos de ensino privado e público do Distrito Federal e foi declarada constitucional pelo Tribunal de Justiça do Distrito Federal após ser alvo de uma ADI.[74] Já o município de Porto Alegre aprovou em 1991 a Lei nº 6.895, que institui a obrigatoriedade do fornecimento de água potável para as vilas populares que ainda não tenham acesso à rede de abastecimento de água. A capital gaúcha ainda possui a Lei nº 10.682, de 2009, que obriga a instalação de bebedouros em shoppings centers e centros comerciais e a Lei nº 10.506, de 2008, que institui o programa de conservação, uso racional e reaproveitamento das águas.

Ainda, relaciona-se, com a PNRH, a Política Nacional de Desenvolvimento Sustentável da Aquicultura e Pesca, instituída pela Lei nº 11.959, de 2009, que prevê o uso sustentável dos recursos pesqueiros e a harmonização da pesca e aquicultura com a conservação do meio ambiente e da biodiversidade, buscando o equilíbrio entre ambos, referindo, em seu artigo 3º, o princípio da sustentabilidade, que deve ser levado em conta para o estabelecimento da regulamentação dos recursos pesqueiros. Ainda, a Política Nacional de Desenvolvimento Sustentável dos Povos e Comunidades Tradicionais, instituída pelo Decreto 6.040/2007, deve ser citada como a formalização, pelo Estado brasileiro, de não apenas tolerar ou tutelar, mas de reconhecer a cultura destes povos como parte integrante do patrimônio histórico, cultural e, também, ambiental do país, incluindo a

---

[74] AÇÃO DIRETA DE INCONSTITUCIONALIDADE. LEI DISTRITAL Nº 4.425, DE 16 DE NOVEMBRO DE 2009. OBRIGATORIEDADE DE FORNECIMENTO DE ÁGUA POTÁVEL AOS ALUNOS DA REDE PÚBLICA E PRIVADA DE ENSINO. INCONSTITUCIONALIDADE FORMAL. INOCORRÊNCIA. Se a Lei impugnada não altera as atribuições conferidas aos órgãos da Administração, nem se mostra apta a abalar as finanças do Distrito Federal, haja vista que se limita a exigir o cumprimento de diretriz prevista na Lei Orgânica do Distrito Federal, impõe-se o improvimento do pedido.

proteção ao uso que fazem dos recursos naturais – aí incluídas as águas.⁷⁵

Vale ainda ressaltar as previsões constantes na Lei nº 12.787, de 2013, que dispõe sobre a Política Nacional de Irrigação e que, em seu artigo 6º, estabelece que os planos de irrigação que orientam a implementação efetiva da Política Nacional de Irrigação devem estar em consonância com os planos de recursos hídricos, estipulando que os planos estaduais devem obrigatoriamente consultar os comitês de bacias das áreas que serão abrangidas (BRASIL, 2013).

Outra previsão que interessa ao presente estudo são os projetos públicos de irrigação, regidos pelo princípio da gestão democrática e participativa, com infraestrutura de uso comum, consoante o exposto no artigo 3º, IV, da Lei, cuja regulação se encontra nos artigos 24 e seguintes, estipulando o estímulo do Poder Público à agricultura familiar por meio de projetos de interesse social – inclusive prevendo projetos de uso comum e de gestão cooperativa da água.⁷⁶

Ademais, a Política Nacional de Recursos Hídricos se relaciona diretamente e dialoga com diversas outras políticas nacionais e setoriais importantes no país, entre elas o Plano Nacional de Saneamento Básico (PLANSAB), a Política Nacional sobre a Mudança do Clima (PNMC), estabelecida pela Lei nº 12.187, de

---

[75] Art. 3º. Para os fins deste Decreto e do seu Anexo compreende-se por: I – Povos e Comunidades Tradicionais: grupos culturalmente diferenciados e que se reconhecem como tais, que possuem formas próprias de organização social, que ocupam e usam territórios e recursos naturais como condição para sua reprodução cultural, social, religiosa, ancestral e econômica, utilizando conhecimentos, inovações e práticas gerados e transmitidos pela tradição (BRASIL, 2007b).

[76] Art. 26. As entidades públicas responsáveis pela implementação da Política Nacional de Irrigação poderão implantar, direta ou indiretamente, infraestruturas de irrigação de uso comum que sirvam para suporte à prática de irrigação e drenagem em benefício de projetos privados, desde que em áreas com comprovada aptidão ao desenvolvimento sustentável da agricultura irrigada e nas quais os irrigantes já estejam organizados quanto à forma de gestão, de operação e de manutenção do sistema coletivo de irrigação e drenagem agrícola. Parágrafo único. A decisão sobre as regiões com comprovada aptidão ao desenvolvimento sustentável da agricultura irrigada será baseada em planos diretores de bacias hidrográficas, em estudos de aptidão agrícola para irrigação, em estudos de viabilidade técnica, social, econômica e ambiental e em projetos básicos das infraestruturas, e será condicionada à prévia cessão das faixas de domínio para implantação das infraestruturas de uso comum. Art. 27. Os Projetos Públicos de Irrigação poderão prever a transferência da propriedade ou a cessão das unidades parcelares e das infraestruturas de uso comum e de apoio à produção aos agricultores irrigantes.

2009, a Política Nacional de Resíduos Sólidos (PNRS), criada pela Lei nº 12.305, de 2010, a Política Nacional de Segurança de Barragens, instituída pela Lei nº 12.334, de 2010, a Política Nacional de Transporte Hidroviário e seu respectivo Plano Nacional de Integração Rodoviária, a Política Nacional de Proteção e Defesa Civil, o Plano Nacional de Energia (PNE 2030), a Política Nacional de Promoção à Saúde (Portaria 687, de 2006, do Ministério da Saúde), além da pioneira Política Nacional de Meio Ambiente (Lei nº 6.938, de 1981) e da Política Nacional da Biodiversidade, ainda que muitos desses documentos façam poucas menções específicas à gestão de recursos hídricos ou citem diretamente a PNRH (SENRA; NASCIMENTO, 2017).

5.3 Participação popular e controle social dos recursos hídricos

Os Estados Constitucionais, sobretudo após a Segunda Guerra Mundial, começaram a superar o paradigma liberal e puramente procedimental de democracia, ou seja, a ideia de que o povo participa como sujeito apenas na hora da criação da ordem estatal, ou seja, apenas legitima o legislador constituinte, que extrai sua legitimidade do "poder originário" e posteriormente nas eleições (aqui entendendo-se o "povo ativo" aqueles cidadãos que efetivamente possuem o direito de votar e ser votado), nas quais elege seus representantes, por meio do Parlamento, mas este atua de forma independente e autônoma do povo após sua escolha, com baixa responsabilização (KELSEN, 1993). É possível, no entanto, que o povo participe da gestão estatal de forma direta, e com uma qualidade muito maior do que apenas o momento do voto. Sistemas de controle social sobre a administração pública, por meio de institutos direitos, como plebiscitos e referendos, e de conselhos setoriais temáticos vêm sendo aplicados ao redor do mundo.

As questões relativas ao uso da água começam a ser democratizadas no Brasil no final dos anos 1970, a partir do Comitê Especial entre o Governo de São Paulo e o Ministério de Minas e Energia em 1976, ainda num primeiro momento focado na integração interinstitucional (HENKES, 2003), da instituição do Comitê Especial de Estudos Integrados de Bacias Hidrográficas (CEEIBH) em 1978 e da instituição de comitês executivos em algumas bacias, como a do Rio São Francisco.

Nesse período embrionário, o órgão era apenas consultivo, sem capacidade de vincular a administração pública, mas esforços foram despendidos durante os anos 1980 para a ampliação da participação dos usuários e da população em geral, gradativamente transformando comitês governamentais e consultivos em espaços amplos de participação da sociedade civil e deliberativos (ANA, 2011), sendo o Comitê de Gerenciamento da Bacia Hidrográfica do Rio dos Sinos, no Rio Grande do Sul, constituído pelo Decreto Estadual 32.774/88, o primeiro exemplo de comitê que contava com a participação de movimentos sociais, ambientalistas, especialistas e técnicos e comunidade no entorno, além de todas as esferas da federação e logo se tornaria um exemplo a ser seguido pelos comitês criados e reformulados a partir da positivação do Sistema Nacional de Gerenciamento de Recursos Hídricos, que consta no art. 21, XIX, da Constituição Cidadã de 1988.

Há de se fazer referência também às inovadoras iniciativas estaduais sobre o tema, como o estado de São Paulo, cuja Lei nº 7.663/91 criou o Conselho de Recursos Hídricos e oficializou os comitês de bacia hidrográfica nas bacias dos rios paulistas, o Ceará que aprovou em 1992 sua Política Estadual de Recursos Hídricos e o Rio Grande do Sul, com a aprovação da importante Lei Estadual 10.350/94, sendo que, durante os anos 1990, outros estados como Minas Gerais, Santa Catarina, Sergipe e Bahia também instituíram políticas de gerenciamento de seus recursos hídricos.

Ainda deve-se reconhecer nos comitês de bacias hidrográficas o pioneirismo do estado do Rio Grande do Sul no tema, ao editar, antes da Lei Nacional, a Lei nº 10.350/94, que instituiu a Política e o Sistema Estadual de Recursos Hídricos e que, de forma avançada, estabeleceu, no âmbito dos comitês gaúchos, uma participação da sociedade ainda maior do que o exposto na Resolução nº 5 do ano de 2000 do Conselho Nacional de Recursos Hídricos (CNRH), prevendo que 80% dos integrantes do comitê fossem usuários e representantes da população da área da bacia em questão. Já no Estado de São Paulo, os Comitês PCJ (bacia hidrográfica dos rios Piracicaba, Capivari e Jundiaí) são exemplos de comitês que se utilizaram da avançada legislação disponível e prontamente deliberaram pela aprovação da cobrança pelo uso dos recursos hídricos e estabeleceram os mecanismos para tanto (ANA, 2011).

A Lei Federal instituiu como paradigma da gestão dos recursos hídricos um binômio que combina o gerenciamento descentralizado e participativo. A Lei nº 9.433/97, em seu artigo 39, buscou assegurar que as mais importantes decisões, técnicas e administrativas, aconteçam no âmbito do comitê de bacia hidrográfica, assegurada a participação dos usuários e dos segmentos interessados (BARROS, 2005), e democratizando a gestão de forma efetiva com a previsão de que a somatória dos representantes do Poder Público não poderia ser maioria em relação aos integrantes membros da sociedade civil (art. 39, §1º), garantida a participação das comunidades indígenas e da Funai como a representante da União nos comitês de bacia que integrem territórios indígenas (art. 39, §3º) e ainda assegurando a autonomia regimental dos comitês estaduais (art. 39, §4º). Conforme nos coloca Paulo Affonso Leme Machado:

> (...) o gerenciamento de recursos hídricos deve ser feito nos níveis hierárquicos do governo mais baixos e apropriados. Em outras palavras, o que pode ser resolvido na área da bacia hidrográfica não deve ser decidido na capital do estado ou do país por órgãos mais elevados na hierarquia do serviço público (MACHADO, 2000, p. 432).

Portanto, a Política Nacional de Recursos Hídricos tem como pilares estruturantes de seu modelo de gestão os Comitês de Bacia Hidrográfica. Segundo Casarin e Santos (2011, p. 83) "Os comitês são espaços privilegiados de negociação de conflitos e de estabelecimento de regras de convivência em relação a água" e possuem ao mesmo tempo papel consultivo (ao emitir pareceres e opiniões), deliberativo (resolução de conflitos e tomada de decisões, como instância administrativa) e normativo (ao estabelecer normas e regras de uso da água no território de sua competência). Os comitês de bacia hidrográfica são abordados no Capítulo III da referida lei, a partir do artigo 37 até o artigo 40. Conhecidos como parlamentos das águas, os comitês são órgãos colegiados com um desenho institucional radicalmente democrático e novo para o Brasil (BARROS, 2005), sendo assim apelidados por atuarem como instância de decisão e fórum de debates no âmbito da bacia hidrográfica, constituídos com ampla participação da sociedade e de todos os níveis do Poder Público, com representação do executivo federal, estadual e municipal e, recorrentemente também do legislativo local. O artigo 38 da Lei das Águas estabelece sua competência e principais atribuições, sobretudo: apresentar proposições aos Conselhos Estaduais e Nacional de Recursos Hídricos; promover o debate sobre questões relacionadas aos recursos hídricos e articular a atuação das entidades intervenientes; arbitrar os conflitos relacionados aos recursos hídricos em primeira instância; aprovar o Plano de Recursos Hídricos da Bacia e acompanhar a execução do mesmo, sugerindo providências; estabelecer os mecanismos de cobrança pelo uso de recursos hídricos e sugerir os valores a serem cobrados; entre outras, respeitada a autonomia regimental dentro de seu âmbito de atuação (BRASIL, 1997). A proporcionalidade de sua composição foi estabelecida pela Resolução 5, de 10 de abril de 2000, do Conselho Nacional de Recursos Hídricos, que garante a maioria da representação para os membros da sociedade civil, indo além do estipulado na própria Lei nº 9.433/97 ao limitar em quarenta por cento a parcela do Poder Executivo:

> Art. 8º. Deverá constar nos regimentos dos Comitês de Bacias Hidrográficas, o seguinte:
> I – número de votos dos representantes dos poderes executivos da União, dos Estados, do Distrito Federal e dos Municípios, obedecido o limite de quarenta por cento do total de votos;
> II – número de representantes de entidades civis, proporcional à população residente no território de cada Estado e do Distrito Federal, cujos territórios se situem, ainda que parcialmente, em suas respectivas áreas de atuação, com pelo menos, vinte por cento do total 3 de votos, garantida a participação de pelo menos um representante por Estado e do Distrito Federal; (NR) Resolução CNRH 24, de 24 de maio de 2002, artigo 1º
> III – número de representantes dos usuários dos recursos hídricos, obedecido quarenta por cento do total de votos; e (NR) (BRASIL, 2000).

Frequentemente, interesses diversos se opõem, como a preservação de comunidades indígenas e de ecossistemas e a criação de hidrelétricas para a geração de energia, sendo a água disponível insuficiente para atender a toda a demanda, sobretudo em locais que possuem poucas fontes, como no clima semiárido. Nesses momentos, a participação popular e o controle social são mecanismos fundamentais para ampliar o debate e otimizar a gestão, bem como para auxiliar na resolução de conflitos, devendo sempre ser precedidos e acompanhados por estudos do corpo técnico especializado, avaliando impactos de qualquer estratégia de uso que for debatida, sendo necessária a garantia, pelo Poder Público, da participação das comunidades ribeirinhas, indígenas, de aquicultores, de irrigantes, pequenos agricultores e demais setores da comunidade que utilizam esse recurso finito e tão delicado na tomada de decisão.

A participação dos agentes locais na formulação e fiscalização de políticas públicas, por meio de políticas permanentes de estímulo à participação social, garante a efetivação da Política Nacional de Recursos Hídricos estabelecida pela Lei nº 9.433/97, que adotou um modelo de gestão democrática, descentralizada e mista, com arranjos institucionais que atenderam demandas históricas de setores da sociedade que estavam relegados a uma atuação passiva, incluindo os movimentos sociais e a sociedade civil no debate público sobre os recursos hídricos.

Vale, ainda, ressaltar as previsões constantes em outras legislações, como a Lei nº 10.650 de 2003, que garante o acesso público à informação e dados dos órgãos ligados ao Sisnama, obrigando o poder público a fornecer o acesso aos documentos, processos e expedientes administrativos, uma norma bastante avançada, criada anos antes da LAI e que favorece a cidadania, por meio de um fluxo constante de informações de qualidade que auxiliam na implementação e articulação de políticas públicas, pois é impossível pensar a efetiva participação do cidadão na administração pública sem a garantia da transparência e da publicidade e o fornecimento da informação adequada.

Apesar desse marco normativo e do estabelecimento dos comitês estaduais e interestaduais por todo o Brasil, cujo expressivo crescimento deve ser ressaltado, pois desde a promulgação da Lei nº 9.433/97 o número de parlamentos das águas estabelecidos passou de 29 para 164 em 2010 (ANA, 2011), ainda pode-se ir além na democratização dessas instâncias (ALMEIDA JUNIOR, 2015), com o objetivo de aprofundar e qualificar a gestão compartilhada.

O problema passa então pela questão de aferir se os Comitês de Bacia Hidrográfica estão hoje cumprindo seus objetivos e atingindo toda a sua potencialidade no quesito da democratização da tomada de decisão nas questões referentes ao uso do elemento água e de que forma esse modelo pode ser descaracterizado pela crescente ofensiva do capital privado na gestão da água e do saneamento básico no país. Inegável, portanto, que os Comitês de Bacia Hidrográfica são uma conquista democrática e um marco da participação de entidades civis e de usuários de serviços públicos nos processos decisórios da Administração Pública.

Seu poder de deliberação, a possibilidade de administração e aplicação de recursos oriundos da cobrança de uso d'água e das outorgas, e seu papel como instância de justiça administrativa, regulando conflitos entre usuários, é poucas vezes visto no interior do Estado brasileiro, com caráter inédito dentro de um aparelho estatal marcado pela dificuldade de superar a construção de órgãos e conselhos consultivos e deveria ser encarado como um exemplo a ser seguido em diversas outras áreas, um embrião da democratização efetiva do planejamento, que se dá pela elaboração dos planos de bacias e do orçamento estatal, a partir do paradigma da água enquanto bem comum, pertencente à coletividade, e do respeito às características socioambientais das regiões.

O modelo brasileiro, a partir de sua Política de Recursos Hídricos, é inspirado no conceito das Nações Unidas expressado no documento-base da Conferência Internacional da Água em 1992, que afirma ser a água dotada de valor econômico e sujeita a escassez e que conta com uma lógica de precificação, exemplificada pela cobrança do uso, cobrança das outorgas, taxas, tarifas sociais dentro do conceito de gestão participativa (FLORES, 2019).

O chamado "modelo francês", consagrado por organismos internacionais como a ONU, busca superar o problema da dicotomia público/privado em um bem de uso comum, mas com fins e utilizações privadas preponderantes, segundo Flores. Observa-se que se no plano da legislação, evoluiu-se sobremaneira em relação aos momentos anteriores, mas a PNRH e a Lei nº 9.433/97 não tiveram êxito em sua universalização e implementação, pois a governança local participativa foi ignorada e enfraquecida pelos poderes políticos e a cobrança de uso foi pouco efetivada. Portanto, o Estado brasileiro, o único com os recursos capazes de realizar e efetivar os comitês como instâncias deliberativas com funcionalidade real para as políticas públicas na temática, não priorizou capacitá-los como tal, citando-se a falta de apoio institucional, de estrutura, de pessoal e de informações como os maiores obstáculos dos comitês. Não obstante, como aspecto positivo, verifica-se a ampliação do debate e da participação e maior qualidade na fiscalização das políticas (FLORES, 2019).

Um dos exemplos, diz ainda Flores (2019), é justamente a ausência de garantia da implementação pelo Poder Público dos mecanismos de cogestão participativa, quando estes aparentam contrapor os objetivos econômicos, não tendo sido estabelecido um comitê no Rio Xingu, um dos rios mais importantes do país, nem houve real debate com a comunidade acerca da construção de Belo Monte nesta região, havendo então uma certa seletividade sobre os locais em que os mecanismos de governança são implementados e a qualidade destes, sofrendo interferência e *lobbys* dos setores econômicos.

E a tendência é aprofundar esta descaracterização da intenção original do marco legal das águas com a aprovação de projetos de lei como o PLS 495/2017, que cria os mercados privados de água e autoriza transações entre privados com pouca ou nenhuma supervisão do poder público e da comunidade de usuários. Ao que parece, a legislação das águas no país é avançada em seu conteúdo, mas com poucos instrumentos de coerção, padece de falta de efetividade e não atingiu seu potencial, ao mesmo tempo em que corre riscos de retrocessos com uma vasta gama de iniciativas legislativas e do poder executivo de transferir para a gestão privada cada vez mais competências sobre esse bem comum do povo.

Em realidade, observa-se que conflitos já existem, inclusive no Brasil, com números preocupantes que ilustram uma falta de comprometimento do Poder Público em resolvê-los efetivamente e implementar o disposto na legislação, como a priorização do consumo humano e animal em situações de escassez e a suspensão temporária da outorga, bem como a garantia de participação da população nas deliberações por meio dos mecanismos, que vão de audiência pública, aos comitês e conselhos. Essa falta de reconhecimento e efetividade da legislação acabam relegando milhares de pessoas, em sua maioria comunidades carentes, à exclusão hídrica, num ciclo de pobreza e doenças. Nestas regiões, sobretudo no interior do Nordeste, onde a disponibilidade hídrica é crítica e a população sofre com secas praticamente anuais, não há instância de participação. Mecanismos de controle social da água e fóruns de participação encontram-se em sua maioria desarticulados há anos (MOREIRA, 2008), observando-se uma queda no ímpeto de implementação da PNRH após os anos iniciais. Mas frise-se que o *apartheid* hídrico, ou seja, a discriminação ativa por parte do Estado na distribuição de recursos hídricos não ocorre apenas em zonas de guerra ou no interior de estados de clima semiárido. Houve a constatação, durante a CPI da Sabesp em São Paulo, estado que sofre também com falta de água crônica nos últimos anos, diversos relatos comprovados de corte de água em regiões periféricas e preferência de garantia no fornecimento para indústria e regiões mais abastadas, justamente o contrário do constante em nosso marco normativo (Alesp, 2014).

Portanto, é necessário, à luz do princípio democrático, atuar para reforçar e aprimorar esses mecanismos, ampliando a transparência, a divulgação e a participação da sociedade civil nas eleições dos representantes dos comitês e melhorando a estrutura física e o custeio dos comitês que apresentam deficiências de pessoal e de instalações e, muitas vezes, são incapazes de dar condições para que os próprios membros possam participar (CAMPOS, 2008), continuando o processo de democratização da gestão das águas no Brasil. A disparidade entre a o que prevê a lei federal e a práxis do controle social dos recursos hídricos é compartilhada por outros autores, com Malheiros, Prota e Pérez (2013) identificando como principais entraves as composições dos comitês, que não seriam paritárias efetivamente; as limitações operacionais e orçamentárias para a participação, como demora no reembolso de despesas, dificuldade das entidades e movimentos sociais de disponibilizar estrutura para o acompanhamento das reuniões, o que acarreta menor índice de participação; a falta de representatividade das entidades; a falta de representatividade social dos representantes, sobretudo os usuários industriais e do agronegócio e das prefeituras que não representam apenas seu município, mas todos; o baixo nível de capacitação técnica em recursos hídricos, que prejudicaria a participação eficaz e efetiva nos processos decisórios da gestão dos recursos hídricos; a falta de sensibilização, informação e comunicação, sem os quais não há participação de fato; a falta de participação na elaboração dos Planos de Bacia, que na prática são elaborados por consultores; e a falta de planejamento de médio e longo prazo, para além dos mandatos eletivos (quatro anos) dos municípios. Os autores ainda notam que a instituição da cobrança pelo uso da água aumentou a participação e o interesse do poder público pelas reuniões, por ser uma nova fonte de renda e de possíveis investimentos para os municípios. Por fim, em sua análise empírica sobre alguns comitês estaduais paulistas criados anteriormente à lei federal e regidos pela Lei Estadual 7.763, os autores também identificaram algumas limitações em suas entrevistas:

> Quanto à participação constatou-se que: alguns membros enfrentam problemas práticos para se deslocar aos locais das reuniões, e muitos apresentam problemas de agenda, ocasionando, então, muitas faltas às reuniões. A composição atual do comitê TJ não garante espaço a todos os envolvidos com recursos hídricos na bacia, visto que hoje não há vagas para moradores de baixa renda ou sociedades de bairros; atualmente há poucas vagas para setores que deveriam ter representação mais significativa, como o de usuários; e a comunicação e a troca de informações no âmbito do CBH TJ se dão, principalmente, pelo envio de materiais pela secretaria executiva por ocasião das reuniões, e foi considerada eficiente por seus membros (MALHEIROS; PROTA; PÉREZ, 2013, p. 113)

No entanto, apesar dos problemas identificados, a visão da maioria dos conselheiros e partícipes entrevistados no pioneiro estudo foi positiva:

> Ao finalizar esta discussão, é possível inferir que a participação dos atores envolvidos nos comitês de bacias hidrográficas tem contribuído para criar as condições necessárias para a implementação dos instrumentos de gestão de recursos hídricos no Estado de São Paulo. Tal afirmação justifica-se, pois, as decisões tomadas nos comitês de bacia, geralmente por consenso, são aceitas mais facilmente e dificultam, ou até mesmo inviabilizam, decisões clientelistas ou movidas apenas por interesses políticos (MALHEIROS; PROTA; PÉREZ, 2013, p. 113).

Outro estudo de caso, realizado no âmbito do projeto Marca D'Água, em 2004, em 14 comitês diferentes, escolhidos de forma a abranger a diversidade regional, geográfica, hidrográfica e de problemas enfrentados, identificou que apesar da abertura que possibilitou a participação e representação de grupos tradicionalmente excluídos, sem vez e voz no processo decisório, a efetiva democratização e representação ideal da sociedade brasileira nesses espaços demanda outros critérios, uma vez que identificou-se que a maioria, cerca de 80% dos representantes, eram homens brancos com diploma superior e renda superior à média brasileira (ABERS *et al.*, 2009).

> O percentual maior que o esperado de assentos para a sociedade civil e usuários de pequeno porte parece favorecer grupos que são geralmente excluídos do processo decisório de gestão das águas. Cabe ressaltar que a categoria sociedade civil é bastante variada, incluindo desde universidades e associações técnicas até associações de moradores. Um percentual pequeno de usuários de grande e médio porte, no âmbito dos comitês, parece desafiar a crítica frequente de que o processo decisório é dominado por elites econômicas. Contudo, evidências empíricas de estudos qualitativos aprofundados mostram o predomínio das elites em negociações específicas no âmbito de comitês de bacias, mesmo na ausência de maioria na representação (LEMOS, 2008; FORMIGA-JOHNSSON *et al.*, 2007; TADDEI, 2005). Além disso, dados demográficos da pesquisa indicam claramente que as características socioeconômicas dos membros não espelham a sociedade brasileira (Tabela 3) (ABERS *et al.*, 2009, p. 130).

Apesar de identificarem baixa *accountability* dos representantes como seus representados, concluem os autores que apesar de não servirem como arenas de inclusão social efetiva, a experiência dos comitês de bacia hidrográfica parece ser bem sucedida como fóruns de democracia deliberativa e como espaços capazes de formular e fomentar acordos sobre questões de ordem pública, além de serem mais inclusivos do que a média dos espaços de participação popular nas instituições brasileiras.

A iniciativa de franquear acesso e espaço é positiva, mas por si só não é garantia de participação qualificada, pois o rompimento com a tradição não impede que haja resistência, tampouco assegura que todos tenham as mesmas condições de participação e representação, já que aqueles detentores de maiores recursos e capital social, como dinheiro, poder, educação, tempo etc. acabam por participar de forma privilegiada desses espaços (CAMPOS, 2005).

A governança na gestão hídrica ainda enfrenta desafios e conflitos institucionais importantes para sua consolidação e avanço em sua gestão participativa (ARAUJO, RIBEIRO, VIEIRA, 2012), sobretudo conflitos legais, organizacionais e políticos, como a ausência de câmaras técnicas de resolução de conflitos, necessárias para efetivar o art. 38, II, da Lei nº 9.433/97, que concedeu aos comitês o papel de administrar os conflitos em primeira instância. Em estudo realizado sobre os comitês de bacia hidrográfica da Paraíba, identificou-se baixa participação, sobretudo dos usuários de água, com diversas reuniões não acontecendo por falta de quórum, além de desrespeitos aos regimentos internos, como frequência de reuniões, além de representação irregular e inadequada de segmentos na composição da sociedade civil de alguns comitês, problema que se repete em todo o país, em razão dos conceitos vagos de usuários e segmentos da sociedade civil, notando-se, por exemplo, membros de administrações municipais constando como usuários e não como poder público, assim como usuários em vagas da sociedade civil organizada (ARAUJO; RIBEIRO; VIEIRA, 2012).

    O modelo atual de compartilhamento de decisões superou o modelo tradicional centralizador e tecnocrático por um processo de tomada de decisões aberto, descentralizado e com intensa autonomia local, considerando Guivant e Jacobi (2003) como uma concepção de gestão pública colegiada, com negociação sociotécnica, que engloba, além dos comitês, os consórcios intermunicipais. No modelo atual, o Poder Público delega à sociedade a responsabilidade na condução da gestão desses recursos, cabendo as escolhas centrais aos usuários e à sociedade em geral, que deve se mobilizar para participar, numa crescente politização da gestão dos recursos hídricos (JACOBI, BARBI, 2003). No caso da gestão do saneamento do país, a participação popular é prevista apenas desde 2007, com a edição do Marco Legal do Saneamento, Lei nº 11.445, de 2007, e é ainda mais diminuta, pois o caráter técnico de uma série de questões envolvendo os recursos hídricos e o tratamento da água afasta parcela da população dessas decisões, por vontade própria ou por exclusão de sua voz, não podendo comparar-se a outros modelos de participação na discussão orçamentária, a exemplo do orçamento participativo.

TERCEIRA PARTE

A *LEX MERCATORIA* CHEGA AO 4º ELEMENTO

CAPÍTULO 6

A CRISE HÍDRICA E O DIREITO

6.1 A crise hídrica e o mito da abundância

Abrir a torneira, tomar um copo d'água, lavar a louça e tomar banho são hábitos corriqueiros na vida da maioria da população urbana no país. Tão comuns que dificilmente seriam classificados como uma conquista, um direito ou um ato político. Pudera, a água cerca a vista humana (a maioria da população mundial vive até 10 quilômetros de uma fonte de água), e tem-se ela corrente, limpa e sempre à disposição, a qualquer hora e na quantidade necessária, bastando apenas girar um registro. Ao contrário de outros bens, como o acesso aos alimentos e mesmo o fornecimento de luz elétrica, e, nas últimas décadas, de Internet e telefone, o fornecimento de água no Brasil conseguiu resistir ao aumento exponencial de preços, ao efeito corrosivo da inflação, às privatizações que atingiram outros setores a partir dos anos 1990, em que pesem as deficiências históricas no setor de saneamento. No entanto, o grande impacto das mudanças climáticas, as privatizações no setor de abastecimento de água e saneamento básico e movimentos de exploração financeira e precificação da água tratada como *commodity* ocorridos em diversos países elevam o risco de graves crises geradas pela falta de água no mundo, o que já vem ocorrendo em diversas partes do globo.

Em abril de 2021, a vice-presidente dos Estados Unidos da América, Kamala Harris, em visita ao rico estado da Califórnia, um dos mais afetados pelas mudanças climáticas e pelas secas nos últimos anos, apresentou um quadro sombrio (2021, tradução nossa): "Durante anos houve guerras por causa do petróleo; em pouco tempo, haverá guerras pela água. Devemos abordar as desigualdades no acesso à água potável, nos níveis federal, estadual e local". Eis uma das pessoas mais poderosas do mundo referindo um cenário que até então estava reservado em nosso imaginário à ficção científica. Inclusive, ao inverso da preocupação até então demonstrada com a preservação das esparsas fontes d'água doce no mundo, diversas obras cinematográficas e séries de distopia contém em seu *plot* o controle da água por poucos ou por um grande vilão, numa demonstração, através da representação do temor presente no imaginário da sociedade com a possibilidade de racionamento extremo e o que a escassez de recursos hídricos poderia fazer em nosso mundo, ao mesmo tempo em que desacredita da possibilidade real de que isso possa acontecer, colocando ao lado das invasões de zumbis, de *Mad Max* e o *Livro de Eli* à franquia James Bond e a série *The Walking Dead*.

Da mesma forma, recorre-se à mitologia para traçar um retrato da humanidade como uma espécie de Tântalo moderno. Tântalo é uma figura mitológica, rei da Frígia, filho de Zeus e de uma princesa humana. É afamado pelo castigo sofrido após roubar o manjar dos deuses. Foi sentenciado à punição eterna e lançado ao Tártaro (inferno), cercado de vegetação e água abundante, mas sem jamais poder saciar sua fome e sua sede, pois a água baixa cada vez que ele aproxima seus lábios, e os galhos sobem quando vai morder algum fruto.

O suplício de Tântalo pode ser a origem do ditado popular "tão perto, mas tão longe". Da mesma forma, ainda que os oceanos e mares ocupem a maior parte da superfície terrestre e o ciclo da água impeça que esta se perca, apenas se transforme, o fato concreto é que a água doce é muito mais difícil de se encontrar, reservando-se menos de 1% do volume total trilionário de água no mundo (estima-se em torno de 332,5 trilhões de galões) para a água doce de fácil acesso, ou seja, na superfície. Pouco mais de 3% do volume total é de água doce no mundo, e 68%, cerca de 2%, está contida nas geleiras e glaciares, e outros 30% encontram-se embaixo da terra, em aquíferos e reservatórios naturais. A água utilizada pelos humanos e animais e advinda de rios e lagos sequer é a maioria desta pequena porção de água doce de superfície, pois uma vasta porção está colocada na forma de neve e de *permafrost*. Em contraste, cerca de 97% da água disponível em nosso "planeta azul" está nos mares e oceanos (GLEICK, 1993) e em fontes de água salobra, muito comuns no Nordeste brasileiro, por causa das rochas salinas da região, o que agrava o problema da seca, pois não é todo o poço artesiano que fornece água para consumo próprio ou agricultura familiar.

O que Yuri Gagarin não percebeu, ao cunhar sua conhecida frase quando de sua expedição espacial em 1961, foi que nosso globo terrestre azul por fora guardava para a civilização humana um destino de tântalos modernos, disputando o acesso a essa pequeníssima porcentagem de água doce existente no mundo. Cercados por água de todos os lados, mas em sua maioria esmagadora água salgada, sem condições de potabilidade, acrescendo a esse quadro os alarmantes níveis de poluição da água doce no planeta que contaminam os lençóis freáticos e criam ciclos hidrológicos de baixa qualidade (como a popular "chuva ácida"), a humanidade constrói um futuro de sede, que para quase metade da população mundial já é o presente e que ameaça seriamente os índices de desenvolvimento social e econômico, o bem-estar da população e as condições de vida em geral.

O aumento da população mundial, que já ultrapassou 7 bilhões de habitantes, e a melhora nas condições de vida no último século, junto com uma maior incorporação de cidadãos na chamada economia de mercado, fez com que tenha sido registrado no século XX o maior aumento em consumo de água na história, em torno de 700% (FAO, 2010), superior ao crescimento da população, calculado em 4,4 vezes.

No entanto, é necessário referir que o consumo humano direto (que exclui o uso indireto por meio da compra de produtos e alimentação) representa apenas de 8% a 12% desse montante, pois o montante maior de água retirada é utilizado nas atividades de agricultura e pecuária, com cerca de 70%, e na indústria, com cerca de 20%, ainda que haja enormes diferenças de uso entre as regiões do planeta, uma vez que enquanto 57% da água extraída na Europa é utilizada pela indústria, na África, 82% do consumo é pela agricultura, percentual que ultrapassa 90% em regiões do Sudeste asiático (FAO, 2010), portanto, utilizando muito mais água do que a população e sendo incomparável o uso para atividade econômica com o eventual desperdício humano, o que não invalida as campanhas e tentativas de conscientização para o uso racional, consciente e equilibrado desse recurso natural escasso.

O incentivo ao consumo desenfreado, a obsolescência precoce e a alimentação processada são alguns dos maiores responsáveis pela utilização em larga escala de água, uma vez que deve-se levar em conta cada ingrediente e peça de maquinário separadamente durante toda a cadeia de produção de um produto para se ter noção total do gasto de água, com uma camiseta consumindo em sua fabricação mais de 2.500 litros e um calça jeans mais de 17 mil, assim como as latas e garrafas de refrigerante que consomem dezenas de litros por unidade, aumentando esse gasto conforme a complexidade do produto, com a fabricação de um carro consumindo cerca de 400 mil litros d'água (WATERFOOTPRINT, 2017).

A pecuária e o consumo de carne também são importantes fatores que impactam na distribuição do uso de água no mundo, em razão da alimentação do gado, estimando-se que um único hambúrguer é responsável pelo uso de 15 mil litros de água, demonstrando-se assim que a falta de água tem potencial de profundo impacto em quase todas as cadeias produtivas, estimando-se que mais de 3 mil postos de trabalho foram perdidos durante a crise da estiagem no Brasil em 2014, pela redução na produção causada pela falta d'água devido ao racionamento (BORGES, 2014).

Portanto, o modo como a sociedade come, consome, descarta e vive tem um impacto direto no uso de água, ainda que o impacto indireto não seja observado pela população, atingindo, portanto, de forma diversa as regiões e países no mundo, com diversos fatores climáticos e socioeconômicos influenciando na gravidade e rapidez da crise das águas. As projeções realizadas, mesmo em cenários otimistas, apontam que a maior parte da população mundial viverá em países classificados como de extremo risco de stress hídrico[77] até 2040 (WRI, 2015), incluindo boa parte dos países desenvolvidos e com grande PIB, como a Costa Oeste dos Estados Unidos, diversos países da Europa Ocidental, a exemplo da Itália e Espanha, uma

---

[77] O conceito de estresse hídrico é definido como: "um indicador de competição por recursos hídricos e é definido informalmente como a proporção da demanda de água pela sociedade humana dividida pela água disponível. Valores maiores indicam maior possibilidade de competição entre usuários" (WRI, 2019, [s.p.]) (tradução nossa).

vez que o índice de desenvolvimento também se reflete no índice de consumo e produção, e portanto, de utilização de água, e os países mais populosos do mundo, China e Índia, além dos países no Oriente Médio, reforçando ainda risco regionais na América Latina, sobretudo regiões no litoral, centro-oeste e nordeste Brasileiro.

Exemplos do risco do uso desenfreado e da falta de planejamento já são observados em diversas megalópoles no mundo, como Cape Town, na África do Sul, que, entre 2017 e 2018 enfrentou severas restrições no uso de água, chegando a anunciar a possibilidade de restringir totalmente a água encanada, quando os reservatórios baixaram para 15% de sua capacidade, com crises registradas e racionamentos em Jakarta e na ilha de Java na Indonésia, Chennai e Calcutá na Índia, Beijing na China, Cairo, no Egito e São Paulo, no Brasil somente nos últimos cinco anos. Muitas dessas enormes cidades, assim como a Cidade do México, Bangalore, Delhi, Hyderabad, enfrentam problemas advindos do uso dos reservatórios naturais de água, extraindo a água dos aquíferos ao mesmo tempo em que estes não conseguem se reabastecer na mesma velocidade, situação agravada pelas prolongadas secas, com estudos alertando que 21 cidades indianas poderiam acabar com esses recursos[78] até 2020 (NITI AAYOG, 2018), com diversas dessas megacidades tendo os reservatórios ainda existentes por monções fortes e bastante chuva nos últimos dois anos. Da mesma forma, na cidade de São Paulo, o representante da Sabesp, durante os trabalhos da Comissão Parlamentar de Inquérito (CPI) após o longo período de racionamento de água devido à seca no estado, aduziu que: "E, pessoalmente, gostaria de confessar ao vereador que eu tenho dúvidas também se nós chegaríamos a março de 2015, a não ser que tenha um período de chuvas muito intenso na cidade de São Paulo" (SÃO PAULO, 2015, [s.p.])

Para além dos desafios econômicos e sociais, a disputa pelas águas já é causa central ou de agravamento de conflitos armados e alvo de grupos terroristas, milicianos e paramilitares em todo o mundo. A escalada de tensões e disputas sobre as esparsas fontes de água em regiões de seca, desertificadas ou superpopulosas foram

---

[78] "*In fact, by 2020, 21 major cities, including Delhi, Bangalore, and Hyderabad, are expected to reach zero groundwater levels, affecting access for 100 million people*" (NITI AAYOG, 2018).

razão determinante de uma série de conflitos que desembocaram em confrontos armados em diversos continentes, como no Oriente Médio, notadamente o Iêmen, e no Continente Africano, como na Nigéria e no Sudão, sendo um exemplo trágico a "Guerra de *Darfur*", classificada como genocídio, bem como os reservatórios de água que foram alvos prioritários do Talibã durante a Guerra do Afeganistão. Mas não são apenas guerras oficialmente declaradas e intervenções militares que são causa de preocupação quando se aborda a questão da crise hídrica, pois há um enorme potencial de quebra da paz interna nos estados nacionais e do escalonamento de conflitos entre civis.

No Brasil, tal situação não é apenas um triste retrato do passado do tempo dos coronéis, como ilustra recente reportagem que registra a explosão de conflitos relacionados ao uso de água no país, com seguranças privados armados impedindo moradores do interior de estados como Pernambuco de ter acesso a canaletas de água e moradores arriscando a vida para beber água (MARTINS, 2020).

Estudo realizado demonstra que há 223 zonas de tensão no Brasil em conflitos pela água, a grande maioria causada pelo domínio privado de rios, represas e mananciais, tendo como vítimas prioritárias comunidades tradicionais, quilombolas, indígenas e agricultores familiares. Mas frise-se que o *apartheid* hídrico, ou seja, a discriminação ativa por parte do Estado na distribuição de recursos hídricos não ocorre apenas em zonas de guerra ou no interior de estados de clima semiárido, sendo observada mesmo nas grandes cidades, nas periferias afastadas dos centros urbanos, com parco acesso à água e ao saneamento.

É importante ressaltar, todavia, que apesar dos alertas sobre o esgotamento dos recursos hídricos necessários para manter o funcionamento de nossa sociedade traçarem panoramas para as próximas décadas, já há crises hídricas em diversas regiões, afetando sobretudo as comunidades mais pobres, os negros e os imigrantes. Além da escassez por falta de água, dezenas de localidades sentem os efeitos nefastos do descaso com o meio ambiente e com as nascentes de água, como a cidade de Flint, no estado do Michigan, cujo rio de mesmo nome foi contaminado por chumbo em 2014, e a crise no Vale Central na Califórnia, em que o uso de água contaminada provocou diversos casos de câncer na região, a partir de décadas de vazamentos de agrotóxicos utilizados nas plantações da região.

O caso da água, bem ambiental fundamental, é ilustrativo da ignorância de nossa sociedade sobre a real condição hídrica do planeta. Apesar da aparente abundância da água, tida como infinita e renovável naturalmente, cotidianamente mais de 1 bilhão de pessoas têm dificuldades de acesso à água potável e quase 3 bilhões não possuem acesso a serviços de saneamento básico, com 31 países do mundo enfrentando escassez crônica de água (BARLOW; CLARKE, 2003). Isso leva, numa perspectiva multidisciplinar, ao uso do termo sociológico "policrise" do *homo sapiens* (MORIN, 2003), como trazem Corte e Portanova (2014) quando transmitem esse conceito para o recorte do Direito das águas como "policrise hídrica" pela variedade de usos e de realidades, pois, sendo um bem multifacetado, não se pode resumir a apenas uma crise da água, mas diversas crises, integrando e agravando-se com outras crises ecológicas, sociais, políticas e econômicas no mundo.

As mudanças bruscas nas condições climáticas do planeta, fruto da própria atuação humana, têm efeito devastador para o fornecimento e abastecimento de água. Fontes de água doce e potável, minoria em um planeta cuja água é quase que inteiramente salgada, são muito afetadas, seja pelo derretimento excessivo das calotas polares e da neve, pela diminuição da umidade, que causa períodos de estiagem demasiados, os efeitos da monocultura, como o plantio de eucalipto, as plantações em locais secos e de pouca chuva e de produtos de alto consumo de água, como a cana de açúcar, a contaminação do solo e dos lençóis freáticos pela mineração, pela prática do *fracking* e pelo uso desenfreado de pesticidas, entre diversos outros prejuízos, levam diversos especialistas a conceituar o período atual como uma crise ambiental e hídrica (WOLKMER, 2012), que pode evoluir, para um *apartheid* hídrico (MARTINS, 2020).

Tal alerta encontra-se inclusive na encíclica papal, *Laudato Si* (VATICANO, 2015, [s.p.]), que dedica um capítulo para a questão da água, reafirmando sua condição essencial para o gozo efetivo de todos os outros direitos humanos e refere que "os impactos ambientais poderiam afetar milhares de milhões de pessoas, sendo previsível que o controle da água por grandes empresas mundiais se transforme numa das principais fontes de conflitos deste século" e vai na esteira da importância estratégica que a disputa da água terá no século XXI. Em um documento potente, o Papa Francisco faz um dos chamados à reflexão mais contundentes sobre a questão da água entre os chefes de Estado do mundo:

> A água potável e limpa constitui uma questão de primordial importância, porque é indispensável para a vida humana e para sustentar os ecossistemas terrestres e aquáticos. As fontes de água doce fornecem os setores sanitários, agropecuários e industriais. A disponibilidade de água manteve-se relativamente constante durante muito tempo, mas agora, em muitos lugares, a procura excede a oferta sustentável, com graves consequências a curto e longo prazo. Grandes cidades, que dependem de importantes reservas hídricas, sofrem períodos de carência do recurso, que, nos momentos críticos, nem sempre se administra com uma gestão adequada e com imparcialidade. A pobreza da água pública verifica-se especialmente na África, onde grandes setores da população não têm acesso a água potável segura, ou sofrem secas que tornam difícil a produção de alimento. Nalguns países, há regiões com abundância de água, enquanto outras sofrem de grave escassez (FRANCISCO, 2015, [s.p.]).

A escassez de fontes de água doce e o custo altíssimo do processo de dessalinização da água do mar leva a projeção de conflitos abertos pela gestão da água no mundo, e cunhou-se o termo "ouro azul" (BARLOW, 2003), para simbolizar sua fundamentalidade para vida humana em todos seus aspectos, inclusive econômicos e políticos. Tais aspectos são reconhecidos internacionalmente, desde a Declaração Universal dos Direitos da Água em 1992, cujo paradigma foi sendo gradualmente estendido pelo Comitê de Direitos Humanos da ONU, até a formulação da Resolução 64/292 da Assembleia Geral da ONU, que sustenta a colocação da água num panteão máximo de direito humano, ao caracterizá-lo como essencial e transversal, mas como rotineiramente se percebe, apesar dos avanços no âmbito da positivação e reconhecimento do Direito, ainda padece de efetividade e coercitividade, pois ao mesmo tempo em que o debate avançou dentro do arcabouço jurídico-legal, sobretudo internacional, assiste-se uma ofensiva para a mercantilização da água por parte de algumas empresas, sendo uma característica desse mercado sua alta concentração e os métodos violentos de aquisição e manutenção de fontes d'água (BARLOW, 2003), assim como a desconsideração sobre a importância social e comunitária da água.

Debater o acesso à água é, portanto, debater de forma transversal e multidisciplinar uma necessidade básica com impacto humanitário e socioeconômico muito subestimado. O risco de desertificação atinge um terço do globo e ameaça mais de dois bilhões e meio de pessoas, graças ao uso indiscriminado e intensivo de culturas agrícolas e da pecuária, o que acaba por secar o solo (CASARIN; SANTOS, 2011), enquanto a falta de infraestrutura urbana e rural de saneamento polui rios e lençóis freáticos. O tamanho da problemática perpassa diversos ramos do Direito e deveria pressionar os poderes políticos a agirem com rapidez, uma vez que a crise climática, mais uma vez confirmada pela ONU, está intimamente relacionada com a crise hídrica. O desmatamento e as queimadas na Amazônia, o assoreamento no Pantanal e a destruição da vegetação nativa e do solo no Cerrado ameaçam indiretamente os berços das águas brasileiras, as nascentes das bacias do Amazonas, do Prata e do São Francisco. O desaparecimento ou redução do volume de cursos d'água na região Nordeste e Centro-Oeste já foi identificado, e tem como consequência econômica direta o encarecimento da energia elétrica no país, afetando a vazão das águas para as hidrelétricas, que por sua vez, já possuem um impacto grande nos ciclos hidrológicos.

A maioria dos estatutos referentes ao Direito Ambiental ainda se baseia no poder de polícia e na responsabilização pelo mau uso, ou na *public trust doctrine*, derivada do conceito romano e geralmente utilizada para as áreas costeiras e para águas navegáveis nos EUA (CASSUTO, 2019), mas diversos autores apresentam uma visão crítica e defendem que esses institutos apresentam limitações para uma atuação mais proativa do Estado no que tange à garantia do Direito. Segundo Anízio Pires Gavião Filho (2005), o direito fundamental ao meio ambiente, a partir do movimento de constitucionalização que se assistiu no mundo a partir da década de 1970, pressupõe prestações em sentido amplo, inclusive devendo o Estado, no caso concreto, agir positivamente (prestação em sentido estrito) quando necessário para garantir o direito fundamental ao meio ambiente ou impedir sua vulnerabilização.

6.2 O agravamento pela exploração da água para fins comerciais

Em 7 de dezembro de 2020, de forma simbólica, a água oficialmente se tornou uma *commodity*, assim como o ouro e o petróleo, quando anunciaram o início da venda dos contratos futuros e operações da água no mercado futuro de *commodities* pelo conglomerado de derivativos CME Group, com base no Nasdaq Veles California Water Index, que aposta na subida do preço da água. Trata-se de uma operação bilionária baseada no mercado de água da Califórnia, estado conhecido por seus problemas advindos da escassez de recursos hídricos.

Como visto nesta reportagem da Bloomberg sobre esse marco dos negócios na bolsa de valores, observa-se que não há pudor de acionistas em admitir que justamente os cenários de alto risco de estresse hídrico e escassez que tornam este um mercado lucrativo e atrativo para especuladores, que literalmente apostam na catástrofe humanitária (BLOOMBERG, 2020, [s.p.]):

> Mudanças climáticas, secas, crescimento populacional e poluição provavelmente tornarão as questões de escassez de água e preços um tema quente nos próximos anos", disse o diretor-gerente e analista da RBC Capital Markets, Deane Dray, à Bloomberg. "Definitivamente, vamos observar como esse novo contrato futuro de água se desenvolverá" (tradução nossa).[79]

O banco Goldman-Sachs, uma das maiores instituições financeiras do mundo, previu em relatórios de 2006 e 2008 a importância financeira da água, classificando-a como "o petróleo do século XXI", importância esta que incluiu a realização de conferências globais sobre a água (GOLDMAN-SACHS, 2008), reafirmando em 2015 que seria um dos investimentos com maior retorno financeiro no setor de infraestrutura, já olhando para um mercado mundial de 425 bilhões, e dentre as oportunidades comerciais, citando como possibilidades de lucrativos investimentos as obras de saneamento privadas, pesquisas sobre dessalinização da água do mar, filtragem e tratamento, chegando a prever que haveria um oligopólio na área de serviços e equipamentos, com quatro grandes empresas (GE, ITT, Siemens e Danaher) (DRAY,

---

[79] No original: *"Climate change, droughts, population growth, and pollution are likely to make water scarcity issues and pricing a hot topic for years to come"*, RBC Capital Markets managing director and analyst Deane Dray told Bloomberg. *"We are definitely going to watch how this new water futures contract develops"*.

2006) e hoje já é um dos maiores investidores no mercado verde, incluindo a criação de títulos ambientais destinados a financiar obras de infraestrutura hídrica.

A substituição da velha infraestrutura, o aumento do consumo de água em países em desenvolvimento, como Índia e China, novos e mais exigentes padrões de qualidade e as novas tecnologias de água despontam como um mercado crescente e promissor,[80] o que já chamou a atenção de governos e investidores, incluindo-se obras de água e saneamento no Plano Biden de infraestrutura lançado nos Estados Unidos.

Outro fator que contribui sobremaneira para a escassez de recursos hídricos é a utilização de métodos de irrigação intensiva que não são sustentáveis a longo prazo, ainda que já existam tecnologias de irrigação mais avançadas e que possibilitam uma melhor gestão da água usada para irrigar os plantios, como sistemas de irrigação por gotejamento e usinas de reciclagem de água (CASARIN, SANTOS, 2011). Mesmo produtos considerados ambientalmente menos poluentes, como os biocombustíveis, a exemplo do álcool e do biodiesel, extraídos da cana, exigiriam, em larga escala para a substituição de hidrocarbonetos e da gasolina, vastas quantidades de água. Alguns países, como Espanha e Chipre, têm começado a usar águas residuais, como de esgotos pluviais e mistos, após tratamento, para irrigação, com resultados positivos.

Atualmente, o que se observa é que a água é, muitas vezes, vista apenas como mais um recurso, como um fator de produção, considerada apenas por seu valor econômico, sem preocupação com a garantia de acesso à água pelos setores mais vulneráveis da sociedade. A intervenção estatal é necessária, pois o controle do acesso à água, sobretudo à água potável, é definido e estabelece relações de poder. A concentração do território em poucas mãos pressupõe, muitas vezes, a dominação, por grupos das fontes

---

[80] Sobre a importância geopolítica e econômica da água hoje em dia, ver: "Também falamos sobre a iminente crise da água, o papel da água não apenas em casa, mas em usos industriais e de fabricação (como fabricação de semicondutores e produtos farmacêuticos) e como mais e mais empresas ao redor do mundo estão tomando decisões críticas, como onde uma nova instalação pode ou não ser localizada. Isso mesmo, o acesso à água está se tornando uma consideração fundamental no desenvolvimento econômico e isso significa empregos" (FORBES, 2013, tradução nossa).

naturais de água, subterrâneas ou não, e esses processos de disputa de território pela água reproduzem desigualdades socioeconômicas e causam sofrimento há centenas de anos, condenando regiões ao subdesenvolvimento econômico e social, sobretudo em áreas de escassez crônica, como o semiárido nordestino e outras regiões menos desenvolvidas do mundo.

Assim como repetido pela vice-presidente norte-americana, Ismael Serageldin, que foi vice-presidente do Banco Mundial, também referiu que as próximas guerras seriam por água, ainda em 1999 (BARLOW, 2003). Da mesma forma como exposto nos relatórios do Goldman-Sachs, há diversas semelhanças no processo de precificação e classificação da água com o processo de disputa pela propriedade do petróleo (KLUG, 2019). A escassez de recursos hídricos, somada à geopolítica da água que não respeita as leis do capitalismo, tampouco as fronteiras dos Estados nacionais, são conflitos potenciais, somente aguardando um estopim para eclodir. Assim, como outros produtos, a disputa pelo poder e propriedade sobre bens estratégicos também acontece de forma brutal durante tempos de paz, sendo a água um bem que já está na mira de diversos ramos, que visam tomar conta das nascentes antes que o preço da água aumente sobremaneira para que conte como um fator de produção que encareça os produtos. Como nos apontam Kruse e Ramos (2000):

> A escassez é um terreno fértil para conflitos, mas também uma oportunidade de lucro, e surgiu um extraordinário negócio internacional de água, no qual, dizia a revista Fortune em 2000, "os dólares em jogo são fenomenais ... [É] um negócio de 400 bilhões de dólares um ano. Ou seja, 40% do tamanho do negócio de petróleo e um terço maior do que o negócio farmacêutico global" Comentou Johan Bastin, do Banco Europeu de Reconstrução e Desenvolvimento: "A água e as suas infraestruturas são a última fronteira que os investidores privados ainda não invadiram (KRUSE; RAMOS, 2000, n.d, tradução nossa).[81]

---

[81] No original: *Escasez es terreno fértil de conflicto, pero también oportunidad de ganancia, y ha surgido un extraordinario negocio internacional del agua, en el cual, decía la revista Fortune en el año 2000, "los dólares en juego son fenomenales… [E]s un negocio de 400 mil millones de dólares al año. Esto es, el 40% del tamaño del negocio de petróleo, y un tercio más grande que el negocio global de farmacéuticos". Comentó Johan Bastin, del Banco Europeo de Reconstrucción y Desarrollo, dice: "El agua y sus infraestructuras son la última frontera que a los inversionistas privados les queda por invadir"* (KRUSE; RAMOS, 2000, [s.p.]).

O papel do Direito na crise hídrica é observado na necessidade de mudanças legais, normativas e regulatórias que permitam a exploração desse bem de forma privada. São exemplos das mudanças mais exigidas pelas empresas as mudanças no comércio internacional e exportação, buscando um livre comércio e movimentação das águas, por meio da prestação de serviços por empresas internacionais e a passagem de canais e aquedutos por diversos países; flexibilização das regras que permitam a privatização do serviço de abastecimento de água e esgotamento sanitário (KRUSE, 2005), com a responsabilidade pela gestão da água sendo transferida ao setor privado, mediante compensação pela gestão tarifária e percepção do lucro para os acionistas, na modelagem de capital aberto ou de gestão via Hedge Funds; e outras mudanças normativas que possibilitem a flexibilização dos critérios necessários, a partir do viés da desdemocratização e desregulação, transformando a água em mercadoria. Deve-se olhar criticamente para o papel que o Direito vem exercendo enquanto legitimador do poder econômico e o distanciamento dos operadores do Direito em relação à crise hídrica, esquecendo que o sujeito de direitos é o sujeito social, humano, de carne e osso. O direito das águas e a defesa do paradigma da água como bem comum incomodam justamente pois questionam o âmago de dogmas do Estado liberal e conceitos muito arraigados como o da dicotomia de propriedade privada e pública, descortinando novas possibilidades a partir da construção comunitária e de um bem de uso comum, para a construção do bem comum e da paz dos povos. Ainda Kruse (2005, [s.p.]):

> Comentou Gerard Mestrallet, CEO da Suez Lyonnaise des Eaux (agora Ondeo), "[água] é um produto que normalmente seria gratuito e nosso trabalho é vendê-lo". Não é uma tarefa fácil, mas eles têm lobbies fortes nos quais participam os gestores dessas empresas, como o Business Partners for Development do Banco Mundial, Global Water Partnership e o World Water Council. Por outro lado, conta ainda com o apoio muito proativo de instituições financeiras internacionais como o Banco Mundial e o Banco Interamericano de Desenvolvimento. O caso da Bolívia é instrutivo (tradução nossa).[82]

---

[82] No original: *Comentó Gerard Mestrallet, CEO de Suez Lyonnaise des Eaux (ahora Ondeo), "[el agua] es un producto que normalmente sería gratis, y nuestra labor es venderla." No es una labora fácil, pero cuentan con fuertes lobbys en los cuales participan gerentes de estas empresas, como Business Partners for Development del Banco Mundial, Global Water Partnership y el*

Um dos primeiros países onde se pode observar os efeitos do alcance dos ajustes fiscais e do processo de privatizações no sistema de água, e que se tornou ao mesmo tempo um alerta das consequências nefastas dos mercados privados de água e um símbolo de resistência para os movimentos sociais que lutam pelo direito de acesso à água, é o caso de Cochabamba, na Bolívia. Passando por profundas transformações durante as décadas de 1980 e 1990, com abertura comercial e projetos de redução do estado boliviano por meio de iniciativas de precarização das relações de trabalho e de mercantilização dos direitos sociais, combinada com a crise dos movimentos sociais e sindicais tradicionais no país, com inúmeras críticas a Central Obrera Boliviana (COB), o país era um alvo fácil e um laboratório para a estratégia neoliberal de transformar os direitos humanos e as necessidades básicas dos trabalhadores em lucro, a partir da noção de mercantilização da vida que emana da lógica liberal de extrair a mais-valia de todos os processos de relação humana, tornados meras mercadorias, num processo em que o mercado acaba ocupando o lugar do Estado e também da sociedade, de tal modo que as demandas sociais desembocam em oportunidades e nichos de mercado e não em reivindicações de direitos, em quadros de fragilidade das organizações sociais (CASTRO; KLUG; TABORDA, 2020).

Em 1999, em meio a graves deficiências do sistema de tratamento e abastecimento de água na cidade, que atendia apenas cerca de 40% da população e infligia sobremaneira os bairros mais pobres e periféricos, forçados ao racionamento de água e ao convívio com faltas de água quase diárias, (tratando sintoma como causa), ocorre o processo de privatização da empresa pública Semapa, com a empresa Bechtel Enterprises[83] assumindo a gerência dos recursos hídricos locais, pelo consórcio Aguas del Tunari, numa concessão baseada no monopólio e num alto grau de autonomia gerencial, além de contar com diversos privilégios para essa operadora, de forma a

---

World Water Council. Por otra parte cuenta el apoyo muy proactivo de las instituciones financieras internacionales como el Banco Mundial y el Banco Interamericano de Desarrollo. El caso de Bolívia es instrutivo.

[83] Uma multinacional do ramo da construção civil, com faturamento bilionário e que até então não era especializada na gestão de água e saneamento, mas sim nas áreas de engenharia e infraestrutura de alta-complexidade (DRUMOND, 2015).

viabilizar financeiramente a operação em uma área de escassez de água, inclusive com mudanças no regime jurídico das águas. Esse processo de privatização foi realizado às pressas, como resposta à pressão do Banco Mundial, que apenas financiaria o chamado Projeto Misciuni[84] caso a empresa estatal local fosse privatizada (DRUMOND, 2015) e levantou suspeitas de irregularidades e favorecimento desde o início:

> O processo de licitação da Semapa foi totalmente irregular. Ele tramitou em regime de sigilo, por exigência do Banco Mundial. Em setembro de 1999, firmou-se o contrato de concessão para os operadores do Aguas del Tunari. As cláusulas do contrato que se mantiveram confidenciais mesmo após a venda da Semapa permitiam a indexação das tarifas através do dólar americano e estabeleciam a meta de inversão total do capital investido antes mesmo da conclusão da obra. Obviamente, que tudo isto ocorreria mediante um incremento descomunal nas tarifas cobradas da população. As empresas proprietárias da operação, sobretudo a sócia majoritária International Water, passaram a deter o monopólio sobre a distribuição de água em Cochabamba (DRUMOND, 2015, p. 193-194).

Ato contínuo, a empresa realiza um tarifaço, triplicando o preço cobrado pelos serviços de água e esgoto (em algumas localidades o aumento chegou a 370%), o que desencadeou uma série de protestos já em janeiro de 2000. Com crescente apoio popular, sobretudo da população mais carente, as manifestações crescem em tamanho e ao serem reprimidas pelo exército boliviano, a pedido da empresa Bechtel Enterprises, dão início ao escalonamento do conflito que foi chamado de "Guerra das Águas de Cochabamba" e deixou seis mortos e ao menos 175 feridos nas estatísticas oficiais, após o presidente Hugo Banzer declarar estado de sítio, mandar prender as lideranças da resistência e fechar as rádios comunitárias no país.

Vê-se, portanto, que a mudança a fórceps do paradigma jurídico tradicional causou muita resistência, ao abruptamente deixar de considerar a água como bem público e comum,

---

[84] Sobre o ambicioso projeto que resolveria a questão da escassez de água na região cochabambina, vale referir o trabalho de Drumond (2015): "O projeto possibilitaria a transposição das águas do Rio Misicuni, localizado a noroeste da Cordilheira de Tunari, o qual forma um valezinho a 3.700 metros sobre o nível do mar (*ibidem*, p. 17). Na região onde se localiza o rio seria construída uma laguna para escoamento permanente de água".

precificando-a e tratando-a como bem patrimonializado, como coisa, de *res extra comercium* para *res in comercium* e de *res communes* para mercadoria (KLUG, 2019). Numa região árida e que até então vivia de microssistemas comunitários e de pequeno porte, e, portanto, com uma noção da água como bem comum e propriedade comunitária, uma empresa estrangeira tornava-se dona de um monopólio total, sem consulta a essa comunidade:[85]

> Observou-se, então, no processo boliviano, uma mudança clara, e até mesmo brusca, no paradigma jurídico tradicional. A água (por excelência e tradição uma coisa que não pode ser comercializada ou passível de compor patrimônio), pode ser captada, distribuída e vendida pela Bechtel Enterprises, ou seja, não somente a empresa patrimonializou a coisa, bem como a precificou e transmutou a finalidade para uma coisa de direito empresarial, e não mais humano; não mais uma coisa comum, ou de acesso comum, mas uma coisa paga, de acesso pago, de administração e gestão particular, não mais público (CASTRO, KLUG, TABORDA, 2020).

Nesse caso, após intensa resistência popular,[86] o resultado final foi a saída da empresa americana da região, que preferiu abandonar o negócio do que continuar prestando o serviço sem o aumento tarifário, ainda que a Bechtel continue exigindo 25 milhões de dólares do governo boliviano pelos prejuízos advindos do rompimento do contrato (DRUMOND, 2015). O conflito que durou cerca de quatro meses (entre janeiro e abril de 2000) teria impacto significativo no cenário político boliviano e colaborou para a ascensão de Evo Morales e de seu partido, o MAS, como forças hegemônicas no país a partir de 2006, para além da revogação da Lei nº 2.029,[87] que permitia a privatização da água:

---

[85] Sobre o sistema comunitário local, ver Kruse (2005): El grueso de los sistemas de riegos en el país se halla en el departamento de Cochabamba: cuasi el 20% de los sistemas y el 40% del total de la superficie regada inventariada están en Cochabamba, y la enorme mayoría son micro-sistemas bajo control local/comunitario. Por ejemplo, en Quillacollo, un municipio aledaño a la ciudad de Cochabamba, un inventario reciente registro 192 sistemas, de los cuales la gran mayoría – 126 (65%) – eran pequeños y sólo 9 (5%) grandes.

[86] Vale ler o comunicado da "Coordinadora de Defensa del Agua y la Vida" ainda em dezembro de 1999, que ilustra o sentimento daquela comunidade: Sofremos um grande roubo, apesar de não sermos proprietários de nada" (apud DARDOT; LAVAL, 2017).

[87] A "Ley de Servicios de Agua Potable y Alcantarillado Sanitario", de 29 de outubro de 1999.

Algumas observações sobre a lei e o contrato: Não respeita os usos e costumes, isto é, as formas tradicionais de acesso e uso do recurso. Não há garantia de execução do Projeto Multiple Misicuni; Insegurança sobre o futuro das instituições de distribuição de água que não têm fins lucrativos (empresas municipais, associações, comitês, cooperativas de água); Estas instituições estão sujeitas a intervenção judicial; Monopólio dos consórcios empresariais; Proibição para perfurar poços nas comunidades; Excessivo poder das superintendências; Modificação das tarifas sem consulta à população e sua indexação ao dólar; Critério econômico na fixação de tarifas e nas concessões, e não social e ambiental (CRESPO, 2000, p. 22, tradução nossa) (DRUMOND, 2015, p. 194).

A necessidade de manutenção do paradigma tradicional e consuetudinário da água como bem comum, como coisa pública e comunitária pertencente aos povos e à humanidade em geral foi reforçada ainda mais com a declaração, em março de 2020, pela Organização Mundial da Saúde, de que o mundo estava diante de uma grave crise sanitária, uma pandemia, a partir da transmissão comunitária do vírus da Covid-19, acompanhada pela maioria dos Estados nacionais, incluindo o Brasil, a partir do Decreto Legislativo nº 6, de 20 de março de 2020,[88] que institui o estado de calamidade pública no país. Essa correlação é obtida quando se observa os dados da pandemia no país e percebe-se que as desigualdades históricas na distribuição de recursos hídricos (aqui incluindo-se não apenas a quantidade, mas a qualidade e potabilidade) aparecem como fator agravante, sendo as regiões com menor índice de abastecimento de água e cobertura de saneamento básico as com maiores registros e números de casos e mortes por Covid-19.

O direito de acesso à água deve ser colocado em perspectiva durante a pandemia, uma vez que os protocolos exigidos pela Organização Mundial da Saúde (OMS) e pelas autoridades sanitárias nacionais é um reforço na higiene pessoal e comunitária, por meio da lavagem frequente das mãos, limpeza do ambiente e descontaminação das roupas e do corpo quando da volta ao lar após saída de casa, o que aumenta a necessidade do uso de água, que torna-se um dos pilares fundamentais da proteção

---

[88] Reconhece, para os fins do art. 65 da Lei Complementar nº 101, de 4 de maio de 2000, a ocorrência do estado de calamidade pública, nos termos da solicitação do Presidente da República encaminhada por meio da Mensagem 93, de 18 de março de 2020 (BRASIL, 2020).

coletiva e do direito à saúde e à vida. Recente estudo realizado encontrou esta relação nos municípios da região metropolitana de Belo Horizonte:

> Os resultados aqui apresentados apontam para um cenário de associação espacial entre o maior índice de óbitos pela Covid-19 e o menor acesso aos serviços de abastecimento de água e esgotamento sanitário. Diversos são os fatores que podem intervir neste cenário, porém é importante ressaltar que corroboram evidências já mostradas em estudos nacionais e internacionais sobre a importância do acesso aos serviços de saneamento como um importante fator no combate à pandemia de Covid-19 (EKUMAH, 2020; PARIKH, 2020; SILVA *et al.*, 2020, [s.p.]).
>
> Os achados aqui apresentados também convergem com recomendações de instituições internacionais (OMS, 2020; Unicef, 2020), quanto ao acesso universal à água segura e suficiente para a lavagem das mãos e a higienização dos domicílios como fatores de extrema importância no combate à pandemia de Covid-19. (VICTRAL; FERREIRA, 2021, [s.p.]).

Já o décimo segundo Relatório do Relator Especial sobre os direitos humanos à água potável e ao esgotamento sanitário também previu a necessidade de um tratamento diferenciado sobre o acesso à água e utilização desses recursos durante a pandemia do coronavírus, considerando-se adequado um enfoque relativos aos direitos humanos, *human-rights based approach*, visando a oferta de água limpa e potável para todas as populações, incluindo-se pessoas em situação de rua e refugiados, para que se possa cumprir efetivamente as medidas sanitárias coletivas que envolvem em sua maioria o uso de água:

> Ao aplicar esta diretriz à situação específica da pandemia Covid-19, as respostas devem se concentrar em fornecer acesso a água e instalações para a higiene às pessoas em situação de rua, migrantes e requerentes de asilo que vivem em espaços públicos e para aqueles que vivem em assentamentos informais onde o acesso à água e ao esgotamento sanitário são inadequados (ONU, 2020, [s.p.]).

Observa-se no Brasil, em diversos municípios, que a conquista de direitos obtidos a partir dessa interpretação hermenêutica e humanística em relação ao direito de acesso à água em momentos de crise se deu pela isenção da obrigação de pagamento para famílias de baixa renda, como as inscritas no CadÚnico, a garantia do fornecimento contínuo sem corte ou reduções no abastecimento com o cancelamento dos cortes d'água por falta de pagamento.

6.3 As disputas em torno do paradigma da água como bem comum: acesso à água na sociedade complexa

A defesa do "comum" assusta, pois está em sua gênese a contestação de uma tendência ainda mais antiga do que o capitalismo, mas presente de forma inequívoca nesse sistema, qual seja, a apropriação por parcela pequena da sociedade, geralmente as oligarquias, dos recursos naturais. Dardot e Laval (2017), ao referirem a "tragédia do não-comum", em oposição a Garret Hardin, vão além do exposto por Ferrajoli e outros na defesa dos bens fundamentais e aduzem que a expansão sobre bases cada vez mais exploratórias do atual modelo de produção ameaça o futuro da Terra e do homem e caso não haja mudanças substanciais na economia, na sociedade e no sistema de normas, não existe possibilidade de preservação dos bens fundamentais, pois estes (água, ar, florestas etc.) não se encontram isolados, pelo contrário, sofrem exatamente por conta do modelo predatório.

Da mesma forma, os autores pregam que a crença de setores progressistas no papel do Estado nacional para a proteção desses bens e da população também é superdimensionado e que a questão do comum transcende a noção de propriedade pública, mas sim depende de uma discussão, para além de meramente conceitual, mas de práxis, sobre o que é comum, conceito resgatado pelos movimentos sociais nas últimas décadas como símbolo de uma resistência ao neoliberalismo e às privatizações, mas que carece de maior fundamentação sobre o que efetivamente seria uma gestão comum dos recursos na sociedade atual complexa, para além dos estudos já abordados em capítulos anteriores, como os CPRs e outros *commons* geridos de forma tradicional e consuetudinária.

Novamente, vale-se da Encíclica *Laudato Si*, do Papa Francisco, como uma didática explanação da crise hídrica e uma defesa qualificada do paradigma tradicional da água como bem comum e público, fundado no direito natural e no princípio da dignidade da pessoa humana, no direito à vida e na centralidade do ser humano:

> Enquanto a qualidade da água disponível piora constantemente, em alguns lugares cresce a tendência para se privatizar este recurso escasso, tornando-se uma mercadoria sujeita às leis do mercado. Na realidade, *o acesso à água potável e segura é um direito humano essencial, fundamental e universal, porque determina a sobrevivência das pessoas e, portanto, é condição para o exercício dos outros direitos humanos*. Este mundo tem uma grave dívida social para com os pobres que não têm acesso à água potável, porque isto *é negar-lhes o direito à vida radicado na sua dignidade inalienável*. Esta dívida é parcialmente saldada com maiores contribuições econômicas para prover de água limpa e saneamento as populações mais pobres. Entretanto nota-se um desperdício de água não só nos países desenvolvidos, mas também naqueles em vias de desenvolvimento que possuem grandes reservas. Isto mostra que o problema da água é, em parte, uma questão educativa e cultural, porque não há consciência da gravidade destes comportamentos num contexto de grande desigualdade (FRANCISCUS, 2015, [s.p.]).

O caso boliviano demonstra que frequentemente se trata sintoma como causa, e que longe de resolver o problema crônico da falta de investimento nas obras de abastecimento e esgotamento sanitário, amplificou-se a mercantilização de um recurso de primeira necessidade, aumentando as desigualdades estruturais e a exclusão social:

> Diante disso, quais foram as saídas apresentadas? A gestão privada da água durante algum período foi apresentada como solução para os problemas de provimento deste recurso. O caso boliviano demonstrou que a privatização da água não possibilitou o acesso de toda a população a este bem vital, mas impôs como critério para a sua utilização a disponibilidade de riqueza para comprá-la (FRANCISCUS, 2015, [s.p.]).

A realidade do direito à água, mais precisamente o acesso à água, é de perpetuação de desigualdades e injustiças estruturais, com cristalino recorte social de classe e econômicas, como já visto, posto que as áreas menos abastecidas e os piores índices de tratamento de água, esgoto e resíduos são em países e regiões periféricas, mas também de gênero, pois são as mulheres as responsáveis em sua maioria pela busca de água em regiões desérticas (conhece-se as imagens de mulheres com baldes e vasilhas na cabeça).

A escassez de acesso está intrinsecamente ligada à dignidade humana, aos objetivos constitucionais da república e ao conteúdo substantivo dos tratados de direitos humanos dos quais o Brasil é signatário e a comunidade internacional é a fiadora. Álvaro Sanchez Bravo (2019, p. 268) aduz que:

> O reconhecimento, como veremos a seguir, e sobretudo o cumprimento do conteúdo essencial, que também abordaremos mais tarde, do direito humano à água é um fim em si mesmo e um fundamento para o cumprimento de outros direitos essenciais (BRAVO, 2019, p. 268).[89]

É um direito que *prima facie* parece ser bastante simples, mas trata-se de algo muito maior que apenas "dar água para não morrer de sede". Segundo Álvaro Sanchez Bravo (2019), é um direito que pressupõe liberdades e garantias contra cortes arbitrários, exige fiscalização contra a contaminação da água, demanda igualdade, por não poder discriminar as pessoas por classe, gênero ou raça, demanda ainda proteção para que seu acesso a água seja garantido sem ser alvo de violências. Ademais, o direito à água exige prestações positivas, com a garantia estatal de agir para que cada cidadão tenha um mínimo de água potável para reproduzir a força de trabalho e garantir sua saúde e higiene, e exige também a participação popular e o controle social por mecanismos que deem voz para as comunidades, respeitando as tradições e as condições socioambientais.

É um direito que emana padrões de quantidade e qualidade, sendo um serviço público essencial que deve funcionar 24 horas por dia, pois o fornecimento continuado de água, bem como a separação do uso (industrial, potável, tratada, rural etc.) são necessários para a sua administração adequada. Portanto é um bem que exige planejamento, gestão e técnicos especializados e é transversal, sobretudo com o direito à saúde, em concomitância com o direito ao saneamento básico. É ao mesmo tempo um direito e um dever do cidadão (de proteção, de uso adequado e legal, de não poluir etc.) e que impõe ao Estado, em

---

[89] No original: *El reconocimiento, como veremos a continuación, y sobre todo el cumplimiento del contenido esencial, que también abordaremos posteriormente, del derecho humano al agua es un fin en sí mismo y un fundamento para el cumplimiento de otros derechos esenciales* (BRAVO, 2019, p. 268).

todas as esferas, e aos particulares, responsabilidades, não cabendo, portanto, na dicotomia privado x público.

A retomada do paradigma tradicional da água como bem comum e não comercializável se fortalece novamente no mundo a partir da crescente preocupação com a crise climática, dos recorrentes episódios de seca e corte no abastecimento de água, que agora não afetam mais apenas regiões desérticas e distantes, mas aparecem como problemas no coração das grandes metrópoles. Um caso importante é o da cidade de Paris, que remunicipalizou seu sistema de água, a partir de uma visão de água pública e gratuita para todos, fornecida de forma potável e corrente em milhares de fontes, incluindo fontes de água com gás, por uma empresa pública superavitária, a Eau de Paris, e adotando medidas visando a combater o desperdício do uso de garrafas de plástico e aumentar a qualidade da água por meio de tratamentos públicos. Em comparação, ainda que conte com um sistema público de água e esgoto, atendido pelas estruturas do DMAE e do antigo DEP, a situação na cidade de Porto Alegre é inversamente proporcional, sem nenhuma fonte de água potável em funcionamento e apenas 13 fontes para 1,5 milhão de habitantes, enquanto Paris já tem cerca de mil fontes de água.

É consenso entre especialistas de que não se paga, sobretudo em larga escala, para usos comerciais, um preço justo pela água que justifique uma maior ponderação em seu uso. O paradoxo do preço da água, ou seja, maior preço, menor uso ou uso mais racional, é justamente que o aumento do custo, justificado para garantir maior preservação de um bem finito e escasso e construir a infraestrutura necessária para sua universalização atinge justamente aqueles mais pobres e que já sofrem com o acesso intermitente e inseguro. O preço real da água não ser cobrado de agricultores e produtores impede que este seja embutido nos produtos, o que encarecia sobremaneira os gêneros alimentícios. É desafio da dogmática jurídica, no entanto, distinguir entre os múltiplos usos da água e cobrar de acordo com sua finalidade, buscando o equilíbrio social e garantindo o direito humano à água limpa, potável e ao saneamento básico.

Algumas iniciativas nesse sentido, para além da cobrança do uso de água prevista na Lei nº 9.433/97, vêm sendo testadas pelo mundo, com uma separação entre a quantidade de água associada diretamente com o cumprimento do direito humano, aquela necessária para cada membro de uma família alimentar-se, beber e fazer sua higiene de forma adequada e confortável, e outros usos optativos e até extravagantes. Nesse sentido, políticas de diferenciação positiva foram adotadas, como na cidade da Filadélfia, que aprovou em 2014 um programa de acesso à água baseado na renda de seus cidadãos (*income based*), denominado IWRAP,[90] e a existência, nas companhias de abastecimento de água brasileiras, de programas de tarifas sociais subsidiadas. Os diversos custos da água (de produção, social, como matéria prima, ecológico etc.) oriundos de seus múltiplos usos tornam a tarefa de precificá-la de forma justa e adequada uma missão hercúlea. Os esforços de buscar o chamado real preço da água têm sido em sua maioria ineficazes, com pesado *lobby* de segmentos, sobretudo do agronegócio, para que a água continue barata, o que ocasiona injustiças, como subsídios para conglomerados ecologicamente prejudiciais, ao mesmo tempo em que se aumentam as tarifas privadas de água, essas sim diretamente ligadas ao direito humano à água:

> (...) Na Califórnia, os fazendeiros raramente pagam mais que 20% do custo real da água para irrigação. Assim, em vez de plantar colheitas que seriam mais apropriadas a uma região semiárida, cultivam colheitas como o algodão. Também cultivam alfafa, que serve de alimento para o gado de corte. Isso requer, pelo menos, 15 mil toneladas de água para produzir uma tonelada de carne de boi, e quase esse montante para produzir uma tonelada de algodão. Produzir trigo ou feijão-soja, por exemplo, requer apenas 2% dessa quantidade de água. Mas o governo americano continua a subsidiar essas colheitas, pagando aos fazendeiros para desperdiçarem água e causarem a erosão do solo. A história é a mesma em quase todos os lugares do mundo (BARLOW; CLARKE, 2003, p. 56).

---

[90] As contas mensais do IWRAP devem ser acessíveis para famílias de baixa renda, com base em uma porcentagem da renda familiar e uma tabela de diferentes taxas percentuais para (i) famílias com renda de até cinquenta por cento (50%) do FPL, (ii) famílias com renda de cinquenta por cento (50%) a (100%) do FPL, e (iii) famílias com renda de cem por cento (100%) a cento e cinquenta por cento (150%) do FPL, e será cobrado no lugar de taxas de serviço, uso e águas pluviais do Departamento. (...) O Departamento terá a faculdade de oferecer termos mais favoráveis do que as taxas padrão em caso de conclusão individualizada de dificuldades especiais. O uso histórico não deve incluir o uso significativo atribuível a vazamentos ou atividades não habituais em um ambiente residencial (PHILADELPHIA, 2014, tradução nossa).

Na cidade de Juiz de Fora em Minas Gerais, a Cesama recentemente instalou 7 fontes de água potável em pontos estratégicos do município, objetivando garantir o direito humano de acesso à água potável e saneamento para a população em situação de rua e qualquer outro transeunte, e ainda instalará, em parceria com o Ondas, contêineres com sanitários públicos, chuveiros e máquinas de lavar para uso gratuito (ONDAS, 2021). O estado de Minas Gerais ainda comporta um exemplo contrário, a cidade histórica de Ouro Preto, que recentemente privatizou o serviço de abastecimento de água e agora convive com aumentos exponenciais nas tarifas de água pela nova empresa Saneouro, inclusive com a instalação de uma CPI.

O direito ao acesso à água carrega ainda, simbolicamente, a carga emocional e vital mais forte que se pode cogitar entre seus pares no rol dos direitos humanos, o que acarreta que, tomando-se a teoria sistêmica como guia hermenêutico, pode ser considerado um exemplo de direito humano latente, por ser uma pretensão dos seres humanos, enquanto indivíduos, seres de carne e osso que sofrem e morrem, à integridade corporal e física, sendo portanto um direito pré-jurídico ou extrajurídico, pré-político e mesmo pré-social, dado que o humano, antes mesmo da constituição da comunidade política, já colocava a água no topo de suas prioridades fisiológicas, tal qual todos os outros seres vivos (TEUBNER, 2016, p. 285).

Os conflitos comunicativos advindos da falta de água, transformados em violência social e política, protestos, conflitos e mesmo guerras, como já visto, tocam o direito a partir do mote de reivindicação como direito humano, como norma intracomunicativa que tenta traduzir a comunicação irritada em razão do conflito extraído do meio ambiente em desarranjo pelo sofrimento humano insustentável (TEUBNER, 2016, p. 286). Esses direitos, diz Teubner, são socialmente construídos e tomados como "direitos vivos", tais como preconizados por Eugen Erhlich, como direitos que não são extraídos da legislação, mas da própria dinâmica da vida, pois o fenômeno jurídico, ao menos nesses casos, não depende do direitos positivo e a própria decisão de positivar esses pré-direitos não é uma escolha discricionária do legislador, pelo contrário, é o resultado do processo de manutenção e conflito dos seres humanos em busca de sua autopreservação (TEUBNER, 2016, p. 287).

Ao trazer a noção de matriz anônima nos processos de violação de direitos, como ameaça não de humanos, mas de processos sociais impessoais baseados em instituições e modos de operação, Teubner alerta que toda a doutrina dos direitos humanos ainda é extremamente baseada na doutrina do *state action* e na ficção jurídica do Estado ou da empresa como pessoa, quando as maiores ameaças aos direitos humanos, há décadas, recaem nas matrizes anônimas e atomizadas para fora da relação estatal, que já não é mais o centro da sociedade, sobretudo a matriz econômica, ressaltando que as multinacionais e transnacionais são agentes ativos na degradação humana e ambiental e quase nunca pagam pelo que fazem, pois é extremamente difícil enquadrá-las dentro dos modelos jurídicos atualmente adotados, cujo escopo e competência do Poder Judiciário condizem com o Estado nacional e encontra inúmeras limitações (TEUBNER, 2016).

De fato, tem-se ainda um modelo de direitos humanos focado em demasia na atuação do Estado contra o indivíduo, baseado no paradigma liberal do século XVIII. Esse modelo deve agora caminhar para esferas além do debate sobre seus efeitos horizontais e como irradiá-los para toda a estrutura jurídica, independentemente dos limites autoimpostos pela dogmática jurídica e pela binarização lógica dos processos judiciais – sempre necessário ter um autor, um réu, polos bem definidos e personificáveis –, sob pena de ineficácia diante de diversos meios de comunicação independentes da ação estatal. Aliás, nas últimas décadas, o Estado inclusive tem abdicado de seu papel de controlar esses aspectos, o que é marca da doutrina neoliberal de intervenção estatal mínima.

Estes conceitos, da exploração do ser humano por sistemas sociais, por instituições que degradam nosso planeta, trazida a partir de sua concepção ecológica dos direitos fundamentais, são ferramentas úteis para se repensar os conflitos existentes em relação aos recursos hídricos em que existem diversos e sobrepostos processos ocorrendo por meio de instituições que violam e vulneram os direitos dos humanos em relação à água, sendo estas matrizes em sua maioria extra ou paraestatais, como o mercado, despersonalizadas e profundamente complexas e interligadas, como a tendência ao consumismo, o desperdício, a corrupção, as disputas políticas, o lucro, a parca educação de parcela da população, todos contribuindo para processos de sofrimento dos indivíduos que passam sede e/ou estão doentes ou sofrendo por causa da atuação sistemática e estruturada desses atores que não agem em nome próprio, mas são corpos utilizados pelas instituições em seus processos sociais (TEUBNER, 2016).

Não se trata aqui de um conflito de direitos oponíveis, de sujeitos bem recortados ou de conflito entre direitos fundamentais de mesma estatura, ou mesmo tão somente de conflitos entre a pessoa humana individual e a pessoa-empresa, ou pessoa-Estado, mas sim trata-se de relações complexas entre as instituições que compõem esses processos anônimos que prejudicam os indivíduos e ilustram contradições estruturais e sociais reais (FISCHER-LESCANO, 2016) e não meramente direitos abstratos. Da mesma forma, Luhmann (2000, apud KLASSMANN, 2017) aduz que as normas de direitos são assim reconhecidas justamente por suas violações, de forma que é o seu descumprimento, a constatação de sua falta que o classifica como um direito humano. O direito humano à água simboliza esta visão, vez que ainda que parcamente positivado e reconhecido oficialmente há uma década, sempre existiu, devida a gravidade das consequências de seu descumprimento, como direito pré-positivo e/ou pré-estatal.

Luhmann (2016) identifica nas características atuais da sociedade cada vez mais uma necessidade de atuação da administração pública de forma a resolver problemas, em situações que fogem das tradicionais categorias do sistema jurídico, ao não se enquadrarem em violações individuais ou únicas da lei e não dependerem simplesmente de aplicação de legislação (mecanismo que transforma a política em direito).

A purificação e a preservação da água e do ar são exemplos trazidos por Luhmann, que destaca o tempo como um elemento do qual até então o Direito havia conseguido se afastar. No entanto, à medida que a preocupação com o futuro se torna central na arena política, o ente estatal e o Direito também lentamente começam a ser permeados por estas preocupações, sobretudo ecológicas, que vêm com alto grau de abstração e incerteza de como agir e de como será o futuro, em que pese haja alertas quase unânimes entre a comunidade científica de que o mundo sofrerá com as consequências da crise climática.

A partir da edição do Decreto 9.571, de 21 de novembro de 2018, que estabelece as Diretrizes Nacionais sobre Empresas e

Direitos Humanos, editado para a entrada do Brasil na OCDE, é possível aferir uma mudança de patamar e do cenário hermenêutico relacionado às normas e ações que contrariem os direitos humanos no país (D'AMBROSO, 2018) com capacidade de obstaculizar o agravamento da crise hídrica do país, permitindo ao Judiciário um maior controle sobre as condições de instalação e funcionamento de estabelecimentos privados e públicos que causem estresse hídrico em determinada região. Essa previsão é fundamentada nas características do referido decreto, que obriga o Estado brasileiro a proteger os direitos humanos nas atividades empresariais, ou seja, privadas, incluindo multinacionais, além de estipular a responsabilidade das próprias empresas em relação a não apenas respeitar, mas garantir a implementação de condições dignas, e reafirma a necessidade de observância dos tratados internacionais sobre direitos humanos por parte das empresas. Entre suas previsões, destaca-se a obrigação de adotar medidas de sustentabilidade ambiental em seu artigo 12[91] e a responsabilidade, constante artigo 6º, por não violar os direitos humanos da comunidade mediante o controle dos riscos e o dever de enfrentar os impactos adversos aos direitos humanos causados por sua atividade.[92]

---

[91] II – desenvolver programas com objetivos, metas e ações de controle necessárias, vinculadas aos Objetivos do Desenvolvimento Sustentável da Organização das Nações Unidas, suficientes para evitar danos e causar menor impacto sobre recursos naturais como flora, fauna, ar, solo, água e utilizar, de forma sustentável, os recursos materiais;

[92] Art. 6º. É responsabilidade das empresas não violar os direitos de sua força de trabalho, de seus clientes e das comunidades, mediante o controle de riscos e o dever de enfrentar os impactos adversos em direitos humanos com os quais tenham algum envolvimento e, principalmente: I – agir de forma cautelosa e preventiva, nos seus ramos de atuação, inclusive em relação às atividades de suas subsidiárias, de entidades sob seu controle direto ou indireto, a fim de não infringir os direitos humanos de seus funcionários, colaboradores, terceiros, clientes, comunidade onde atuam e população em geral; II – evitar que suas atividades causem, contribuam ou estejam diretamente relacionadas aos impactos negativos sobre direitos humanos e aos danos ambientais e sociais, III – evitar impactos e danos decorrentes das atividades de suas subsidiárias e de entidades sob seu controle ou vinculação direta ou indireta; IV – adotar compromisso de respeito aos direitos humanos, aprovado pela alta administração da empresa, no qual trará as ações que realizará, para evitar qualquer grau de envolvimento com danos, para controlar e monitorar riscos a direitos humanos, assim como as expectativas da empresa em relação aos seus parceiros comerciais e funcionários; (...) VIII – criar políticas e incentivos para que seus parceiros comerciais respeitem os direitos humanos, tais como a adoção de critérios e de padrões sociais e ambientais internacionalmente reconhecidos para a seleção e a execução de contratos com terceiros, correspondentes ao tamanho da empresa, à complexidade das operações e aos riscos aos direitos humanos;

No artigo 6º, VII, é cristalizada a responsabilidade social da empresa (embora já constante da Constituição Federal), ao impor a necessidade de "promover a consulta livre, prévia e informada das comunidades impactadas pela atividade empresarial", ou seja, há previsão normativa que permite que comunidades afetadas por empreendimentos comerciais tenham se de ser previamente consultadas, o que ocasiona uma mudança substancial no paradigma da participação popular e controle social da atividade privada, que se coaduna com todo o marco legislativo dos recursos hídricos, que estão entre os mais afetados pela instalação de indústrias, de megaempreendimentos e mesmo da agricultura intensiva. Nessa toada, a avaliação da inércia e da ação dos entes estatais em relação às crises do século XXI (como a ecológica/climática, mas também pode-se citar as guerras nucleares), ou seja, os atos comissivos e omissivos dos agentes com influência são avaliados a partir dos riscos calculados das decisões tomadas.

Nas sociedades complexas, multifacetadas e multidimensionais, o risco é adotado como a forma que a sociedade e o Direito lidam com seus problemas futuros, com os possíveis custos das tomadas de decisões, pela constatação de que é impossível, na vida real, não assumir riscos ou zerá-los, devendo o Estado, por meio da normatização, agir para dirimir os custos sociais destas violações previsíveis.

Ademais, em seu artigo 9º,[93] estabelece-se que compete às empresas identificar os riscos de impacto e de violação de direitos humanos e adotar medidas de prevenção e de controle adequadas e efetivas, visando a mitigar e prestar contas do risco, adotando também o enfoque da transparência ao informar publicamente as medidas adotadas, possibilitando o controle social sobre as ações das empresas. O conceito de risco, aqui internalizado e positivado pelo ordenamento jurídico pátrio como de observância obrigatória quando da tomada de decisões por empresas, e suas potencialidades para a maior prevenção e racionalidade daquilo que a humanidade enfrenta de forma coletiva, enquanto sociedade, vem sendo bastante

---

[93] Art. 9º. Compete às empresas identificar os riscos de impacto e a violação a direitos humanos no contexto de suas operações, com a adoção de ações de prevenção e de controle adequadas e efetivas.

debatido no âmbito do Direito, da Sociologia e de outras áreas do conhecimento, estando presente nos debates em relação ao Direito Penal e Ambiental, mas perpassando a discussão também sobre os direitos humanos, sociais, econômicos e toda a vasta gama de direitos fundamentais, a partir das lições de Ulrich Beck, em sua obra basilar, Sociedade de Risco, e por outro viés, nas elaborações do Centro de Estudos do Risco da Universidade de Lecce, guiado por Rafaelle de Giorgi e Niklas Luhmann e sua teoria dos sistemas, contribuindo ainda para o tema Anthony Giddens.

Sobre a noção de risco na sociedade complexa, vale trazer as lições de Niklas Luhmann, que ao apresentar a noção da complexidade social, do mundo múltiplo, em oposição às antigas estruturas da sociedade, observa que essa multiplicidade causa incerteza e essa inquietação é parte basilar da sociedade moderna:

> Nós o elucidamos usando a palavra-chave "risco". O risco faz referência a decisões que aceitam a possibilidade de que haja consequências desvantajosas, não sob a forma de custos que se tenham de pagar e cujo sacrifício se encontra justificado, mas na forma de danos mais ou menos improváveis que, se materializados, deixariam a decisão ser estigmatizada como causa propulsora, expondo-a ao efeito de arrependimento retrospectivo (LUHMANN, 2016, p. 112).

A complexidade é compreendida por Luhmann como a admissão da existência de uma infinidade de variáveis possíveis, resultantes da intrincada rede de relações comunicativas da sociedade, permitindo que este cálculo faça parte da abordagem em relação à sociedade, fazendo com que a imprevisibilidade seja a regra e que, portanto, o planejamento seja essencial (LUHMANN, 2005). A crise hídrica dialoga diretamente com as hipóteses levantadas por Niklas Luhmann,[94] vez que (a falta de) a água é um recurso central na questão ambiental e afeta sobremaneira outros direitos humanos inter-relacionados, sendo um elemento que aprofunda as principais crises que se preveem hoje como os maiores riscos para a humanidade, a questão climática e o aumento da desigualdade.

---

[94] O próprio Luhmann, quando refere a sociedade complexa e os riscos a ela intrínsecos, trata em seus textos sobre a questão ecológica.

Já Raffaele De Giorgi conceitua o risco como uma estrutura comunicativa criada no presente buscando evitar um possível dano, ou seja, uma admissão de que não se pode antever, antecipar ou controlar todos os problemas que serão enfrentados no futuro, ligando diretamente o passado, seguro e imutável, com o futuro cada vez mais incerto. De muitos desses riscos, sobretudo os oriundos da intervenção humana direta no meio ambiente, sequer se tem exemplos do passado para nos guiar (fonte de previsão para ações futuras sempre foram as ações do passado, o costume e a tradição, um luxo dos antigos que a sociedade complexa já não possui).

> O risco condensa uma simbiose particular entre futuro e sociedade: ele permite construir estruturas nos processos de transformação dos sistemas, especificar as emergências de ordens nas estruturas dos sistemas. O risco é, na realidade, uma construção da comunicação que descreve a possibilidade de arrepender-se, no futuro, em relação a uma escolha que produziu dano que se queria evitar. Dessa forma, risco está ligado ao sentido da comunicação e é relevante por este aspecto, não pelos vestígios que podem existir na consciência. O risco estabelece a necessidade de um cálculo do tempo segundo condições que nem a racionalidade, nem o cálculo da utilidade, nem a estatística podem fornecer indicações úteis (DE GIORGI, 2005, p. 388).

A racionalidade seria o remédio para o caos e a desordem, introduzindo a normalidade característica da sociedade ocidental, dotada de sistemas sociais com racionalidade específica, como o Direito e a Economia, numa secularização da semântica da desgraça divina (SIMIONI, 2009). A problemática passa a ser quando a própria racionalidade moderna e burguesa começa a produzir efeitos deletérios sobre os quais não consegue agir e o risco se torna universal (LUHMANN, 1996), não se podendo falar mais em segurança como oposição ao risco e sim em probabilidades maiores ou menores advindas da tomada de decisão no presente. É o que se observa na questão do meio ambiente e dos riscos advindos da exploração de atividades econômicas deletérias à natureza, de acordo com a distinção Luhminiana.

Não se nega que há diversos problemas e conflitos quando o Direito assume argumentos advindos de outros sistemas que são organizados de forma diversa, como é o caso das decisões tomadas a partir do denominado consequencialismo, sobretudo o efeito da oposição entre aqueles que tomam as decisões, visando maximizar oportunidades, ainda que assumindo os riscos, e os afetados, que buscam minimizar os danos (SIMIONI, 2009), ainda que autores argumentem que tudo aquilo que é trazido para dentro do sistema jurídico já não é mais extrajurídico, como defende Ralf Poscher[95] em A Mão de Midas.

No entanto, o que parece ser premente entre aqueles que defendem a teoria social é que a sociedade complexa e as especificidades de novos ramos setoriais do Direito, como o Direito Ambiental e o constitucionalismo moderno, de recente organização em relação aos dois mil anos de tradição juscivilista, exigem que se formulem novos métodos de interpretação e aplicação para além da metódica tradicional do direito privado (MULLER, 2005), admitindo-se que a avaliação dos efeitos colaterais das decisões, não apenas judiciais, mas de todas as decisões emitidas por titulares de funções estatais, faz parte do processo decisório:

> Assim, se o jurista apenas tem referência na lei, regras ou princípios para decidir validamente, então este jurista não tem condições de assimilar toda a complexidade que envolve sua decisão, muito menos os impactos futuros que sua decisão pode provocar no próprio direito (riscos) e nos demais sistemas da sociedade (perigo) (ROCHA; SIMIONI, 2004, p. 89).

O Direito, ainda que seja um (sub)sistema social dotado de especificidades e linguagem comunicativa próprias, não está isolado dos outros sistemas da sociedade complexa e, portanto, não opera somente pela autopoiese, tampouco leva em conta apenas as normas positivadas, como os juspositivistas da ciência pura um dia imaginaram, sendo constantemente permeado e pressionado pela realidade concreta, pelo conceito de irritação, que vem assumindo gradualmente o Direito brasileiro a partir dos institutos

---

[95] Sobre os comentários do professor Poscher acerca do debate Hart *versus* Dworkin: "O Direito compartilha muitos de seus conceitos com outras áreas do discurso. Que a maioria desses conceitos possui um significado jurídico específico quando usados dentro do Direito é um fato linguístico bem estabelecido. O Direito desenvolve suas próprias concepções de conceitos que compartilha com outras disciplinas. Assim como o Rei Midas, que transformava tudo o que tocava em ouro, o Direito transforma seus conceitos em jurídicos. A razão profunda para a qualidade de Midas do Direito está na especificidade da prática jurídica, de seus métodos, de seus padrões doutrinários e de seu ambiente institucional" (...) (POSCHER, 2018)

da repercussão geral e da transcendência e das recentes alterações da Lei de Introdução às Normas do Direito Brasileiro (LINDB), pela Lei nº 13.655, de 2018,[96] e da admissão pelo Direito de que há, além da positividade em si, impacto social de relevância que deve servir, se não como fundamentação única ou principal, como parte do pragmatismo motivado da jurisprudência (MULLER, 2005), sem que se abra mão da normatividade e da metódica do Direito. De todo modo, a reafirmação e, quiçá, reconstrução do antigo paradigma tradicional da água como bem comum da humanidade, como direito pré-positivo de salvaguarda da vida na Terra é, além de, como visto, um dos maiores perigos desta quadra da história, um conflito que mobilizará cada vez mais a arena política, tensionará governos e Estados e deverá desembocar no Judiciário, cristalizando-se também como um dos maiores desafios dos juristas neste século XXI.

---

[96] Sobre o consequencialismo e a LINDB ver: Art. 20. Nas esferas administrativa, controladora e judicial, não se decidirá com base em valores jurídicos abstratos sem que sejam consideradas as consequências práticas da decisão. (Incluído pela Lei nº 13.655, de 2018) (Regulamento) Parágrafo único. A motivação demonstrará a necessidade e a adequação da medida imposta ou da invalidação de ato, contrato, ajuste, processo ou norma administrativa, inclusive em face das possíveis alternativas (Incluído pela Lei nº 13.655, de 2018). Art. 21. A decisão que, nas esferas administrativa, controladora ou judicial, decretar a invalidação de ato, contrato, ajuste, processo ou norma administrativa deverá indicar de modo expresso suas consequências jurídicas e administrativas. (Incluído pela Lei nº 13.655, de 2018) (Regulamento). Parágrafo único. A decisão a que se refere o *caput* deste artigo deverá, quando for o caso, indicar as condições para que a regularização ocorra de modo proporcional e equânime e sem prejuízo aos interesses gerais, não se podendo impor aos sujeitos atingidos ônus ou perdas que, em função das peculiaridades do caso, sejam anormais ou excessivas. (Incluído pela Lei nº 13.655, de 2018). Art. 22. Na interpretação de normas sobre gestão pública, serão considerados os obstáculos e as dificuldades reais do gestor e as exigências das políticas públicas a seu cargo, sem prejuízo dos direitos dos administrados (BRASIL, 2018).

CAPÍTULO 7

PROCESSOS DE MERCANTILIZAÇÃO DA ÁGUA

7.1 Na contramão do mundo: a crescente tendência de privatização da água no Brasil

Em 9 de junho de 1997, a Sabesp, maior empresa de saneamento da América Latina, abria seu capital na Bolsa de Valores de São Paulo (Bovespa) e, ato contínuo, anunciava um expressivo aumento de 9,8% em suas tarifas, sob aplausos dos agentes do mercado financeiro, que saudavam a coragem do então governador Mário Covas, coroando um processo iniciado ainda no governo anterior, de Antônio Fleury Filho, em 1994 (FOLHA DE SÃO PAULO, 1997). No ano seguinte, 1998, a Sanepar, a companhia paranaense de saneamento, foi transformada em sociedade anônima e abriu seu capital, mesmo ano em que houve o IPO da Casan, a empresa do estado de Santa Catarina.

Na esteira das privatizações de diversas empresas estatais, sobretudo dos setores de telefonia e energia elétrica ocorridas nos anos 1990, o setor de água e esgotos não passou incólume, ainda que não tenha sido um processo tão disseminado como em outras áreas. Em um primeiro momento, os governos estaduais cederam o controle majoritário, ao contrário da venda de outras empresas públicas de propriedade dos governos municipais, estaduais e federal naquela época, optando por colocar no mercado acionário apenas parte das ações.

Ainda, em 1998, a Saneatins, então sociedade de economia mista de capital fechado do estado do Tocantins, tem 35% de sua participação comprada pela Empresa Sul-Americana de Montagens (ESMA), que em 2002 assumiria o controle acionário, efetivando a transformação da Saneatins em uma empresa privada (SOARES R. *et al.*, 2017). A última das empresas públicas estaduais de saneamento a passar por esse processo foi a mineira Copasa, já no ano de 2006.

O processo de desestatização dos serviços de abastecimento de água e esgotamento sanitário foi institucionalmente apoiado pelo governo federal à época com diversos programas: o programa de modernização do setor de saneamento por meio de instituições públicas, como o BNDES; o Programa de Fomento à Parceria Público-Privada para Prestação do Serviço de Abastecimento de Água e Esgotamento Sanitário (Proper), que incentiva a participação privada com possibilidades de financiamento especial ao poder municipal concedente para a contratação de consultores privados e elaboração de projetos; o programa de financiamento a concessionárias privadas para prestação de serviços de saneamento e o programa de investimentos em concessões privadas de saneamento no âmbito da Caixa Econômica Federal (FARIA; FARIA; MOREIRA, 2005).

Além da busca pela capitalização das empresas via negociação direta na bolsa de valores das ações dessas empresas, em sua maioria altamente lucrativas e bastante atrativas para investidores privados, e da concessão dos serviços públicos para empresas privadas, outros modelos de negócio também foram – e são – utilizados pelos governos estaduais, acionistas majoritários, de forma a alavancar e garantir os investimentos necessários, sobretudo na infraestrutura de saneamento básico, devido às graves crises fiscais que afligem boa parte das unidades da federação, e lhe retiram capacidade de investimento.

Entre os instrumentos de gestão utilizados, introduzidos pelas leis 8.987/95, 9.074/95 e 11.079/04 e ainda pela Lei de Licitações, estão sobretudo as parcerias público-privadas (PPPs) e Arranjos Público-Privados (APPs) no geral, sendo as modalidades mais comuns os contratos de performance, locação de ativos, subdelegação de funções e também a terceirização de serviços como a leitura de hidrômetros (SOARES R. *et al.*, 2017).

O processo de privatização ou de desestatização das empresas concessionárias dos serviços de abastecimento e tratamento de água e de esgotamento sanitário, não é, portanto, uma novidade no país, tendo avançado expressivamente nas últimas duas décadas e meia e convivendo com o modelo público até então adotado no país. Esse modelo foi constituído durante o período da ditadura militar a partir do estímulo e incentivo aos governos estaduais pelo estabelecimento do Sistema Financeiro do Saneamento (SFS) e do Banco Nacional de Habitação (BNH) em 1968 e ainda pela edição do Plano Nacional de Saneamento (Planasa), cuja forma institucionalizada surgiu formalmente em 1971 (LIMA; OLIVEIRA, 2015). Após o fim do BNH em 1986, o Planasa foi gradualmente abandonado e novo esforço estatal foi feito no tema após a Lei nº 11.445/2007 e o lançamento em 2011 do PLANSAB, articulado com o Programa de Aceleração do Crescimento (PAC) e a construção de cisternas no semiárido nordestino (CASTRO, 2020).

A atual estrutura do saneamento básico no país é constituída majoritariamente de companhias estaduais, criadas a partir dos anos 1960, 24[97] delas com controle acionário da administração estadual e hoje em sua maioria esmagadora (23) sociedades de economia mista, além de uma empresa pública, duas autarquias e uma empresa de âmbito estadual privada (SNIS, 2015), variando de modelos em que o ente federado é dono de 99% das ações e 100% é público, como a Corsan no Rio Grande do Sul (CORSAN, 2017) e modelos como a Sabesp, Casan, Sanepar e Copasa, em que a administração estadual possui cerca de 50% das ações e o restante é negociado na Bolsa de Valores.

Ainda há um número expressivo de municípios que optam pela execução do serviços pela administração pública direta, no mínimo 902, incluindo-se secretarias, órgãos especiais e departamentos municipais como o DMAE de Porto Alegre e 408 autarquias municipais ou empresas, como o Semae de São Leopoldo e o Sanep em Pelotas, além de 4 empresas públicas e 7 sociedades de economia mista locais, somando-se ainda a um incipiente modelo de organização microrregional que congrega mais de um município, com três autarquias atuando dessa forma (SNIS, 2015).

---

[97] Esses números não incluem ainda a recente privatização da Cedae no Rio de Janeiro, onde estão ocorrendo leilões, e a possibilidade de cessão do controle acionário da Corsan ventilada pelo governo gaúcho.

Em ao menos 389 municípios já há concessões do serviço para empresas privadas, a partir de 191 contratos firmados (ABCON, 2021), expressivo salto de mais de 50% nos últimos 4 anos, quando contava-se 245 cidades, identificando-se alto grau de concentração, com 5 empresas controlando 88% desses contratos, quase metade apenas com a BRK, empresa canadense que comprou a Odebrecht Ambiental (INSTITUTO MAIS DEMOCRACIA, 2018), já observando-se a participação do segmento privado em municípios de todos os tamanhos segundo a classificação do IBGE. Ainda que a tendência seja de se observar maior participação privada em cidades maiores, 42% dos municípios com administração privada têm população de 20 mil habitantes ou menos e estes representam cerca de 70% das 5.570 cidades do país (SNIS, 2019). A maior parte dessas concessões municipais se concentra em poucos estados, com Mato Grosso, Tocantins e São Paulo liderando o ranking, com respectivamente, 38, 34 e 33 municípios, enquanto 10 estados não possuem ainda concessões municipais como modelo de atuação.

Histórico desafio de saúde pública no país, os esforços da administração pública brasileira em larga escala para garantir água e esgoto para a população são relativamente recentes e datam de pouco mais de cinco décadas. Ainda que haja deficiências e desigualdades na garantia desse direito humano, no que diz respeito à universalização dos serviços de abastecimento de água e esgoto, pode-se observar avanços relevantes no que tange ao acesso à água, cujo atendimento aumentou de menos da metade da população brasileira urbana em 1967 (PLANASA, 1974) com água encanada, para atualmente cerca de 83,6% dos brasileiros, com 92,4% dos municípios tendo água tratada (SNIS, 2018), em um cenário de maior urbanização, mas ainda notando-se forte desigualdade regional, com o Sul-Sudeste atendendo mais de 90% de sua população, enquanto o Norte fornece água para apenas 57%. Quanto à garantia de esgotamento sanitário, também nota-se melhoras expressivas, porém aquém do adequado e necessário, mais que dobrando seus índices, mas partindo de um patamar muito baixo, com avanços do percentual de 24% de cobertura antes do Planasa (PLANASA, 1974), ainda que se leve em consideração o salto populacional observado no país no período (a população do país mais do que dobrou nesse período), o percentual da população atendida é ainda de apenas

53,2% dos brasileiros, sendo que os números relativos ao esgoto tratado são ainda menores, apenas 46,3% (SNIS, 2018).

Com o justo motivo de superar este quadro de déficit na entrega do serviço público de água e esgoto, a defesa para as modificações no marco legal do saneamento e o discurso que sustenta as privatizações e maior presença do capital privado no setor se dá no sentido de que o poder público não conseguiu cumprir com as promessas e que para atingir a universalização precisa-se de gestão e investimento privados, que trariam dinamismo e mais recursos para uma área com carência nesses quesitos. No entanto, a própria lógica de mercado, baseada no valor da troca e na busca pelo lucro, incentivada pelo capital aberto das empresas, traz dúvidas sobre a capacidade real das empresas privadas de cumprir o que propõem. O aumento da tarifa de água nas cidades com gestão do saneamento privada foi maior que a média nacional (INSTITUTO MAIS DEMOCRACIA, 2018), isso num quadro onde quem ainda não tem acesso é justamente a população mais carente, é um dado nada alvissareiro. Ainda, os exemplos existentes no país não são exatamente cases de sucesso, com Manaus e Tocantins, cujos serviços foram privatizados no início dos anos 2000, abaixo da média nacional. Manaus, 20 anos depois da privatização do serviço conta com apenas 12,5% do esgoto coletado e é a quinta pior cidade no ranking do país (TRATA BRASIL, 2020).

Tratar esses serviços públicos essenciais como um negócio e não como direito social, e o cidadão-usuário como cliente é uma mudança profunda que parece estar sendo subestimada, somando-se a isso a falta de garantia da manutenção do subsídio cruzado, mecanismo essencial para a manutenção dos serviços nas pequenas cidades. A importância desse instrumento é ilustrada pelo exemplo do Tocantins que mostra que enquanto a BRK Ambiental-Saneatins gere os municípios maiores, onde estão as possibilidades de lucro, o governo estadual teve de criar uma autarquia pública para assumir o serviço nos municípios menores e na zona rural (ATS, 2011). Para além disso, a continuidade da prestação também é um desafio, pois Manaus já está na terceira empresa gestora do sistema.

Da mesma forma observa-se no caso da cidade de Uruguaiana, primeiro município gaúcho a conceder o serviço de água e esgoto para uma empresa privada, onde a promessa de rápida universalização dos serviços mediante a exploração do setor privado não foi cumprida. Desde a aprovação da concessão pela Câmara de Vereadores em 2009 e após a licitação que escolheu a Empresa Subsidiária da Odebrecht Foz do Brasil em 2011, posteriormente renomeada Odebrecht Ambiental, constatou-se uma série de irregularidades e inconsistências que levaram a cidade aos noticiários ao ser incluída inclusive na Operação Lava-Jato, com denúncias de corrupção envolvendo a Odebrecht e o pagamento de mais de meio milhão de reais em propinas para diversos agentes políticos, prefeito, ex-prefeito, vereadores e deputados com base na cidade, em razão da aprovação da concessão (ZERO HORA, 2017).

A universalização do serviço prometida em cinco anos não foi cumprida, e mesmo após um aditivo contratual de mais 3 anos, novamente a empresa privada não conseguiu garantir suas metas, mesmo cobrando um consumo mínimo de 10 metros cúbicos, o que ocasionou um aumento substancial da fatura para muitos moradores e causou polêmica na cidade, após promessa de que a tarifa iria baixar (SUL21, 2011), o que não foi constatado, com o previsto em contrato sendo o reajuste anual pelo IGP-M.

A prefeitura de Uruguaiana chegou a cobrar 30 milhões de reais em multas pelo atraso, e a venda da Odebrecht Ambiental para a empresa Canadense BRK Ambiental, sem consultas prévias à prefeitura demonstra o descumprimento dos critérios de gestão participativa que devem reger a gestão da água e saneamento.

Devido à parca qualidade do asfaltamento utilizado para a repavimentação, cobranças irregulares de tratamento de esgoto onde somente existia a coleta simples e a constatação de que em regiões da cidade o esgoto desembocava diretamente no Rio Uruguai, somados aos constantes aditivos, a Câmara de Vereadores chegou a recomendar a rescisão do contrato (SUL21, 2019). Houve ainda denúncias, não apenas em Uruguaiana e São Gabriel, os dois casos no Rio Grande do Sul, mas também em São Paulo, de que os editais licitatórios, apesar do discurso de que a companhia estadual pública poderia participar em igualdade com as demais empresas, traziam critérios excludentes, prejudiciais aos trabalhadores e direcionados, como a impossibilidade de ter passivo trabalhista.

Recentemente, em 30 de abril de 2021, finalizou-se o primeiro estágio da privatização da Cedae, companhia do estado do Rio de

Janeiro, com a realização na Bolsa de Valores de São Paulo de leilão de três dos quatro blocos regionais (o bloco 3 não teve interessados com a retirada de proposta feita anteriormente pela Aegea),[98] com dois blocos, incluindo a maior parte da cidade do Rio de Janeiro, sendo arrematados pela Aegea e um bloco pela empresa Iguá, ambos consórcios de capital majoritariamente internacional, em uma transação que alcançou a expressiva cifra de 22,7 bilhões de reais para a concessão pelos próximos 35 anos. O processo de cessão dos serviços de água e esgoto fluminense para a iniciativa privada tomou força durante a grave crise política e financeira do estado nos últimos anos. Em 2017, com a assinatura de termos de ajuste que oficializaram o Regime de Recuperação Fiscal do Estado, após a decretação do estado de calamidade financeira em 2016 pelo governador Luiz Fernando Pezão, a Cedae foi dada em garantia de empréstimos ao tesouro estadual, e em contrapartida sua privatização foi prometida ao governo federal, com a modelagem realizada pelo Banco Nacional de Desenvolvimento Econômico e Social (BNDES).

Veja-se, portanto, que a motivação declarada da privatização de um serviço essencial foi puramente econômica e financeira, um acordo entre entes federados que não levou em conta o conteúdo do direito humano de acesso à água e saneamento, mas tão somente a possibilidade de aferição de lucro com a venda de uma lucrativa empresa pública, com patrimônio estimado em bilhões de reais. Tais motivações constam explicitamente na literalidade das normas constantes do projeto de lei aprovado pela Assembleia Legislativa do Rio de Janeiro em 2017, PL 2345/2017, posteriormente Lei Estadual nº 7.529/2017 que autorizou o governo estadual a dispor da totalidade das ações da companhia:

> (...) Art. 2º. Enquanto não efetivada a alienação de que trata o artigo 1º, fica o Poder Executivo autorizado a contratar operação de crédito no

---

[98] O bloco 3 se refere a setores da Zona Oeste do Rio de Janeiro, com zonas hoje tomadas pelas milícias cariocas, o que foi apontado por alguns como uma das razões. Vale ressaltar que a prefeitura do Rio de Janeiro já havia concedido o serviço de abastecimento de água nessas regiões para empresa privada em 2012, tendo a BRK a prerrogativa de continuar a explorar o serviço de esgotamento sanitário na região, ainda que este se mantenha, quase uma década depois, com um dos piores índices de qualidade de água do estado do Rio de Janeiro (EXTRA, 2021).

valor de até R$ 3,5 bilhões junto a instituições financeiras nacionais ou internacionais, organismos multilaterais e bilaterais de crédito, agências de fomento ou agência multilateral de garantia de financiamentos.

Parágrafo único. Fica o Poder Executivo autorizado a oferecer em garantia à instituição credora e/ou em contragarantia à União as ações de sua titularidade com o fim de viabilizar a obtenção de aval da União à operação de crédito de que trata o *caput*.

Art. 4º. Os recursos resultantes da operação de alienação das ações representativas do capital social da Companhia Estadual de Águas e Esgotos – Cedae serão obrigatoriamente utilizados para a quitação da operação de crédito de que trata o artigo 2º, não se aplicando o disposto no artigo 2º da Lei Estadual nº 2.470, de 28 de novembro de 1995.

Parágrafo único. Observado o disposto no artigo 4º, o saldo do resultado da alienação será destinado ao abatimento de dívidas, na seguinte ordem, observado o disposto no artigo 44 da Lei Complementar nº 101, de 4 de maio de 2000: I – dívidas refinanciadas com bancos federais garantidas pela União; II – dívidas do Estado com a União (BRASIL, 2017).

A justificativa do referido Projeto de Lei também não refere nada relativo à necessidade de universalização dos serviços, cumprimento do disposto na legislação das águas e saneamento ou melhora dos serviços, tampouco apresenta justificativas técnicas em relação ao abastecimento de água e tratamento dos recursos hídricos, mas tão somente trata a venda da companhia como mera transação financeira necessária:

No Plano de Recuperação Fiscal, o Estado assumiu uma série de obrigações, como a de implementar de modo irretratável e irrevogável a medida para a qual se solicita autorização – a alienação das ações representativas do capital social da Companhia Estadual de Águas e Esgotos. A alienação do controle da Cedae demonstra, assim, a disposição do estado do Rio de Janeiro em honrar um acordo duradouro e sustentável, que permite o equacionamento definitivo da situação das finanças estaduais.

(...) Como natural a qualquer plano de recuperação, e ainda mais diante da dimensão dos benefícios concedidos ao estado no acordo, exigiu-se a apresentação de garantias do ente beneficiado, sendo as ações representativas do capital social da Cedae o principal ativo de que o estado dispõe. A presente proposta, portanto, permite viabilizar, de imediato, o processo de reestruturação da Administração Pública estadual, sempre com foco na retomada da previsibilidade e da estabilidade dos compromissos do estado com seus mais de 16,5 milhões de cidadãos e cidadãs (BRASIL, 2017).

Essa lei foi alvo de intensos questionamentos jurídicos, políticos e sociais, com parecer do IAB pontuando que sua aprovação rompia o pacto federativo e o entendimento exarado pelo Supremo Tribunal Federal na ADI 1.842, uma vez que a titularidade do serviço de água e esgotos é dos municípios, administrado, *in casu*, em conjunto com o governo do Rio de Janeiro por meio desta companhia, e portanto, não poderia a administração estadual, que não detém a titularidade do poder concedente, tomar essa iniciativa sem a oitiva dos mais de sessenta municípios fluminenses.

Da mesma forma, houve o ajuizamento da ADI 5.683 pelos partidos Rede Sustentabilidade e PSOL, questionando a constitucionalidade de diversos elementos, formais e materiais, da Lei de Alienação da Cedae, com parecer da própria PGR em favor da concessão de liminar, tendo o ministro Luís Roberto Barroso, em decisão monocrática, deferido parcialmente a liminar para dar interpretação conforme à Constituição vedando a finalidade do empréstimo com as ações da companhia como garantia para o pagamento de servidores.[99]

Ao contrário do exposto pelo administrador regional, de que a Lei era mera formalidade autorizativa e que o processo de diálogo seria quando da elaboração das normativas para o edital da licitação, as evidências demonstram que o governo estadual, com o beneplácito do governo federal, deliberadamente ignorou estudos e relatórios das mais diversas áreas questionando o processo, que foi realizado de forma abrupta, sem participação social e em regime de urgência. Entre esses, pode-se mencionar a Nota Técnica da Fiocruz[100] que analisou os potenciais impactos à saúde e aos direitos

---

[99] Apesar de afastar a inconstitucionalidade pela falta de diálogo social e ausência de prévia consulta aos municípios, considerando que o Projeto de Lei não realiza a cessão, mas apenas autoriza, no final de seu voto, assim proferiu o ministro relator: Portanto, não sou indiferente à importância do saneamento básico nem a essa triste situação. É apenas de se lamentar que a autorização para alienação das ações representativas do capital social da Companhia Estadual de Águas e Esgotos – Cedae esteja se dando sem uma discussão mais profunda a propósito do serviço a ser prestado e para a finalidade declarada pelo legislador estadual (BRASIL, 2017).

[100] O processo de participação popular em relação à concessão da Cedae foi realizado durante a pandemia do Covid-19 por meio de audiências virtuais e a partir do próprio BNDES, o que acarretou diversas críticas, consoante exposto na referida nota Técnica da Fundação Oswaldo Cruz: "Os rumos, ritmos e, principalmente, as lacunas identificadas nos documentos de referência do Edital de Concessão dos Serviços de Abastecimento

humanos diante do edital de concessão dos serviços de fornecimento de água e esgotamento sanitário e demais serviços complementares ao setor privado que, entre outras críticas, apresenta preocupações sobre a garantia do acesso à água e saneamento às áreas rurais e áreas mais vulneráveis, inclusive epidemiologicamente, com uma abordagem em relação à saúde pública considerada insuficiente:

> No Caderno de Encargos, quando são abordadas as favelas e aglomerados subnormais, denominadas inadequadamente como "áreas irregulares", tem-se: "A Concessionária alinhará com o estado e a agência reguladora, quais serão as áreas irregulares que ele deve investir, devendo ser priorizadas as áreas que atendam aos requisitos (i) de urbanização ou de planejamento de urbanização pelo poder público e (ii) de maiores condições de segurança". Tal formulação confronta os princípios dos direitos humanos, pois, em lugar de as definições serem norteadas pelo critério de saúde pública, priorizando as áreas mais insalubres, a modelagem adota o critério de rentabilidade e de segurança (MINISTÉRIO DA SAÚDE, 2018, [s.p.]).

O mesmo estudo nota que responsabilidades do governo estadual e dos municípios, como o planejamento, são transferidas para a empresa privada, sem nenhuma disposição sobre a obrigatoriedade da participação popular. Ressalte-se ainda que a Cedae é a maior usuária das águas das bacias hidrográficas do Rio de Janeiro, com expressivo uso tanto da água superficial quanto da captação subterrânea, traço comum às outras Cesbs, o que leva a debates em relação às outorgas e liberações realizadas pelo Instituto Estadual do Meio Ambiente do Rio de Janeiro e pela Agência Nacional de Águas à Cedae, pois o novo titular deverá solicitar e fundamentar a transferência, sendo esses contratos de outorga ativos preciosos da companhia estadual por si só:

> O marco regulatório do saneamento básico no Brasil (recentemente modificado) estabelece que: "o titular dos serviços formulará a

---

de Água e Esgotamento Sanitário do Estado do Rio de Janeiro indicam a necessidade da ampliação do prazo da consulta, possibilitando o envolvimento das instituições de pesquisa e acadêmicas, bem como a população do estado do Rio de Janeiro. Caso isso não ocorra, existe o risco de se aprovar um edital de concessão dos serviços públicos de saneamento com indefinições institucionais, jurídicas, técnicas, econômicas e financeiras, com potenciais de impactos socioambientais, em especial à saúde pública e aos direitos humanos, ao longo dos 35 anos previstos de concessão ao setor privado".

respectiva política pública de saneamento básico, devendo, para tanto, [...] elaborar os planos de saneamento básico [e] estabelecer metas e indicadores de desempenho e mecanismos de aferição de resultados, a serem obrigatoriamente observados na execução dos serviços prestados de forma direta ou por concessão" (inciso I do artigo 9º da Lei 11.445); (Redação pela Lei nº 14.026, de 2020). Ademais, reitera que "os planos de saneamento básico serão aprovados por atos dos titulares", devendo ser "compatíveis com os planos das bacias hidrográficas e com planos diretores dos municípios em que estiverem inseridos, ou com os planos de desenvolvimento urbano integrado das unidades regionais por eles abrangidas" (art. 19 da Lei 11.445/2007). Portanto, em nenhum momento prevê a transferência da atividade de planejamento dos serviços, fundamental para a vida urbana e para a redução das desigualdades, para ente privado. (AGÊNCIA NACIONAL DAS ÁGUAS, 2020, [s.p.]).

Além disso, estudo realizado pela UFRJ e apontamentos do Tribunal de Contas que indicaram 24 pontos sensíveis e questões relevantes na modelagem apresentada[101] e aprovaram uma auditoria para verificar o processo licitatório em relação ao Edital 1/2020 e ao Decreto 47.422/2020 que instaurou o processo também foram ignorados.

A própria Assembleia Legislativa, que havia aprovado o projeto de autorização da venda da totalidade das ações, aprovou em 2018 o artigo 22 da Lei Complementar nº 182/2018, que tratava de multas e juros relativos ao ICMS: "Art. 22. Fica revogado o artigo 1º da Lei nº 7.529, de 7 de março de 2017" (RIO DE JANEIRO, 2018), o que ocasionou um conflito entre poderes, com o governador vetando esse artigo e posteriormente sendo esse veto derrubado pela Alerj, desaguando no Judiciário, quando o Tribunal de Justiça do estado concedeu liminar suspendendo os efeitos do artigo que colocava em risco a venda dos ativos da Cedae. Novamente em 2021, a Alerj aprovou o Projeto de Lei Complementar nº 57/2021 para suspender os efeitos do Decreto e do edital de concessão que este possibilitava.

Pelo princípio da eficiência (art. 37 da CF), demonstrado que existem possibilidades administrativas mais eficazes e efetivas e por todo o corolário constitucional de preservação do bem da vida e da saúde da população, é dever do ente público garantir as condições necessárias para que o quadro não se agrave. Além

---

[101] Ver processo TCE/RJ 103.462-2/20

disso, é vedado expressamente que o poder público atue de forma proativa para o agravamento do quadro, como demonstra ser o caso com a reabertura das escolas e a edição de decretos que optam por protocolos desatualizados, ultrapassados, insuficientes e ineficientes. A adoção de medidas desnecessárias, de forma contraproducente e onerosa, é passível de anulação. O dever de motivar serve à efetividade de princípios básicos da Administração Pública e, portanto, mesmo atos discricionários estão sujeitos à motivação explícita, clara e congruente, pois a regra de eficiência e competência não é mera faculdade.

Portanto, pela teoria dos motivos determinantes, quando a administração pública declara a motivação de um ato administrativo (mesmo atos discricionários), a validade desse ato fica vinculada à existência e à veracidade dos motivos por ela apresentados como fundamentação, o que não é o caso dos atos de desestatização da Cedae, passíveis de anulação inclusive pelo exposto no artigo 2º, alíneas *d* e *e* da Lei nº 4.717/65, Lei da Ação Popular, que não permite que atos administrativos sejam alvo de desvio de finalidade ou que seus motivos não sejam juridicamente adequados para a finalidade. O administrador fica vinculado aos seus motivos e deve demonstrar a coerência entre o ato e sua finalidade. Assim, questiona-se se o tratamento da água como mercadoria e do serviço de abastecimento pela lógica mercantil de avaliação puramente sobre lucro e capacidade financeira da empresa, é recepcionado juridicamente, dadas as exigências e limitações constantes na legislação referente aos recursos hídricos, tal como já visto na Lei nº 9.433/97 e outros marcos normativos.

Uma leitura integrada da legislação das águas do país, ainda pouco conhecida inclusive do Judiciário, leva a crer que a água, bem de domínio público, e o saneamento básico, que tem como princípio fundamental o controle social (art. 2º, X, Lei nº 11.445/2007) não poderiam ser alvo de privatização do serviço de abastecimento, fornecimento e tratamento (pois a água em si é imprivatizável) sem prévia consulta pública e sem a garantia de mecanismos de participação nesse novo modelo, sobretudo pela forma como estão sendo realizadas as desestatizações das companhias, que parecem conflitar com os ditames legais, diretrizes e princípios-pilares da gestão dos recursos hídricos, quando tem-se que gestão dos recursos hídricos pressupõe por dever legal ser descentralizada e alvo de instâncias de controle social que não apenas fiscalizam, mas que efetivamente ditam os rumos da gestão, com a participação do Poder Público, dos usuários e da comunidade. A compatibilização desse novo modelo, centrado na gestão privada, com participação social e as prioridades do uso da água, será um desafio para os agentes da administração Pública e do Estado brasileiro nos próximos anos.

Na esteira da aprovação do Novo Marco Legal do Saneamento (Lei nº 14.026/2020), o governador do Rio Grande do Sul anunciou em 18 de março de 2021 a intenção de iniciar o processo de desestatização da Companhia Rio Grandense de Saneamento (Corsan), tomando como primeira medida a defesa da aprovação da PEC nº 280/2019, que suprime os §§2º e 5º do art. 22 da Constituição do estado do Rio Grande do Sul, eliminando, pois, a previsão constitucional anexada pela PEC nº 122 no ano de 2000, que obrigava a realização de plebiscito e a aprovação popular para realizar a privatização de empresas públicas e sociedades de economia mista cujo controlador fosse o estado do Rio Grande do Sul, especificamente a Companhia Rio Grandense de Saneamento (Corsan), o Banco do Estado do Rio Grande do Sul (Banrisul) (§2º) e Companhia Rio-Grandense de Processamento de Dados (PROCERGS) (§5º), de forma similar ao *modus operandi* adotado quando da iniciativa de privatização da Companhia Estadual de Energia Elétrica (CEEE). Aprovada em dois turnos, logo em seguida houve o envio pelo Poder Executivo do PL 211/2021, aprovado em 31 de agosto de 2021, que após ser sancionado pelo governador tornou-se a Lei Estadual nº 15.708/2021, cuja ementa se transcreve e, de acordo também com o corpo do texto normativo aprovado, representa ampla autorização legislativa para que o governo tome qualquer medida de desestatização que achar cabível:[102] "Autoriza o Poder Executivo do Estado do Rio Grande

---

[102] Ao que parece, não há consenso ainda no governo sobre qual o melhor modelo a ser seguido, optando-se, pois, como sinalização ao mercado financeiro, de aprovar primeiro o projeto e posteriormente debater qual seria a alternativa: "Art. 1º. Fica o Poder Executivo do Estado do Rio Grande do Sul autorizado a alienar ou transferir, total ou parcialmente, a sociedade, os seus ativos, a participação societária, direta ou indireta, inclusive o controle acionário, transformar, fundir, cindir, incorporar, extinguir, dissolver ou desativar, parcial ou totalmente, seus empreendimentos e subsidiárias, bem como, por quaisquer das formas de desestatização estabelecidas no art. 3º da Lei nº 10.607, de 28 de dezembro de 1995, alienar ou transferir os direitos que lhe assegurem, diretamente ou através de controladas, a

do Sul a promover medidas de desestatização da Companhia Riograndense de Saneamento – Corsan" e que a rigor altera o artigo 2º da Lei nº 5.167/65, que criou a Companhia.

Assim como no caso da Cedae, o projeto de autorização da privatização do saneamento foi aprovado sem que se conhecesse o texto da regionalização e sem justificativa técnica da incapacidade da Corsan de alcançar as metas do novo marco do saneamento, ou seja, 90% do tratamento do esgoto até 2033, existindo parecer realizado por consultoria privada que atesta a capacidade da Corsan de atingir as metas (VALOR ECONÔMICO, 2021). A Lei do Sistema Estadual de Saneamento (Lei nº 12.037/2003), alterada pela 13.836/2011, prevê em seu artigo 3º que o estado deve atuar em conjunto com os municípios para promover a organização, o planejamento e a execução das funções públicas de saneamento de interesse comum na região metropolitana e aglomerações urbanas rurais, onde a ação supralocal se fizer necessária, respeitada a autonomia municipal, sendo ainda dever da Administração Pública uma ação articulada. Ao que parece, os projetos aprovados e apresentados pelo governo estadual desconsideraram isso, ao ignorar os apelos da Famurs e da maioria dos municípios do Rio Grande do Sul.

Dos 307 municípios cobertos pela Corsan, 280 são deficitários. O segredo de manter os serviços, especialmente o fornecimento de água, é a distribuição das sobras das cidades maiores para as menores. Outras questões dizem respeito à manutenção de questões sociais como a perfuração de poços artesianos e as áreas doadas pelos municípios à Corsan. Além dessas, outras companhias estaduais também estudam a abertura do capital, notadamente a Saneago, Cagece e Compesa.

Conforme o relator da ONU para os Direitos à Água e ao Esgotamento Sanitário, o engenheiro brasileiro Léo Heller, a imensa

---

preponderância nas deliberações sociais e o poder de eleger a maioria dos administradores da sociedade, assim como alienar ou transferir as participações minoritárias diretas e indiretas no capital social da Companhia Riograndense de Saneamento – Corsan. Parágrafo único. A desestatização de que trata o *caput* poderá ser executada mediante alienação de participação societária, inclusive de controle acionário, abertura ou aumento de capital, com renúncia ou cessão, total ou parcial, de direitos de subscrição, mediante pregão em bolsa de valores ou oferta pública de distribuição de valores mobiliários nos mercados primário ou secundário, inclusive por meio de IPO (oferta pública inicial), observadas as normas expedidas pela Comissão de Valores Mobiliários (CVM)".

maioria dos casos de privatização do setor ocorridas no Brasil e no mundo apresentaram quatro consequências básicas: aumento de tarifas, não cumprimento de metas contratuais, desinteresse em atender municípios pequenos e distantes e repasses milionários em dividendos aos novos acionistas.

No 12º Relatório, emitido em novembro de 2020, o relator apresentou uma série de questionamentos em relação ao *modus operandi* desses agentes, identificando objeções e obstáculos à realização progressiva desse direito e infrações comissivas ou omissivas aos direitos humanos. Os atores privados que trabalham no setor de água e esgotamento sanitário devem compreender que também estão vinculados às obrigações de direitos humanos, especialmente quando prestam serviços por delegação de estados e quando a legislação nacional reflete as obrigações internacionais de direitos humanos de um Estado. "Os recursos transferidos para operadoras privadas raramente são reinvestidos em melhorias de serviço ou em expansões destinadas a atender aqueles que vivem em áreas de difícil acesso" (ONU, 2020), apresentando preocupações relacionadas à sustentabilidade, uma vez que muitas vezes as empresas privadas se abstêm de investir na expansão, melhoria ou manutenção da infraestrutura, especialmente quando seus contratos estão para terminar em breve.

A esse movimento de privatização dos serviços de saneamento e fornecimento de água, afilia-se e vem a somar nesta lógica de mercantilização da água, o Projeto de Lei nº 495/2017, de autoria do senador cearense Tasso Jereissati (PSDB), que prevê a cessão onerosa dos direitos de uso, ou seja, efetivamente autoriza a mercantilização de recursos hídricos, apontando ainda que o poder público deve estimular a criação desses mercados de água por meio dos Comitês de Bacias Hidrográficas, sendo conteúdo obrigatório constante nos Planos de Recursos Hídricos. O projeto não estabelece limitações para a aquisição das outorgas e a limitação temporal apresentada é vaga, limitando-se a aduzir que é por tempo determinado, de modo que há risco de concentração de recursos hídricos por alguns grandes proprietários do agronegócio, não sendo absurdo aventar a hipótese de que, ainda que inalienável por lei, na prática, tenhamos a instituição de rios e lagos privados pela compra sistemática dos direitos de uso dos pequenos proprietários.

7.2 O "novo" marco legal do saneamento

O saneamento básico é, assim como o acesso à água, um direito humano essencial e um direito constitucionalmente garantido, tendo o legislador constituinte optado por um modelo de competência administrativa comum entre a União Federal, estados e municípios, conforme exposto no art. 23, IX, da Carta Magna,[103] ressaltando ainda a importância dos municípios, a quem compete organizar, regular, legislar e prestar os serviços de interesse local, sobretudo os serviços públicos essenciais, de acordo com o art. 30, I e V, da Constituição. Ainda que não esteja expressamente positivado no texto constitucional, ao contrário do transporte público, foi decidido pelo STF na ADI 2.340/SC que o saneamento básico é um serviço público de interesse local. Disso decorre, pelo exposto na decisão do Egrégio Supremo Tribunal Federal na ADI 1.842/RJ, a legitimidade do município para decidir sobre esses assuntos sem hierarquia e com autonomia, consagrando que apesar da titularidade do serviço de água e esgoto, e o poder concedente por consequência, ser do município, há um interesse comum no serviço de saneamento básico que permite a sua integração conjunta por microrregiões e regiões metropolitanas, mantendo-se, no entanto, a essência da autonomia municipal, que não pode ser eliminada, devendo ser mantida sua capacidade de exercê-la mesmo quando da criação da região metropolitana, por meio de voto no conselho da entidade prestadora (STF, 2013), sendo o interesse comum critério chave para a prestação regionalizada do serviço de saneamento básico.

Nítido, portanto, em diversos julgados da Suprema Corte, notadamente ADIs 1.842/RJ, 2.340/SC, 2.077/BA e ADPF 672 que os

---

[103] Sobre a competência comum, ver: Art. 23. "É competência comum da União, dos Estados, do Distrito Federal e dos municípios: IX – promover programas de construção de moradias e a melhoria das condições habitacionais e de saneamento básico"; ver também a ementa de recente decisão na ADPF 672: 3. Em relação à saúde e assistência pública, a Constituição Federal consagra a existência de competência administrativa comum entre União, Estados, Distrito Federal e municípios (art. 23, II e IX, da CF), bem como prevê competência concorrente entre União e Estados/Distrito Federal para legislar sobre proteção e defesa da saúde (art. 24, XII, da CF), permitindo aos municípios suplementar a legislação federal e a estadual no que couber, desde que haja interesse local (art. 30, II, da CF); e prescrevendo ainda a descentralização político-administrativa do sistema de saúde (art. 198, CF, e art. 7º da Lei nº 8.080/90), com a consequente descentralização da execução de serviços, inclusive no que diz respeito às atividades de vigilância sanitária e epidemiológica (art. 6º, I, da Lei nº 8.080/90).

municípios são os protagonistas na gestão do saneamento básico, detendo o poder de concessão e de gestão, por força do exposto nos artigos 175 e 241 da Constituição Federal, não possuindo a União ou os estados da federação competência constitucional para suplantar as escolhas realizadas em âmbito municipal, detendo o estado o poder de apenas coordenar ações neste sentido (art. 25 da CFRB/88) e de instituir regiões metropolitanas quando houver interesse comum nos municípios, garantindo-se claramente a escolha constitucional de reforçar a autonomia municipal e a titularidade exclusiva do município[104] para delegar sua organização, fiscalização, execução e planejamento, desde que de acordo com os ditames constitucionais e normas legais vigentes, sendo a competência da União no setor a de instituir diretrizes, conforme art. 21, XX, da Carta Magna. Ainda, há de se notar a excepcionalidade garantida pelo artigo 2º da Lei nº 9.074/95, que dispensa lei autorizativa para execução de obras e serviços por meio de concessão ou permissão nos casos de saneamento básico, o que demonstra que o legislador concedeu a esse direito humano essencial um tratamento jurídico distinto de outros serviços.

Da leitura do texto constitucional, também se extrai, no que tange ao saneamento básico – que não engloba apenas o abastecimento de água e esgotamento sanitário, mas também a limpeza urbana, o manejo de resíduos sólidos e a preservação das águas pluviais por sua drenagem e manejo – sua importância e transversalidade ao relacioná-lo à saúde pública, atribuindo responsabilidades ao Sistema Único de Saúde (SUS) no tema, ao aduzir no artigo 200, IV, que compete ao SUS "participar da formulação da política e da execução das ações de saneamento básico;" (BRASIL, 1988). É incontroverso, portanto, seu caráter fundamental para a vida humana e para a realização progressiva

---

[104] Sobre a titularidade do município, ver a ADI 2.340/SC, aqui transcrevendo-se excerto do voto do ministro Eros Grau: A circunstância de o serviço ser prestado ao poder concedente – o município – por uma empresa que é controlada pelo Tesouro Estadual é irrelevante. Mercê disso não se transfere competência legislativa ao estado-membro. É o poder concedente, o município, que detém a competência atinente à prestação do serviço. De modo que a circunstância de ser uma empresa estadual efetivamente não tem o condão de transferir competência legislativa ao estado-membro. Caso contrário, afirmaríamos, amanhã, que quem deve estabelecer as regras da prestação do serviço pelo concessionário de serviço público é o próprio particular, não o poder concedente (STF, 2013).

dos direitos humanos e dos objetivos de melhora da qualidade de vida, e, ainda, sua essencialidade, tal como explicitamente declarado na Resolução 64/292 das Nações Unidas, sendo um enorme desafio dos gestores públicos no Brasil e no mundo a implementação de políticas públicas eficazes que possibilitem a universalização do sistema de saneamento básico.

No dia 24 de junho de 2020, em meio à pandemia do Covid-19, por meio do plenário virtual do Senado Federal, foi aprovado o PL 4.162/2019, que altera a Lei nº 11.445/2007, o Marco Regulatório do Saneamento Básico, com 65 votos favoráveis e apenas 13 contrários, tornando-se a Lei nº 14.026 de 2020 após ser sancionada, com vetos parciais dos artigos 14, §6º e §7º, 16, 17, 20, 21 e 22 pelo presidente da república em 16 de julho de 2020 e sendo alvo de um decreto regulamentador, de nº 10.588, de 24 de dezembro de 2020. Como vem acontecendo em praticamente todas as alterações legislativas e administrativas expressivas, não apenas no setor de água e esgoto, observa-se a falta de participação popular e mesmo de debate público sobre a temática, optando a maioria parlamentar por votar de forma açodada em temas relevantes. Isso vem ocorrendo no parlamento brasileiro de forma sistemática, o que é deveras preocupante, uma vez que uma matéria dessa importância, com impacto direto no bem-estar e na concretização de direitos da população, deveria ter, no mínimo, sido debatida com a população em uma série de audiências públicas em todo o país, além de ser alvo de estudos e outras formas de controle social que garantam a participação dos cidadãos, pilar do estado democrático de direito.

O debate sobre reformas no Marco Legal do Saneamento Básico não é propriamente novo, tampouco sua aprovação uma surpresa, e a apresentação pelo Poder Executivo do projeto que agora aguarda sanção presidencial se deu após a perda de vigência de duas Medidas Provisórias (MPs) que versavam sobre a matéria, a MP nº 844, em 2018, e a MP nº 868, em 2019. O texto dessas medidas, de forma similar, trazia significativas alterações na Lei nº 11.445, de 2007, e ainda na Lei nº 12.305, de 2010 (Política Nacional de Resíduos Sólidos), e visavam substituir a atual estrutura de funcionamento das Cesbs, baseada no subsídio cruzado entre consumidores e municípios, o modelo de tarifa e preços públicos e de maior autonomia estadual pelo modelo de livre concorrência e estímulo à concessão para empresas privadas, posteriormente aprovado pelo Congresso Nacional por meio de projeto de lei.

Não se vê, na análise da redação final da Lei nº 14.026/2020, modificações que apontem para a universalização, para a redução das desigualdades regionais e urbano-rural, mas sim, ao retirar a autonomia dos estados e municípios, o novo marco regulatório irá facilitar a entrada do capital privado nas grandes (e lucrativas) cidades, deixando as companhias estaduais administrando os serviços deficitários, o que em médio e longo prazo pode inclusive agudizar a situação da prestação dos serviços no país, pois a lógica que estrutura o sistema atualmente é o subsídio cruzado[105] entre os maiores e menores municípios. Os problemas de logística, falta de planejamento e fragilidades regulatórias não são oriundos da Lei nº 11.445/2007, mas retrato da pouca capacidade dos municípios de apresentar estratégias que integrem políticas habitacionais, de saúde, desenvolvimento urbano, integração regional, meio ambiente e da falta de quadros técnicos e pessoal bem remunerado para realizar as tarefas.

Como observado anteriormente no capítulo referente às privatizações na área de saneamento básico, o estudo dos dados empíricos, fruto de pesquisa e análise de dados sobre a gestão do saneamento no Brasil, demonstra que a gestão privada não é necessariamente mais eficiente do que a pública, e tampouco que o grave problema do saneamento do país é culpa da legislação existente e que acaba de ser modificada (o saneamento no país também era regulado pelo Decreto 7.217, de 21 de junho de 2010, que regulamenta a Lei nº 11.445/2017). Essa legislação era, aliás, bastante recente (apenas doze anos do Marco Legal e sete da aprovação do último plano nacional de saneamento básico) e já fornecia as possibilidades legais e jurídicas para a universalização, para o investimento e para o aumento da qualidade do serviço, e

---

[105] Sobre o subsídio cruzado, ver: Essa forma de subsídio entre consumidores é defendida por alguns pesquisadores e condenada por outros. Segundo Feitelson e Chenoweth (2002), se, por um lado, o custo da água deve refletir a sustentabilidade, ou seja, os recursos de água deixados para as futuras gerações devem ser similares em qualidade e quantidade aos utilizados contemporaneamente, por outro, esse custo pode dificultar alguns grupos de utilizarem a água. O subsídio cruzado entre os consumidores pode favorecer o acesso da população mais pobre à água (CRUZ; RAMOS, 2016).

inclusive permitia a concessão para a gestão privada e as parcerias público-privadas (PPPs), portanto não havia monopólio público dos serviços de água e esgoto no Brasil (BRASIL, 2007). Identifica-se ainda possíveis afrontas ao princípio da universalização do saneamento básico e da modicidade tarifária.

A Lei nº 14.026, de 2020, que modificou de maneira substancial o modelo de saneamento básico no país, foi alvo de ações no âmbito do controle concentrado de constitucionalidade no Supremo Tribunal Federal, como as ADIs 6.492, 5.683 e 6.536, dentre outros questionamentos. Em abril de 2023, houve a edição do Decreto nº 11.467, posteriormente revogado pelo Decreto nº 11.599, após ser alvo de um Decreto Legislativo, que retoma o financiamento e o incentivo ao saneamento público. Observa-se nessas Ações Diretas de Inconstitucionalidade a presença de argumentos importantes para a discussão sobre os marcos trazidos pela nova lei, que serão brevemente abordados, pois concorda-se com a fundamentação das supracitadas ações. Na ADI 6.492, de autoria do PDT, questiona-se a ofensa aos artigos 3º, III e IV, 21, XX, 23, IX, 29, *caput*, 30, I, V, 165, 170 e 241, além do artigo 113 da ADCT pelos artigos 3º, 5º, 7º, 11 e 13, entre outros, por força do arrastamento, assim como a ADI 5.683, de autoria da Assemae, associação que congrega os serviços municipais de saneamento básico, que traz ainda questionamento do artigo 15, todos da Lei nº 14.026 de 2020. A ADI 6.536 tem como autores o PT, PCdoB, PSB e PSOL e objetiva a declaração de inconstitucionalidade da totalidade da lei alteradora do marco legal do saneamento básico. Centram-se as críticas comuns a todas as ações ao rompimento do pacto federativo e usurpação de competências estaduais e, sobretudo, municipais, pela União, que deveria restringir-se à aprovação de diretrizes, o que não ocorreu, com uma reformulação inteira de capítulos da Lei nº 11.445 de 2007, que efetivamente suprimiu do texto opções de contratação permitidas constitucionalmente, como consórcios e convênios, impondo a concessão como única forma de delegação do serviço e trazendo a exigência de licitação até então inexistente para certas modalidades de delegação, ampliando as competências da Agência Nacional de Águas de modo a usurpar a competência dos municípios, esvaziando-a, e conceder por via indireta à União poderes de controle que são do poder concedente e titular originário, consoante os precedentes já citados do próprio

STF, violando também atos jurídicos perfeitos e prejudicando contratos já firmados, questionando-se ainda a rapidez e os custos de uma mudança abrupta na governança, com estímulos, inclusive financeiros, à regionalização e concessão à iniciativa privada.

A Suprema Corte dos Estados Unidos da América em duas oportunidades apreciou conflitos advindos do questionamento sobre os limites constitucionais de ação da União Federal em relação aos estados membros decidindo de forma similar em ambos os casos, *South Dakota vs. Dole* (1987) e *National Federal of Independent Business vs Sebelius* (2012), aduzindo a Corte Suprema que o *spending power* do governo federal, sua capacidade de operar políticas pelo orçamento da União nos estados deveria passar por um teste de constitucionalidade dividido em quatro partes. O *spending power* deve ser exercido em benefício do interesse geral, com as condições de concessão de recursos claramente indicadas e relacionadas a um interesse federal em um projeto ou programa nacional, e, sobretudo, importante para casos como a constitucionalidade de dispositivos da Lei nº 14.026, e também para o contexto da privatização da Cedae. É vedado à União utilizar-se do *spending power* para induzir entes federativos a praticar ações por eles mesmos consideradas inconstitucionais ou que firam ou diminuam sua autonomia. Da mesma forma, a Suprema Corte dos EUA considerou inconstitucional que o Congresso norte-americano ameaçasse os estados com a retenção de todos os fundos federais do Medicaid, programa financiado pelo governo federal para reembolso do sistema de saúde privado, dentro do *Affordable Care Act*, se esses entes federados não ampliassem a cobertura médica da forma como o Congresso aprovou, firmando o entendimento de que o *spending power* não pode ser usado para coagir estados a promulgar legislação ou aderir a programas, pois esses fundos, que representavam em muitos casos 10% do orçamento total de um estado, faziam com que eles não tivessem outra escolha senão submeter-se às exigências do Congresso.

Reforça ainda Bercovici (2021) que o poder público não é obrigado a solicitar a colaboração do setor privado, sendo assim uma opção sua de atuar com meios próprios ou com auxílio de outro ente da federação. Quando a Administração Pública desempenha determinada atividade ou decide prestar o serviço utilizando sua capacidade própria ou de outro ente da federação (denominados "contratos de programa", "operações *in house*" ou "*in house providing*"), não se aplica a legislação sobre licitações.

Nesse sentido, a legislação brasileira (artigo 24, XXVI, da Lei nº 8.666/93) contém permissivo que possibilita a dispensa de licitação nos casos em que um ente da federação celebre contrato de prestação de serviços públicos com outro ente ou órgão da sua administração indireta (como uma sociedade de economia mista), modelo este que se intenta encerrar com a Lei nº 14.026 de 2020 ao proibir os contratos de programa e proibir a atuação conjunta entre os entes federados, ainda que haja previsão constitucional (BERCOVICI, 2021).

O saneamento básico é constitucional e legalmente definido como um serviço público, facultando-se ao ente público responsável pela prestação do serviço prestá-lo de forma direta ou por meio de concessão ou permissão, forte no artigo 175, *caput*, da Constituição). A Lei nº 14.026/2020 ignora a possibilidade da prestação direta e busca inviabilizar a atuação estatal no setor, privilegiando a concessão para o setor privado (BERCOVICI, 2020). Bercovici continua analisando a dinâmica diferenciada dos serviços de saneamento básico:

> No caso dos serviços públicos, como o saneamento básico, a concessão de direitos exclusivos justifica-se em virtude das dificuldades de produzir um bem ou serviço por mais de um agente econômico. Trata-se de um monopólio natural concernente a bens coletivos em que o uso individual não reduz as possibilidades de consumo por parte de outros agentes. São bens de interesse geral que implicam em intervenção pública e na instituição de um monopólio legal. Além disso, pressupõem o emprego do domínio público (no caso, as águas), o que limita o número de operadores (BERCOVICI, 2020).

Portanto, o novo marco legal aparenta ter sido construído sob medida para forçar a mudança de modelo, ao não permitir mais a prestação direta via contratos de programa, pelas companhias estaduais, e prever a licitação como regra, desconsiderando as peculiaridades da prestação desse serviço público essencial. A excepcionalidade nos serviços de saneamento básico, antes uma peça-chave do sistema, agora é apresentada como algo precário e nocivo (FELIX *et al.*, 2021), um problema que deve ser solucionado via contratos licitados de longo prazo, ainda que para atingir essa segurança jurídica invocada, tenha-se que, ironicamente, enfrentar contratos já firmados entre os entes municipais e as Cesbs.

7.3 Movimentos contemporâneos de reestatização e remunicipalização

Apesar de um grande estímulo por parte da administração pública para que os serviços de saneamento básico sejam concedidos às empresas privadas, inclusive com forte ofensiva nos últimos anos nos marcos legais, visando facilitar a entrada do capital privado no setor, é digno de nota que o Brasil esteja, ainda que de forma contraditória, entre os primeiros lugares do ranking de remunicipalizações, com 78 reversões nos últimos anos, graças à retomada dos serviços de água e esgoto em 77 municípios por parte de autarquia controlada pelo estado do Tocantins, a ATS, e na cidade de Itu em São Paulo, onde a prefeitura rompeu o contrato com a empresa Bertin e criou em 2017 a Companhia Ituana de Saneamento.

O caso do Tocantins é bastante peculiar e merece atenção especial, pois oferece evidências e informações que podem servir de alertas e aprendizado, de forma a se evitar que ocorra novamente, e em maior escala, o que aconteceu no estado do Tocantins durante a primeira década do século 21. Após privatizar a companhia estadual, em processo iniciado em 1998, 12 anos depois, em 2010, o governo do Tocantins teve de reverter o processo pela falta de interesse da Saneatins em atender áreas deficitárias, sobretudo os menores municípios e as áreas rurais e irregulares, assinando nesse ano protocolo de intenções que repassou 77 municípios e mais toda a área rural para a nova autarquia estatal criada, a Autarquia Tocantinense de Saneamento – Aguatins, enquanto a Saneatins continuaria atendendo a área urbana de 47 outras cidades, englobando-se nesse número todos os municípios mais populosos, e portanto, mais lucrativos (SOARES R. *et al.*, 2017). Isso se deu ao mesmo tempo como resposta da administração pública à pressão da sociedade, de tímidos avanços em mais de uma década, longe da universalização do abastecimento de água e tímidos avanços na área de esgotamento sanitário, e também pela falta de interesse da própria empresa privada em atender as menores urbes:

> Doze anos após o início do processo de privatização, em 2010, mais de 70% da população tocantinense estava conectada à rede de abastecimento de água. Todavia, naquele ano, apenas 12 municípios do estado contavam com serviços de coleta de esgoto, representando 13,56% da população estadual. Dos 12 municípios atendidos com esgoto no estado, a Saneatins era responsável por nove, e os outros três municípios estavam sob responsabilidade de outro prestador (SOARES et al., 2017, [s.p.]).

Portanto, os exemplos empíricos estudados demonstram que a privatização ou concessão do serviço para atores privados, *per se*, não é garantia de mais investimentos, melhoria de qualidade da água e de índices de cobertura ou de tarifas mais baratas, tampouco observa-se um atestado da incapacidade do Estado de gerir esses recursos de forma ineficiente, uma vez que as 10 cidades mais bem colocadas no ranking da Trata Brasil, que desde 2009 vem realizando estudos anuais com dados atualizados do SNIS, têm em comum prestadoras de serviço estatais, sete delas atendidas por companhias estaduais e três por departamentos próprios. Enquanto a tarifa média por metro cúbico de água em Palmas, cidade de 300 mil habitantes é de R$ 5,61, em São José do Rio Preto, atendido pelo Samae, é de R$ 2,19 (TNI, 2020). Da mesma forma, enquanto as empresas privadas discutem as tarifas diretamente com a prefeitura, ou em alguns casos, com intermediação da agência reguladora local ou estadual, muitos dos serviços autônomos possuem conselhos consultivos, com participação da comunidade, como é o caso de São José do Rio Preto.[106]

Ademais, o Brasil vai contra a tendência mundial, pois nos últimos 20 anos, ao menos 1.600 cidades em 45 países remunicipalizaram serviços públicos, sendo os serviços de energia e o setor de saneamento os mais expressivos quantitativamente, com um dado relevante de que no caso dos serviços de abastecimento de água e saneamento, dois terços dos casos foram após 2009 (TNI, 2017), e nos atos de remunicipalização em geral, englobando todos os

---

[106] Vide art. 8º da Lei Complementar nº 130, de 24 de agosto de 2001.

setores, esse número cresce e chega a 83%, portanto, em sua maioria, recentes. No setor de saneamento, entre 2000 e 2017, voltaram para a gestão pública 267 serviços de fornecimento de água e outros 31 de coleta de lixo, atingindo mais de 100 milhões de pessoas em 37 países diferentes, em metrópoles como Paris, Berlim, Buenos Aires, Jacarta e Kuala Lumpur, sendo a França o país pioneiro (Grenoble foi a primeira cidade a retomar os serviços, em 2006) e também líder em municípios que remunicipalizaram serviços de água e saneamento, num total de 106, enquanto nenhuma cidade francesa optou no mesmo período pela privatização ou concessão do serviço, em uma reversão de tendência significativa, posto que a França foi um dos primeiros países a passar por processos de privatização dos serviços de água, e é a sede de multinacionais que exploram o fornecimento de água, como *Suez* e *Veolia*.

Dentre os casos de remunicipalização estudados e acompanhados pelo *Transnational Institute*, denota-se que em 67% das vezes, as autoridades locais aproveitaram-se de contratos de longo prazo expirando e não os renovaram, tomando a decisão relativamente cedo e utilizando o tempo para adaptar-se ao novo momento, enquanto 20% em dos casos houve quebra de contrato por parte do poder concedente.

No entanto, nos serviços de água, esse número aumenta para 35% das remunicipalizações ocorrendo durante a vigência do contrato, pelo seu rompimento, processo mais duro, longo e traumático e que geralmente perpassa pela busca de reparações e processos judiciais. Os motivos mais citados para a retomada dos serviços foram a recuperação (TNI, 2017, p. 16) da capacidade de gestão e planejamento, melhorar a qualidade do serviço, fornecer benefícios e isenções para cidadãos, e maior transparência e controle dos recursos, também aparecendo motivos ambientais, como renovação de métodos de tratamento (TNI, 2017, p. 17). Esses processos, de acordo com o estudo, também foram acompanhados, sobretudo na Europa, de fortes movimentações da sociedade civil em apoio às remunicipalizações, que desembocaram não apenas na conquista da gestão pública, mas também da democratização da gestão, com a criação de observatórios da água em Montpellier e Paris, por exemplo (TNI, 2017, p. 26). Isso ocorre, pois a defesa da retirada do capital privado da gestão dos recursos hídricos passa por uma mudança (em realidade, como visto, uma volta) ao paradigma da água como bem comum, devendo o Estado garantir a democratização do acesso e da gestão, combate à desigualdade hídrica, prioridade aos acessos vinculados ao direito humano à água limpa e adequada e também à transição ecológica e a sustentabilidade:

> A remunicipalização geralmente envolve, no mínimo, taxas de água mais baixas (justiça social), um foco na redução das perdas de água por meio da manutenção da rede e investimento (sustentabilidade) e maior transparência financeira, pelo menos para os governantes eleitos (gestão democrática) (...)
> Muitos operadores públicos de água vão além dessas etapas mínimas. Alguns introduziram formas mais avançadas de gestão democrática (maior transparência pública, representantes dos cidadãos nos conselhos e órgãos dirigidos por cidadãos, como os Observatórios da Água em Paris e agora em Montpellier). Muitos adotaram uma política que incentiva os usuários a reduzir o consumo de água, o que seria impensável para fornecedores privados que ainda estão essencialmente vendendo água como um produto. Paris também introduziu uma política para trabalhar com agricultores em áreas de captação de água e os está incentivando a mudar para a agricultura orgânica, a fim de proteger a qualidade da água e reduzir a necessidade de tratamento (TNI, 2017, p. 27, tradução nossa).[107]

Na cidade de Paris, um símbolo da onda de remunicipalizações, o serviço, que até 1984 era responsabilidade da prefeitura, foi gerido por 25 anos, de 1985 até 2010, por duas distribuidoras privadas, subsidiárias das grandes multinacionais francesas da água, *Suez* e *Veolia*, por meio de um contrato *de affermage*, ou *O & M* (operação e manutenção), similar a um contrato de concessão no direito

---

[107] No original: *Remunicipalisation usually involves, at minimum, lower water rates (social justice), a focus on reducing water losses through network maintenance and investment (sustainability) and greater financial transparency at least for elected officials (democratic management) (...) Many public water operators go further than these minimal steps. Some have introduced more advanced forms of democratic management (greater public transparency, citizen representatives on the boards, and citizen-led bodies such as the Water Observatories in Paris and now Montpellier). Many have adopted a policy encouraging users to reduce their consumption of water, which would be unthinkable for private providers who are still essentially selling water as a product. Paris has also introduced a policy to work with farmers in water catchment areas and is encouraging them to shift to organic agriculture, in order to protect water quality and reduce the need for treatment* (TNI, 2017, p. 27).

administrativo brasileiro. Elas realizavam a manutenção da rede e a gestão comercial, com uma sociedade de economia mista cujo controle acionário era dividido entre a municipalidade e as empresas privadas, tratando a água e vendendo para as distribuidoras (EAU DE PARIS, 2013). Constatou-se que o serviço foi alvo de muitas críticas, por vazamentos e aumento nas tarifas, ao mesmo tempo em que o poder público perdia gradativamente o controle técnico e político da operação, de modo que um serviço público estava essencialmente sob controle das empresas privadas (WATERLAT, 2013) Segundo Anne Le Strat, vice-prefeita de Paris para o serviço de saneamento, a gestão parisiense eleita em 2007 apresentou o compromisso de campanha de retomar a gestão pública e o efetivou em 2010, após aprovação pela Câmara de Vereadores em 2008, inclusive com redução tarifária de 10%, a partir da retomada dos serviços para a Eau de Paris, instituição autônoma similar a uma empresa pública brasileira,[108] com um Conselho de Administração detentor de poder deliberativo composto também de representantes dos servidores, dos usuários e do observatório da água, além do poder político eleito:

> Eu explico essa reforma sempre sob dois aspectos. Primeiro, no plano político e ideológico porque pensamos que água é um bem comum e não deve ser utilizada apenas para fins de lucro; então temos o discurso político em que devemos ter um domínio ou um controle sobre o sistema que seja público, para que tenhamos uma verdadeira gestão pública da água. Mas também explicamos a reforma por razões técnicas da boa

---

[108] Sobre a definição do caráter da Eau de Paris, vale a pena ver a qualificação de Benjamin Gestin, seu diretor: Eau de Paris tem status de entidade pública de caráter industrial e comercial (*établissement public à caractère industriel et commercial ou EPIC*)[1], tem uma personalidade jurídica separada da municipalidade de Paris, autonomia orçamentária que permite, por exemplo, ter seu próprio corpo de funcionários, sem ter que recrutá-los entre os funcionários da municipalidade. A relação com o município de Paris é o tipo de relação entre a "autoridade organizadora"[2] e a empresa pública. Isso quer dizer que é o município que escolhe como organiza seu serviço público de água e é o município que vai dar as diretrizes da gestão, que vai escolher o nível de serviços e a qualidade de serviços para o operador atuar. Isso quer dizer que nós temos uma verdadeira autonomia de operador para realizar nosso trabalho e um verdadeiro controle do município de Paris. Todas as informações referentes à operação, custos, gastos, o que é auferido com a operação dos serviços estão disponíveis para a prefeitura de Paris. Essa é uma verdadeira diferença entre Eau de Paris, um operador público e um operador privado que não precisa operar com essa transparência e muitas vezes mascara seus lucros. Um operador público não tem nada a esconder quando a prefeitura de Paris demanda uma informação (GESTIN, 2020).

gestão, algo que vou mostrar para vocês depois. Podemos provar que a água em Paris é mais bem gerida hoje pelo setor público do que pelo setor privado (LE STRAT, 2013, p. 50).

A justiça social, o combate à desigualdade hídrica e o compromisso com os direitos humanos é marca das gestões municipalizadas de água e esgoto, o que somente pode ser garantido por uma gestão que não vise o lucro e, portanto, não veja a água como mercadoria, estimulando o consumo, sendo aliás ilegal, pelo atual marco normativo, que se cobre pelo uso da água não potável na cidade. Refere Benjamin Gestin (2020), diretor-geral da Eau de Paris, que a companhia não executa cortes de água para os usuários habitacionais inadimplentes, a partir da compreensão que o acesso à água para uso doméstico é uma questão de importância vital e trata-se de um direito humano.

A Eau de Paris tem como objetivo precípuo a garantia do direito à água, de maneira que todos os usuários possam ter acesso, combinando diversos mecanismos, um deles sendo a gestão do preço da tarifa pelo interesse social, que baixou 8% desde quando foi feita a municipalização. Depois de 10 anos, está 20% mais barata do que as tarifas praticadas pelos operadores privados, sendo um dos mais baixos entre as cidades do mesmo porte. A Eau de Paris ainda contribui com 500 mil euros anuais para o Fundo de Solidariedade para a Habitação, programa social de garantia de moradia, subsidiando o valor das tarifas de famílias de baixa renda e fornece para as pessoas em situação de rua, refugiados, imigrantes, turistas e todos os transeuntes, o acesso à água a partir de uma vasta rede de fontes públicas que congrega mais de 1.200 fontes e pontos de água, assegurando que haja acesso à água limpa em toda a cidade, fornecendo ainda torneiras em locais de grande concentração de moradores de rua, de forma a auxiliar em sua higiene pessoal, além de instrumentos ecológicos para que se economize água e iniciativas de educação e conscientização (EAU DE PARIS, 2013). O Observatório Municipal da Água, criado em 2006 como órgão consultivo e deliberativo, com assento na gestão da Eau de Paris, da mesma forma que os comitês de bacia hidrográfica e conselhos no Brasil, funciona como a ágora das águas, o local em que a cidadania vai debater a gestão, os interesses dos usuários, recolher e analisar as informações, com a faculdade de emitir opiniões e pareceres e ser ouvido sempre que haja uma importante decisão a ser tomada no âmbito da água e saneamento, o que o diferencia das instituições análogas brasileiras pelo caráter municipal e pela maior influência sobre a gestão dos serviços de água e saneamento, não apenas do uso da água. Uma vez mais, água e democracia se interligam:

> Dizer isso parece simples, sobre essa questão da democracia da água (...) Então, quando não há crise de água em Paris, as pessoas não estão preocupadas com os serviços de água, mas quando o cidadão vem ao Observatório, normalmente não há problemas. A grande dificuldade é exatamente essa – é uma das questões da democratização dos serviços, ou seja, saber se os serviços funcionam bem, mas ao mesmo tempo mostrar a essas pessoas que elas precisam participar da gestão também, e não somente quando ocorre um problema de crise de água (LE STRAT, 2013, p. 32).

Em Berlim, outro exemplo da simbiose entre democracia e água pública é observado, com uma bem sucedida campanha popular por um plebiscito terminando exitosa, após mais de 660 mil berlinenses votarem que queriam "sua água de volta" (TERHORST, 2014), obrigando o poder público berlinense a agir sobre o assunto, mesmo com intensa resistência da classe política, sobretudo do Senado de Berlim (como capital, Berlim possui status de cidade autônoma e de estado da federação germânica). Após o estudo de viabilidade jurídica das hipóteses de remunicipalização antes do término do contrato, optou-se pela compra das ações (*buy back*) das companhias privadas, um processo longo e custoso. A indignação popular contra as empresas privadas deu-se pela total falta de transparência e controle pelo poder público e pela sociedade civil, condição construída a partir do modelo de contrato assinado em 1994 pelas autoridades à época e intensamente criticado:

> O modelo de parceria público-privada (PPP) era uma estrutura de *holding* altamente complexa (centrada em torno da BerlinWasser Holding PLC) que assegurava vantagens fiscais substantivas para os proprietários públicos e privados ao manter um status legal público, embora as operações fossem totalmente comerciais. Apesar de sua participação minoritária, as empresas privadas controlavam a gestão e garantiam altos lucros por meio de contratos secretos. Parte do problema era que as vantagens da PPP para as empresas privadas estavam "escondidas

por uma fachada rachada de legitimidade legal" [2] estabelecida por uma série de contratos públicos e secretos. Por 30 anos, os contratos de PPP não puderam ser renegociados ou cancelados. As consequências foram um rápido aumento nos preços da água, redução massiva de empregos e uma redução considerável no investimento que impactou a indústria local e resultou em um "acentuado subinvestimento" [3] em infraestrutura. De uma perspectiva democrática, social e de manutenção da infraestrutura, a comercialização e privatização parcial da Estação de Água de Berlim de 1999 foi um desastre. Na perspectiva dos acionistas privados RWE e Veolia, era um negócio lucrativo (TERHORST, 2014, [[s.p.]], tradução nossa).[109]

Durante esse intenso movimento de republicização dos sistemas, criou-se em 2009 a Aqua Publica Europea, associação europeia das gestoras públicas de água que congrega mais de 70 instituições públicas responsáveis pelos serviços em 14 países europeus, que vem estabelecendo um novo modelo de governança baseado na cooperação e solidariedade internacional, inclusive durante a pandemia do Covid-19, e atuam pelos princípios de que a água é um direito fundamental, um bem comum, que sua gestão deve servir o interesse público e a justiça social e a administração deste bem deve obedecer, globalmente o princípio de universalização do acesso à água e ao saneamento básico (AQUA PUBLICA EUROPEA, 2021).

Caso semelhante aos já narrados na Europa aconteceu na Malásia, chamando atenção o ocorrido no estado de Selangor, onde está a capital Kuala Lumpur, que em 2014 retomou o serviço que estava privatizado desde 1997 (TNI, 2017). A Malásia, a partir de 2006, em um processo que combinou federalização do planejamento

---

[109] No original: *The public-private-partnership (PPP) model was a highly complex holding structure (centered around the BerlinWasser Holding PLC) that assured substantive tax advantages for the public and private owners by maintaining a public legal status, although operations were fully commercial. Despite their minority share, the private companies controlled the management and were guaranteed high profits through secret contracts. Part of the problem was that the PPP's advantages for private companies were "hidden by a cracking façade of legal legitimacy"* [2] *established by a series of public and secret contracts. For 30 years, the PPP contracts could not be re-negotiated or cancelled. The consequences were a rapid rise in water prices, massive job reduction, and a considerable reduction in investment that impacted on local industry and resulted in a "marked under-investment"* [3] *in infrastructure. From a democratic, social and infrastructure maintenance perspective, the commercialization and partial privatization of the Berlin Water Works of 1999 were a disaster. From the perspective of the private shareholders RWE and Veolia, it was a profitable business* (TERHORST, 2014, [s.p.]).

e regulação, mas descentralização do serviço e forte investimento público através da IWK, companhia controlada pelo governo desde 2000 (IWK, 2002), na chamada "estratégia de cima para baixo", conseguiu ser um *case* de sucesso.

Deve-se ressaltar ainda que até mesmo quando se observa países que optaram por utilizar modelos mistos com participação do capital privado no setor de água e saneamento, contaram com destacada atuação estatal, sobretudo no planejamento, priorização da agenda da universalização e aumento do investimento público, coexistindo agências estatais com as empresas privadas, que no entanto não gerem o serviço, que permanece sendo dever estatal, modelo este adotado por diversos países em desenvolvimento, sobretudo na Ásia, e que tem a Coréia do Sul como símbolo. Desde os anos 1960, o governo sul-coreano vem realizando expressivas obras de infraestrutura na área, contando com financiamento internacional até a década de 1980, e atualmente com recursos próprios, optando pela centralização da gestão, com uma empresa estatal nacional, a *K-Water*, em relação de proximidade com outros órgãos de administração local e regional (ODI, 2016), mas sempre com planejamento nacional e estatal, e até hoje subsidiando custos para as famílias de baixa renda:

> O exemplo da Coreia do Sul demonstra que, como a Grã-Bretanha do século 19, uma vez que os incentivos políticos para melhorar o saneamento são fortes, o governo nacional ou local pode governar e investir efetivamente na melhoria da infraestrutura de saneamento. Quando os líderes políticos percebem que o saneamento é importante para alcançar os objetivos do governo, o saneamento é tratado como um bem público e não como uma responsabilidade privada. Semelhante à Grã-Bretanha, o governo da Coreia do Sul reconheceu claramente a necessidade de melhor saneamento para apoiar o crescimento econômico e o viu como um sinal de modernidade pelo qual lutar, o que levou os políticos a exigir o investimento público necessário (ODI, 2016, [[s.p.]], tradução nossa).[110]

---

[110] No original: *The South Korea example demonstrates that, like 19th century Britain, once political incentives to improve sanitation are strong, either national or local government can effectively govern and invest in improving sanitation infrastructure. When political leaders perceive sanitation to be important for achieving government objectives, sanitation is treated as a public good rather than a private responsibility. Similar to Britain, the South Korea government clearly recognized the need for better sanitation to support economic growth, and saw sanitation as a sign of modernity to strive for, which led politicians to mandate the necessary public investment* (ODI, 2016, [s.p.]).

Esses exemplos, escolhidos dentre muitos outros possíveis pela referência internacional que possuem (como Paris e Berlim), por serem países que até a metade do século XX estavam subdesenvolvidos, como a Coréia, e pela dimensão das megalópoles (como Kuala Lumpur) demonstram que a garantia do direito de acesso humano à água e a efetividade das ações de universalização do acesso aos serviços de abastecimento de água e de saneamento básico possuem forte correlação com a vontade política da administração pública, com a demanda popular e/ou o grau de participação popular no tema e com sua desvinculação com os sentidos do mercado e a lógica do capital privado, por serem serviços essenciais que não podem ficar reféns da busca do lucro e por também demandarem infraestrutura cara e não visível, mas cujo retorno à sociedade é imenso.

A questão relativa aos serviços públicos essenciais de água é realmente complexa, não se resolverá no curto prazo. Mesmo os movimentos de reestatização, para que sejam bem sucedidos, devem ampliar o controle social e assegurar a perspectiva de uma política pública humanística relativa ao direito humano à água, e não prescindem de mudanças de lógica, priorização e ampliação da democratização e de reafirmar o paradigma da tradição, da água como bem comum da humanidade e crucial na construção do bem comum.

CONSIDERAÇÕES FINAIS

Se é verdade que o bem jurídico tutelado mais importante de todos é a vida humana, preservando o indivíduo, mas também objetivando a proteção da coletividade, os sistemas jurídicos nacionais, a hermenêutica jurídica e os agentes estatais em geral necessitam de uma nova abordagem sobre a temática da água, sob pena do descontrole de uma crise que não apenas se avizinha, mas que já demonstra estar presente no cotidiano de diversas populações, e cuja perspectiva, a partir da crise climática, do aquecimento global, da poluição, do aumento do consumo e da população mundial, não é alvissareira, caso não se tome atitudes, tanto para preservar esse precioso recurso natural, quanto para garantir o acesso humano à água, priorizando realmente esse uso sobre as outras formas e assegurando-o para parcela importante de seres humanos que já hoje sofrem com o acesso intermitente ou a escassez de recursos hídricos.

A água, como visto, por todo o seu arcabouço jurídico-legal e tradição jurídica-histórica, não pode ser interpretada como mera coisa ou mercadoria, tampouco deve-se utilizar tão somente conceitos do Direito Civil e Privado, incapazes de adequadamente englobar a complexidade da questão do acesso humano à água, devendo ser compreendida dentro dos marcos principiológicos que basearam sua consagração como direito humano essencial, e, no caso brasileiro, observando-se as diretrizes e princípios extraídos da legislação específica sobre a regulamentação das águas, muitas vezes obscurecida e desconhecida inclusive pelos juízes e operadores do Direito e agentes públicos, e ainda agregando-se dentro do escopo do artigo 225 da Constituição Federal, que consagra o meio ambiente como bem comum de uso do povo e essencial à vida humana, pois se relaciona de forma intrínseca com todos os elementos que compõem a fauna e a flora.

Ademais, não há saída fácil, isolada ou unitária para a escassez de água, dado que seus efeitos são sentidos globalmente e são intrinsecamente ligados com outros fatores socioeconômicos como a desigualdade social e a iniquidade territorial, agravado por ser um fator de grave desequilíbrio ambiental – quando há falta d'água, seca em demasia, ou no caso de enchentes, ainda tendo relação direta com fenômenos como o degelo glacial e aumento do nível dos mares, a chuva ácida, a exploração das fontes naturais de água doce (rios, mares, lagos e as águas subterrâneas, principalmente no país que abriga a maior parte do Aquífero Guarani).

Torna-se crucial não apenas para a humanidade, mas para todo o ecossistema terrestre a proteção jurídica da água, como umas das formas mais eficazes de se combater uma crise que quiçá seja tarde demais para evitar o sofrimento de expressivas populações ao redor da Terra, pois a capacidade de regeneração do planeta está aquém de nossa capacidade de esgotá-lo. A tendência individualista de consumo propalada pela economia de mercado tende a tornar a água um bem escasso cada vez mais caro, na contramão de mudanças nas prioridades do uso da água para o acesso humano.

Em todo o mundo, e não seria diferente no Brasil, sempre ocupou o imaginário popular e embasou inclusive a lógica de grandes empreendimentos de infraestrutura, públicos e privados, o chamado "mito da abundância", por haver, num país de dimensões continentais, cortado por um dos maiores rios do mundo, o Amazonas, e outros de grande volume, como os rios Solimões e São Francisco, grande quantidade de água doce, fora 8 mil quilômetros de costa e, nas profundezas da *terra brasilis*, localizar-se a maior parte de dois dos maiores aquíferos do mundo, o Guarani e o Alter do Chão.

No entanto, a concentração regional da água no país condenou as regiões Nordeste e Centro-Oeste a sofrer com secas periódicas prolongadas em seus biomas, que de tão recorrentes, tornaram-se tema de folclore e músicas e constituem parte fundamental do imaginário do agreste e do sertão. A falta de chuvas agrava a situação da agricultura e a vida da população, sobretudo da periferia dos grandes centros também no Sul e no Sudeste. O homem contribuiu sobremaneira para esse quadro, sendo um dos custos socioambientais mais notórios da política do agronegócio e da grilagem, que vêm desmatando e devastando milhares de quilômetros quadrados de mata, principalmente nas regiões onde estão as nascentes dos rios brasileiros, os biomas do Cerrado e a Floresta Amazônica, o que contribui para a diminuição da vazão dos rios e ameaça o equilíbrio do ciclo hidrológico não apenas no Brasil, mas em toda a América Latina.

A crise hídrica afeta, de forma direta e indireta, toda a atividade econômica desenvolvida no Brasil e no mundo, conforme observado na preocupação atual do país com o encarecimento da energia elétrica, fator de produção que encarece os preços do orçamento doméstico e da indústria e pressiona a inflação. O panorama para as próximas décadas é gravíssimo, ressaltando, no caso brasileiro, que a maior parte de nossa matriz energética é hidrelétrica. Se o futuro é incerto, mas o risco é assumido pela comunidade científica como real e iminente, a situação atual já é muito preocupante, com quase um bilhão de pessoas sofrendo por não ter acesso à água potável sequer para o consumo próprio, bem como mais um alarmante número de seres humanos, em sua maioria crianças, morrendo por falta de água e/ou de saneamento básico, por doenças que seriam facilmente evitadas pelo tratamento da água e esgoto, pela fome causada pela seca ou por desidratação diretamente.

A elevação do consumo de água cumulada com a diminuição dos reservatórios naturais de água doce é um problema humanitário de graves consequências, mas que também terá efeito nocivo para as perspectivas de crescimento econômico nas próximas décadas e para os níveis de emprego, pela pouco considerada relação entre a disponibilidade de recursos hídricos e o nível da atividade econômica e de emprego, sobretudo na agricultura e indústria, razão pela qual devem as autoridades públicas considerar um fator central no planejamento do desenvolvimento no século XXI, sem que seja razão para aumento de conflitos entre as nações.

O caso brasileiro, quando mirado especificamente, tampouco é alvissareiro. Como visto, mesmo possuindo 12% de todas as reservas de água doce do mundo, nos últimos anos, secas enormes deixaram a população de estados como São Paulo, em 2015, quando os reservatórios de Cantareira ficaram abaixo do volume morto (menos de 15% de sua capacidade total de volume) e Distrito Federal, em 2018, desabastecidas e obrigaram a administração pública local a adotar medidas restritivas e de racionamento.

Tratar a água a partir de seu valor econômico – com ênfase no léxico recurso e não na parte hídrica, tomando-a como mero serviço passível de ser comercializado e de estruturar cadeias de negócios privados ao seu redor, sem ter a garantia do direito humano de acesso à água, principalmente pelos setores mais vulneráveis da sociedade – como base fundante da política pública e do planejamento sobre recursos hídricos é um equívoco que pode custar às futuras gerações a segurança hídrica mínima necessária para a sobrevivência.

A manutenção da água pública é um imperativo social, mas sua efetividade necessita da intervenção não apenas do estado-administração, mas da sociedade, pois o perigo de sua mercantilização não se afasta com a manutenção de seu status público enquanto coisa, posto que o serviço de tratamento, abastecimento e fornecimento é o que torna possível a concretização do direito. O parco diálogo entre as fontes normativas que regulam a água e o saneamento básico no país, o abandono das diretrizes da Lei das Águas e a desconsideração de seus princípios tornam ineficaz o controle real do acesso à água pela sociedade, sobretudo em relação à água doce e potável, e, suprimidos ou esvaziados os espaços de debate e contribuição da sociedade, acaba-se refém de interações desiguais baseadas no poder econômico.

A concentração desses serviços em poucas empresas especializadas, muitas vezes estrangeiras, acaba por legitimar a dominação, por grupos de interesse, das fontes de água do país, setor que deveria ser considerado estratégico e crucial para a soberania do país, deixando o fornecimento de um bem de primeira necessidade, inclusive para nossa matriz industrial e agrícola, sob a lógica do capital especulativo e não sob os auspícios da construção de uma sociedade justa e igualitária, tal como preconizado em nossa Constituição Federal, perpetuando desigualdades e enfraquecendo ainda mais o controle público sobre esse bem comum.

A tutela desse elemento essencial e vital para a vida humana exigirá dos juristas, do legislador e de todos os agentes públicos maior sintonia com a questão ambiental, maior compromisso com a eficácia dessa proteção e a criação de novos mecanismos de controle, distribuição e salvaguarda dos recursos hídricos, sem sucumbir aos discursos fáceis da fatalidade da incapacidade estatal, e também não considerar que o conceito de água pública é fomentado apenas pelo monopólio estatal, devendo a sociedade, inclusive os entes privados, participar ativamente da missão socioambiental de universalização desses serviços.

A participação popular e o controle social são mecanismos para otimizar a gestão desse bem tão precioso e para auxiliar na resolução de conflitos, sobretudo durante períodos de estiagem, devendo a presença permanente das comunidades ribeirinhas, indígenas, de aquicultores, de irrigantes, agricultores familiares e demais setores envolvidos na comunidade ser estimulada dentro dos Comitês de Bacia Estaduais e Interestaduais. O empoderamento local, sobretudo dos usuários, por meio de políticas permanentes de participação social, representa a verdadeira efetivação da política estabelecida pela Lei nº 9.433/97, que adotou um modelo de gestão descentralizada e mista, incluindo a sociedade civil dentro do debate sobre as águas, mas que, apesar do estabelecimento dos comitês, conhecidos como "parlamentos das águas", ainda pode ir além na criação de instâncias verdadeiramente democráticas, visando ao aprofundamento e à qualificação da gestão compartilhada.

Ademais, entendeu-se necessário discutir se a resposta adequada para a crise hídrica e a escassez de água, se para o fim de garantir o uso racional e eficaz desse recurso finito, a melhor abordagem é realmente tratá-la como mercadoria e permitir sua exploração pela iniciativa privada. Ainda, há de se questionar se o tratamento jurídico desse bem recepciona a visão da água como mercadoria. Embora o inciso II do artigo 1º da Lei nº 9.433/97 admita que a água tem valor econômico, no mesmo artigo, encontramos uma série de limitações e exigências que fundamentam a Política Nacional de Recursos Hídricos, sendo a maioria deles importantes para a abordagem e discussão deste estudo, e partem da afirmação de que a água é um recurso limitado. Entre estes fundamentos, estão que: (a) é um bem de domínio público; (b) a prioridade de uso em situações de escassez é o consumo humano e de animais; (c) a gestão dos recursos hídricos deve ser descentralizada e contar com a participação do Poder Público, dos usuários e da comunidade. É válido, ainda, ressaltar o artigo 2º da referida lei, que estabelece os objetivos da política nacional de recursos hídricos, no qual encontramos expressões que denotam a importância da prevenção e defesa contra eventos hidrológicos decorrentes do uso inadequado de recursos naturais e da preservação das fontes de água com qualidade para as futuras gerações. Vemos, portanto, claramente, uma preocupação do legislador contra o desperdício, o abuso e a concentração nas mãos de poucos.

Para tanto, ressaltou-se no presente estudo a importância da participação de entidades civis e de usuários no planejamento e execução da política nacional, perpassando pelo papel *sui generis* desempenhado pelos Comitês de Bacias Hidrográficas, função que deve ser reforçada, alcançar também a gestão dos serviços de saneamento básico como um todo e amplificar o alcance, a competência e a coercitividade de suas decisões, de modo a garantir que cada vez mais cidadãos possam participar, continuando o aprofundamento do processo de democratização da gestão das águas no Brasil, na contramão do que se vê atualmente. Como ferramenta de embasamento sobre a potencialidade da execução e aplicação dessa lógica do comum, optou-se por trazer a noção de bens comuns (*common-pool resources*) a partir de estudos de caso de gestão da água e da literatura sobre a temática, sempre valorizando a práxis, além da busca pela compreensão e descrição da trajetória histórica, a qual inclui os tribunais de água, em específico o Tribunal da Vega de Valência, ainda em funcionamento.

Constatou-se que a gestão privada, no que tange aos recursos hídricos – frise-se, escopo desta pesquisa, ao contrário de trazer maior eficiência a partir da alocação de recursos de forma a maximizar os lucros, levou historicamente a crises sistêmicas e não conseguiu dar conta do desafio de gerir bens finitos e limitados naturalmente pelo conflito intrínseco dessa condição com a visão de exploração pelo mercado em oposição a uma visão que aposte na gestão equitativa, solidária e sustentável das águas. Notou-se que os exemplos de sucesso da governança e da administração comunitária e coletiva de bens hídricos foram justamente não se limitar à estatização do recurso, mas sim adotar a participação da comunidade e uma nova visão sobre o uso de bens escassos.

Portanto, o presente estudo visou resgatar a cultura e a tradição milenar de tratamento comunitário das águas, de cunho democrático, com respeito ao meio ambiente, valorização daqueles que se utilizam das fontes de água para sobreviver e em prol da comunidade a partir da experiência de jurisdição e resolução de conflitos, mas também de gestão feita pelo Tribunal de Águas de Valência e seus juízes-síndicos, e demonstrar que tal abordagem, longe de ser algo folclórico e turístico, é uma perspectiva que reforça o paradigma da água como bem comum, do acesso à água como direito e não como mercadoria, reforçando laços entre os cidadãos e garantindo desenvolvimento econômico e social de forma sustentável e por longos períodos de tempo, no caso da região espanhola de Valência, dois mil anos, sendo um dos mais belos e frutíferos pomares da Europa.

Por todo o exposto, defende-se que a Política Nacional de Recursos Hídricos e a legislação atinente ao tema, no Brasil, não necessita ser flexibilizada. Pelo contrário, dever-se-ia ter um enfoque em prover a implementação efetiva de mecanismos já existentes e que auxiliariam na garantia do direito e acesso às gerações futuras, pois a ineficiência da gestão pública e a falta de políticas públicas, por parte do Estado, não são justificativas plausíveis para que se fragilize ainda mais o controle sobre um bem tão precioso para a vida humana. Como contribuição, sugere-se a adoção conjunta, com o fortalecimento dos instrumentos da PNRH, de um paradigma popular e comunitário de gestão da água que efetivamente combine uma estratégia estatal de combate à escassez com a participação da comunidade na resolução de conflitos e na administração dos recursos hídricos – o que não seria, propriamente, uma inovação legislativa no país, mas poderia enquadrar-se no exposto na própria Lei nº 9.433, que, no inciso VI do art. 1º, preconiza, como fundamento da PNRH, a participação dos usuários da água e da sociedade civil, bem como no inciso X do artigo 2º da Lei nº 6.938, que trata da Política Nacional de Meio Ambiente, e ainda na Constituição Federal e em outras leis que tratam da administração pública e preveem a participação da sociedade e uma gestão democrática da coisa pública à luz do princípio democrático.

REFERÊNCIAS

ABERS, Rebecca Neaera *et al*. *Inclusão, deliberação e controle*: três dimensões de democracia nos comitês e consórcios de bacias hidrográficas no Brasil. Ambiente & Sociedade, Campinas, v. 12, n. 1, p. 115-132, jan./jun. 2009. Disponível em: https://www.scielo.br/j/asoc/a/wrzwPtZzr78FvNtntV6Rh8v/?format=pdf&lang=pt. Acesso em: 28 ago. 2021.

ACOSTA, Alberto. *O bem viver*: uma oportunidade para imaginar novos mundos. Editora Elefante: São Paulo, 2016.

ACOSTA, Alberto; MARTÍNEZ, Esperanza. *Agua*: un derecho humano fundamental. Quito: Abya Yala, 2010. p. 18-23.

ADAMO, Nasrat; AL-ANSARI, Nadhir. *In Old Babylonia*: irrigation and agriculture flourished under the code of Hammurabi (2000-1600 BC). Journal of Earth Sciences and Geotechnical Engineering, v. 10, n. 3, 2020, p. 41-57. Disponível em: https://www.researchgate.net/publication/339782821_In_Old_Babylonia_Irrigation_and_Agriculture_Flourished_Under_the_Code_of_Hammurabi_2000-1600_BC. Acesso em: 7 out. 2020.

AGÊNCIA NACIONAL DAS ÁGUAS. *Cadernos de capacitação em recursos hídricos*. Gov.br, 2012. Disponível em: http://arquivos.ana.gov.br/institucional/sge/CEDOC/Catalogo/2012/CadernosDeCapacitacao1.pdf. Acesso em: 21 set. 2020.

AGÊNCIA NACIONAL DE ÁGUAS E SANEAMENTO BÁSICO. *Comitês de bacia hidrográfica*. Gov.br. Disponível em: https://www.ana.gov.br/aguas-no-brasil/sistema-de-gerenciamento-de-recursos-hidricos/comites-de-bacia-hidrografica/comite-de-bacia-hidrografica/. Acesso em: 10 set. 2020.

AGÊNCIA NACIONAL DE ÁGUAS E SANEAMENTO BÁSICO. *Distribuição dá água, superfície da população em % total do país*. Gov.br, 2002. Disponível em: https://www.ana.gov.br/institucional/ASPAR/docs/P2_ANA_JoseMachado.pdf. Acesso em: 27 set. 2020.

AHMAD, Shaikh. *A textbook of environmental science and ecology*. India: Sankalp Publication, 2018.

ALFONSIN, Betânia *et al*. Descaracterização da política urbana no Brasil: Desdemocratização e retrocesso. Revista Culturas Jurídicas, v. 7, n. 16, jan./abr. 2020. Disponível em: https://periodicos.uff.br/culturasjuridicas/article/view/45337/28871. Acesso em: 6 jun. 2021.

ALMEIDA JUNIOR, Admilson Leite de. *O Domínio das águas e o papel dos municípios na solução dos conflitos*: o uso da água pelos irrigantes de Pombal – PB. 2015, 103 f. Dissertação (Mestrado em Sistemas Agroindustriais) – Centro de Ciências e Tecnologia Agroalimentar, Universidade Federal de Campina Grande, Pombal – Paraíba, 2015. Disponível em: http://dspace.sti.ufcg.edu.br:8080/jspui/bitstream/riufcg/810/1/ADMILSON%20LEITE%20DE%20ALMEIDA%20J%C3%9ANIOR%20-%20DISSERTA%C3%87%C3%83O%20PPGSA%20PROFISSIONAL%202015.pdf. Acesso em: 15 set. 2021.

ALMEIDA, Candido Mendes de. *Codigo Philippino, ou, Ordenações e leis do Reino de Portugal*: recopiladas por mandado d'El-Rey D. Philippe I. Rio de Janeiro: Typ. do Instituto Philomathico, 1870.

AQUA PUBLICA EUROPEA. Disponível em: https://www.aquapublica.eu/. Acesso em: 3 jul. 2023.

AQUASTAT. *Water use*. FAO, 2021. Disponível em: http://www.fao.org/aquastat/en/overview/methodology/water-use. Acesso em: 4 set. 2021.

AQUINAS, Saint Thomas. *Treatise on law* (Summa Theologica I-II). Translation Fathers of the English Dominican Province. Benzinger, 1947. Disponível em: http://www.sophia-project.org/uploads/1/3/9/5/13955288/aquinas_law.pdf Acesso em: 7 out. 2020.

ARAÚJO, Danniel Claudio de; RIBEIRO, Márcia Maria; VIEIRA, Zédna Mara de Castro Lucena. *Conflitos institucionais na gestão dos recursos hídricos do estado da Paraíba*. Revista Brasileira de Recursos Hídricos, Porto Alegre, v. 17, n. 4, p. 259-271, 2012.

ARISTÓTELES. *Ethica Nicomachea I 13- II8* (Ética a Nicômaco): Tratado da virtude moral. Tradução: Marco Zingano. São Paulo: Fapesp, 2008.

ARISTÓTELES. *Metafísica*. [S. l.]: Editora Unicamp, 2004

ARISTÓTELES. *Politics*. Translated by: Benjamin Jowett. Kitchener: Batoche Books, 1999. Disponível em: https://socialsciences.mcmaster.ca/econ/ugcm/3ll3/aristotle/Politics.pdf. Acesso em: 7 out. 2020

AVALON PROJECT. *The Code of Hammurabi*. Yale Law, 2008. Disponível em: https://avalon.law.yale.edu/ancient/hamframe.asp. Acesso em: 7 out. 2020.

BANNON, Cynthia. *Fresh water in Roman law*: rights and policy. Journal of Roman Studies, v. 107, p. 60-89, 2017. Disponível em: https://www.cambridge.org/core/journals/journal-of-roman-studies/article/fresh-water-in-roman-law-rights-and policy/548B1C559B3D6A CEDF50C4576DD14603/core-reader. Acesso em: 25 abr. 2020.

BARLOW, Maude. *Água: pacto azul*. São Paulo: M Books, 2006.

BARLOW, Maude. CLARKE, Tony. *Ouro azul*: como as grandes corporações estão se apoderando da água doce. São Paulo: M Books, 2003.

BARROS, Angela; BARROS, Airton. *A difícil aplicabilidade da política de águas no Brasil*. Revista Científica Internacional, ano 2, n. 7, mai./jun., 2009. Disponível em: https://defesacivil.uff.br/wp-content/uploads/sites/325/2020/10/2009mai-Rev-Inter-ScPla-A-dif-aplic-Pol-de-aguas-no-brasil.pdf. Acesso em: 25 abr. 2021.

BARROS, Wellington Pacheco. *A água na visão do Direito*. Porto Alegre: Departamento de Artes Gráficas do Tribunal de Justiça do Estado do Rio Grande do Sul, 2005.

BARZOTTO, Luís Fernando. *A democracia na Constituição*. São Leopoldo: Unisinos, 2003.

BAYER, Diego; BORBA, Natacha Zanghelini. *A água como bem jurídico econômico*. Temiminós Revista Científica, v. 5, n.1, jan./jun. 2015. Disponível em: https://www.academia.edu/30029733/A_%C3%81GUA_COMO_BEM_JUR%C3%8DDICO_ECON%C3%94MICO. Acesso em: 26 abr. 2020.

BEER, Max. *História do socialismo e das lutas sociais*. Rio de Janeiro: Calvino, 1944.

BENJAMIN, Antonio Herman de Vasconcellos. *Constitucionalização do ambiente e ecologização da Constituição brasileira*. *In*: CANOTILHO, Joaquim José Gomes (org.). Direito constitucional ambiental brasileiro. 6. ed. São Paulo: Saraiva Jur, 2015.

BENKLER, Yochai. *Strengthen the Commons*: Now! Heinrich Böll Stiftung, 2009. Disponível em: ttps://www.petrakellystiftung.de/programm/veranstaltungsdetails/article/manifest-gemeingueter-staerken-jetzt.html Acesso em: 7 out. 2020

BERCOVICI, Gilberto. *As inconstitucionalidades da nova lei do saneamento*. Consultor Jurídico, 2021. Disponível em: https://www.conjur.com.br/2020-set-27/estado-economia-inconstitucionalidades-lei-saneamento. Acesso em: 12 set. 2021.

BOBBIO, Noberto. *O futuro da democracia*: uma defesa das regras do jogo. 2. ed. Rio de Janeiro: Paz e Terra, 1986.

BOBBIO, Norberto. *A era dos direitos*. 7. ed. Tradução: Carlos Nelson Coutinho. Rio de Janeiro: Elsevier, 2004. E-book disponível em: https://edisciplinas.usp.br/pluginfile.php/297730/mod_resource/content/0/norberto-bobbio-a-era-dos-direitos.pdf. Acesso em: 25 abr. 2021.

BOBBIO, Norberto; MATTEUCCI; Nicola; PASQUINO, Gianfranco. *Dicionário de política*. Brasília: UNB, 1983.

BOEIRA, Marcus Paulo Rycembel. *A natureza da democracia constitucional*: um estudo sobre as 5 causas da democracia na CRFB/88. Curitiba: Uruá editora, 2011.

BOLÍVIA. *Constitución Política del Estado de 2009*. Disponível em: https://www.oas.org/dil/esp/constitucion_bolivia.pdf. Acesso em: 24 set. 2020.

BOLIVIA. *Ley nº 2029*. Ley de servicios de agua potable y alcantarillado sanitário del 29 de octubre de 1999. Disponível em: http://extwprlegs1.fao.org/docs/pdf/bol26680.pdf. Acesso em: 16 ago. 2021.

BORGES, Altamiro. *Falta de água em São Paulo já causa 3 mil demissões*. RBA, julho de 2014. Disponível em: http://www.redebrasilatual.com.br/cidadania/2014/07/falta-deagua-em-sao-paulo-ja-causa-3-mil-demissoes-8539.html. Acesso em: 18 set. 2020.

BRANCHAT, Vicente. *Tratado de los derechos y regalías que corespondem al Real Patrimonio en el Reyno de Valencia y de la jurisdiccion del intendente como subrogado en lugar del antiguo bayle general*. Valencia: Imprenta de Joseph y Tomas de Orga, 1784. Disponível em: https://bivaldi.gva.es/es/consulta/registro.cmd?id=5083. Acesso em: 25 de abr. 2021.

BRASIL, Congresso Nacional, Centro de Estudos e Debates Estratégicos. *Instrumentos de Gestão das águas*. Brasília: Câmara dos Deputados, 2015. Disponível em: https://www2.camara.leg.br/a-camara/estruturaadm/altosestudos/pdf/instrumentos_gestao_aguas.pdf. Acesso em: 5 ago. 2021.

BRASIL. *Constituição da República Federativa do Brasil de 1988*. Brasília, DF. Presidência da República. Disponível em: http://www.planalto.gov.br/ccivil_03/constituicao/constituicao.htmAcesso em: 26 jun. 2020.

BRASIL. *Lei nº 8.078, de 11 de setembro de 1990*. Dispõe sobre a proteção do consumidor e dá outras providências. Brasília, DF: Diário Oficial da União, 1990.

BRASIL. *Lei 11.445, de 5 de janeiro de 2007*. Estabelece diretrizes nacionais para o saneamento básico; altera as Leis nºs 6.766, de 19 de dezembro de 1979, 8.036, de 11 de maio de 1990, 8.666, de 21 de junho de 1993, 8.987, de 13 de fevereiro de 1995; revoga a Lei nº 6.528, de 11 de maio de 1978; e dá outras providências. Brasília, DF: Presidência da República, Subchefia para Assuntos Jurídicos da Casa Civil, [2007a]. Disponível em: http://www.planalto.gov.br/ccivil_03/_Ato2007-2010/2007/Lei/L11445.htm. Acesso em: 15 jul. 2020.

BRASIL. *Lei 12.787, de 11 de janeiro de 2013.* Dispõe sobre a Política Nacional de Irrigação; altera o art. 25 da Lei nº 10.438, de 26 de abril de 2002; revoga as Leis nºs 6.662, de 25 de junho de 1979, 8.657, de 21 de maio de 1993, e os Decretos-Lei nºs 2.032, de 9 de junho de 1983, e 2.369, de 11 de novembro de 1987; e dá outras providências. Brasília, DF: Presidência da República, Subchefia para Assuntos Jurídicos da Casa Civil, [2013]. Disponível em: http://www.planalto.gov.br/ccivil_03/_Ato2011-2014/2013/Lei/L12787.htm. Acesso em: 30 set. 2021.

BRASIL. *Lei Complementar nº 182, de setembro de 2018.* Dispõe sobre a redução de multa e de juros de mora, no caso de pagamentos em parcela única ou mais de uma parcela, de créditos tributários relativos ao ICMS, na forma que especifica, de acordo com o autorizado no convênio ICMS 75/18. Disponível em: http://www.fazenda.rj.gov.br/sefaz/faces/oracle/webcenter/portalapp/pages/navigation-renderer.jspx?_afrLoop=37184519203082695&datasource=UCMServer%23dDocName%3AWCC332766&_adf.ctrl-state=d83xt0st6_9. Acesso em: 26 set. 2021.

BRASIL. *Lei nº 14.026 de 15 de julho de 2020.* Atualiza o marco legal do saneamento básico e altera a Lei nº 9.984, de 17 de julho de 2000, para atribuir à Agência Nacional de Águas e Saneamento Básico (ANA) competência para editar normas de referência sobre o serviço de saneamento, a Lei nº 10.768, de 19 de novembro de 2003, para alterar o nome e as atribuições do cargo de Especialista em Recursos Hídricos, a Lei nº 11.107, de 6 de abril de 2005, para vedar a prestação por contrato de programa dos serviços públicos de que trata o art. 175 da Constituição Federal, a Lei nº 11.445, de 5 de janeiro de 2007, para aprimorar as condições estruturais do saneamento básico no País, a Lei nº 12.305, de 2 de agosto de 2010, para tratar dos prazos para a disposição final ambientalmente adequada dos rejeitos, a Lei nº 13.089, de 12 de janeiro de 2015 (Estatuto da Metrópole), para estender seu âmbito de aplicação às microrregiões, e a Lei nº 13.529, de 4 de dezembro de 2017, para autorizar a União a participar de fundo com a finalidade exclusiva de financiar serviços técnicos especializados. Congresso Nacional. Brasília, DF, 2020. Disponível em: https://www2.camara.leg.br/legin/fed/lei/2020/lei-14026-15-julho-2020-790419-norma-pl.html.Acesso em: 26 set. 2021.

BRASIL. *Lei nº 9.433, de 8 de janeiro de 1997.* Institui a Política Nacional de Recursos Hídricos, cria o Sistema Nacional de Gerenciamento de Recursos Hídricos, regulamenta o inciso XIX do art. 21 da Constituição Federal, e altera o art. 1º da Lei nº 8.001, de 13 de março de 1990, que modificou a Lei nº 7.990, de 28 de dezembro de 1989. Brasília, DF: Presidência da República, Subchefia para Assuntos Jurídicos da Casa Civil, [1997]. Disponível em: http://www.planalto.gov.br/ccivil_03/LEIS/L9433.htm. Acesso em: 8 set. 2021.

BRASIL. *Medida Provisória nº 844, de 2018.* Atualiza o marco legal do saneamento básico e altera a Lei nº 9.984, de 17 de julho de 2000, para atribuir à Agência Nacional de Águas competência para editar normas de referência nacionais sobre o serviço de saneamento, a Lei nº 10.768, de 19 de novembro de 2003, para alterar as atribuições do cargo de Especialista em Recursos Hídricos, e a Lei nº 11.445, de 5 de janeiro de 2007, para aprimorar as condições estruturais do saneamento básico no País. Brasília, DF, Presidência da República. Disponível em: https://www.congressonacional.leg.br/materias/medidas-provisorias/-/mpv/133867. Acesso em: 4 ago.2021.

BRASIL. *Medida Provisória nº 868.* Atualiza o marco legal do saneamento básico e altera a Lei nº 9.984, de 17 de julho de 2000, para atribuir à Agência Nacional de Águas competência para editar normas de referência nacionais sobre o serviço de saneamento; a Lei nº 10.768, de 19 de novembro de 2003, para alterar as atribuições do cargo de Especialista em Recursos Hídricos; a Lei nº 11.445, de 5 de janeiro de 2007, para aprimorar as condições estruturais do saneamento básico no País; [...]. Brasília, DF, Presidência da República. Disponível em: https://www.congressonacional.leg.br/materias/medidas-provisorias/-/mpv/135061. Acesso em: 5 ago.2021.

BRASIL. *Projeto de lei do Senado 495, de 2017*. Altera a Lei nº 9.433, de 8 de janeiro de 1997, para introduzir os mercados de água como instrumento destinado a promover a alocação mais eficiente dos recursos hídricos. Brasília, DF: Senado Federal, [2017b]. Disponível em: https://www25.senado.leg.br/web/atividade/materias/-/materia/131906. Acesso em: 15 jul. 2021.

BRASIL. *Projeto de lei nº 4162, de 2019*. Atualiza o marco legal do saneamento básico e altera a Lei nº 9.984, de 17 de julho de 2000, para atribuir a Agência Nacional de Águas e Saneamento Básico (ANA) competência para editar normas de referência sobre o serviço de saneamento; a Lei nº 10.768, de 19 de novembro de 2003, para alterar as atribuições do cargo de Especialista em Recursos Hídricos e Saneamento Básico; a Lei nº 11.107, de 6 de abril de 2005, para vedar a prestação por contrato de programa dos serviços públicos de que trata o art. 175 da Constituição Federal; a Lei nº 11.445, de 5 de janeiro de 2007, para aprimorar as condições estruturais do saneamento básico no País; a Lei nº 12.305, de 2 de agosto de 2010, para tratar dos prazos para a disposição final ambientalmente adequada dos rejeitos; a Lei nº 13.089, de 12 de janeiro de 2015 (Estatuto da Metrópole), para estender seu âmbito de aplicação às microrregiões; e a Lei nº 13.529, de 4 de dezembro de 2017, para autorizar a União a participar de fundo com a finalidade exclusiva de financiar serviços técnicos especializados. Situação: transformado em norma jurídica. Brasília, DF: Câmara dos Deputados, [2019]. Disponível em: https://www25.senado.leg.br/web/atividade/materias/-/materia/140534. Acesso em: 5 jul. 2021.

BRASIL. *Proposta de Emenda à Constituição nº 4, de 2018*. Inclui, na Constituição Federal, o acesso à água potável entre os direitos e garantias fundamentais. Brasília, DF: Senado Federal, [2018]. Disponível em: https://legis.senado.leg.br/sdleg-getter/documento?dm=7631316&ts=1567534424177&disposition=inline. Acesso em: 17 set. 2020.

BRASIL. Superior Tribunal de Justiça. *AgRg nos EDcl no AREsp 57.598*. Rel. Min. Mauro Campbell, Segunda Turma. DJe: 12/11/2012.

BRASIL. Supremo Tribunal Federal. *Ação Direta de Inconstitucionalidade 1.842*. Rel. Min. Luiz Fux. Plenário. Julgado em: 06/03/2013. Disponível em: http://redir.stf.jus.br/paginadorpub/paginador.jsp?docTP=AC&docID=630026. Acesso em: 3 ago. 2021.

BRASIL. Supremo Tribunal Federal. *Ação Direta de Inconstitucionalidade 6.492*. Rel. Min. Luiz Fux. Disponível em: https://redir.stf.jus.br/estfvisualizadorpub/jsp/consultarprocessoeletronico/ConsultarProcessoEletronico.jsf?seqobjetoincidente=5965908. Acesso em: 3 ago. 2021.

BRASIL. Supremo Tribunal Federal. *Ação Direta de Inconstitucionalidade 2.340/SC*. Rel. Min. Ricardo Lewandowski. Julgado em: 06/03/2013, DJe: 09/05/2013. Disponível em: https://stf.jusbrasil.com.br/jurisprudencia/23507726/acao-direta-de-inconstitucionalidade-adi-2340-sc-stf/inteiro-teor-111732570. Acesso em: 3 ago. 2021.

BRASIL. Supremo Tribunal Federal. *Ação Direta de Inconstitucionalidade 567/DF*. Rel. Min. Ilmar Galvão. Julgado em: 12/09/1991. Disponível em: http://redir.stf.jus.br/paginadorpub/paginador.jsp?docTP=AC&docID=346469. Acesso em: 3 ago. 2021.

BRASIL. Supremo Tribunal Federal. *Ação Direta de Inconstitucionalidade 5.683*. Rel. Min. Luís Roberto Barroso. Julgado em: 16/11/2020, DJe: 24/11/2020. Disponível em: https://stf.jusbrasil.com.br/jurisprudencia/1130552241/acao-direta-de-inconstitucionalidade-adi-5683-rj-0002992-4920171000000/inteiro-teor-1130552248. Acesso em: 3 ago. 2021.

BRASIL. Supremo Tribunal Federal. *Agravo Regimental no Recurso Extraordinário 271.286-8*. Rel. Min. Celso de Mello. DJe: 24/11/2000.

BRASIL. Supremo Tribunal Federal. *Arguição de Descumprimento de Preceito Fundamental 709*. Rel. Min. Luís Roberto Barroso. Disponível em: http://portal.stf.jus.br/processos/detalhe.asp?incidente=5952986. Acesso em: 3 ago. 2021.

BRASIL. Supremo Tribunal Federal. *Medida Cautelar na* Ação Direta de Inconstitucionalidade 6.536. Rel. Min. Luiz Fux. Julgado em: 24/08/2021. Disponível em: https://www.conjur.com.br/dl/adi-fux-saneamento.pdf. Acesso em: 3 ago. 2021.

BRASIL. Supremo Tribunal Federal. *Medida Cautelar na Arguição de Descumprimento de Preceito Fundamental 672*. Rel. Min. Alexandre de Moraes. Julgado em: 13/10/2020. Disponível em: https://politica.estadao.com.br/blogs/fausto-macedo/wp-content/uploads/sites/41/2021/03/peca-221-adpf-672_220320214915.pdf. Acesso em: 3 ago. 2021.

BRASIL. Supremo Tribunal Federal. *Recurso Extraordinário nº 544.289/MS – AgR*. Rel. Min. Ricardo Lewandowski. DJe: 16/06/09. Disponível em: https://redir.stf.jus.br/paginadorpub/paginador.jsp?docTP=TP&docID=8182374. Acesso em: 3 ago. 2021.

BRASIL. Supremo Tribunal Federal. *Recurso Extraordinário 607.056*. Rel. Min. Dias Toffoli. Julgado em: 10/04/2013. Disponível em: https://stf.jusbrasil.com.br/jurisprudencia/23352732/recurso-extraordinario-re-607056-rj-stf/inteiro-teor-111689171. Acesso em: 3 ago. 2021.

BRASIL. Tribunal Regional Federal da 4ª Região. Agravo de Instrumento 5003468-44.2014.4.04.0000. Terceira Turma, Rel. Marga Inge Barth Tessler.

BRASIL. Tribunal Superior do Trabalho. *Enunciado nº 30*. I – Em dissídio individual, está sujeita ao duplo grau de jurisdição, mesmo na vigência da CF/1988, decisão contrária à Fazenda Pública [...]. Disponível em: https://www.soleis.adv.br/sumulastst.htm. Acesso em: 26 abr. 2021.

BRASIL. *Lei nº 10.881 de 9 de junho de 2004*. Dispõe sobre os contratos de gestão entre a Agência Nacional de Águas e entidades delegatárias das funções de Agências de Águas relativas à gestão de recursos hídricos de domínio da União e dá outras providências. Disponível em: http://www.planalto.gov.br/ccivil_03/_Ato2004-2006/2004/Lei/L10.881.htm. Acesso em: 27 set. 2021.

BRAVO, Alváro A. Sanchez. *Injusticia ambiental y derecho humano al agua*. In: BORGES, Gustavo; SILVEIRA, Clóvis Eduardo Malinverni; WOLKMER, Maria de Fatima Schumacher (orgs.). *O comum, os novos direitos e os processos democráticos emancipatórios*. Caxias do Sul: Educs, 2019.

BROWN, Colin; NEVES-SILVA, Priscila; HELLER, Léo. *Direito humano* à água e ao esgotamento sanitário: uma nova perspectiva para as políticas públicas. Ciência e saúde coletiva, n. 21, mar. 2016.

BUDDS, Jessica; MCGRANAHAN, Gordon. *Are the debates on water privatization missing the point?* Experiences from Africa, Asia and Latin America. Environment and Urbanization, v. 15, n. 2, p. 87–114, out. 2003. Disponível em: https://journals.sagepub.com/doi/abs/10.1177/095624780301500222. Acesso em: 16 jun. 2021.

BUTZER, Karl W. Early Hydraulic Civilization in Egypt. *A study in cultural ecology*. The University of Chicago Press, 1976. Disponível em: https://oi.uchicago.edu/sites/oi.uchicago.edu/files/uploads/shared/docs/early_hydraulic.pdf. Acesso em: 29 abr. 2020.

CAMPOS, Valéria Nagy de Oliveira. *Comitê de bacia hidrográfica*: Um canal aberto à participação? REGA, v. 2, n. 2, p. 49-60, jul./dez. 2005. Disponível em: https://abrh.s3.sa-east-1.amazonaws.com/Sumarios/66/da6a257a528c2b667b9767bc67c5f0c9_517e957ab33f544722e63caa02cc9ae1.pdf. Acesso em: 27 jul. 2021.

CAMPOS, Valéria Nagy de Oliveira. *O comitê de bacia hidrográfica do Alto Tietê e o Consejo de Cuenca del Valle de México*. Tese de Doutorado. São Paulo: Universidade Federal de São Paulo (USP), 2008.

CANDIDO, Anna Flavia da Costa. *A água como bem econômico*: o uso de instrumentos para combate da escassez na realidade brasileira. São Paulo: Faculdade de Economia, Administração, Contabilidade e Atuária (FEA-USP), 2015. Disponível em: http://www.econoteen.fea.usp.br/sites/default/files/anna_flavia_da_costa_candido_1.pdf. Acesso em: 25 abr. 2021.

CANOTILHO, Joaquim José Gomes (org.) *et al*. Direito Constitucional ambiental brasileiro. 6. ed. São Paulo: Saraiva Jur, 2015.

CANOTILHO, José Joaquim. *Direito Constitucional e Teoria da Constituição*. 7. ed. Coimbra: Edições Almedina, 2003. Disponível em: https://idoc.pub/download/canotilho-jj-gomes-direito-constitucional-e-teoria-da-constituiaopdf-34m7x05wje46. Acesso em: 4 jun. 2021.

CAPELLARI, Adalberto; CAPELLARI, Marta Botti. *A água como bem jurídico, econômico e social*. Cidades [online], v. 36, 2018. Disponível em: https://journals.openedition.org/cidades/657. Acesso em: 26 abr. 2021.

CAPPELLETTI, Mauro; GARTH, Bryant. *Acesso à justiça*. Tradução: Ellen Gracie Northfleet. Porto Alegre: Sergio Antonio Fabris Editor, 1988. E-book. Disponível em: https://www.irib.org.br/app/webroot/publicacoes/diversos003/pdf.PDF. Acesso em: 7 out. 2020.

CARLES, Marjolaine. *Águas de domínio público* (Brasil colonial) O caso de Vila Rica, Minas Gerais, 1722-1806. Varia História [online], v. 32, n. 58, p. 79-100, 2016. Disponível em: scielo.br/j/vh/a/mRzVVp48jnwcpgQPDCSHhSM/abstract/?lang=pt#ModalArticles. Acesso em: 27 mai. 2021.

CASARIN, Fátima. DOS SANTOS, Monica. *Água, o ouro azul*: usos e abusos dos recursos hídricos. Rio de Janeiro: Garamond, 2011.

CASSUTO, David Nathan. Apresentação. *In*: BORGES, Gustavo; SILVEIRA; Clóvis Eduardo Malinverni; WOLKMER, Maria de Fatima Schumacher (orgs.). *O comum, os novos direitos e os processos democráticos emancipatórios*. Caxias do Sul: Educs, 2019.

CASTRO, Ramiro. *O "novo" marco legal do saneamento básico*: é possível conciliar o direito humano à água e saneamento com o privado? *In*: MAYA. André Machado (org.). Anais do IV EGRUPE: Encontro Interinstitucional de Grupos de Pesquisa Belo Horizonte: Dialética, 2020.

CASTRO, Ramiro; KLUG, Luiza; TABORDA, Maren. *Relato sobre a construção do paradigma de que a água é bem comum da humanidade (perspectiva histórica)*. *In*: SHEREMETIEFF, Adriana Henrichs (orgs.) *et al*. Temas atuais de direitos humanos e fundamentais. Rio de Janeiro: Pembroke Collins, 2020.

CEO's message 2001. *IWK Achievements & Plans*. IKW, 2001. Disponível em: ttps://www.iwk.com.my/corporate-profile/ceo-s-message-2001. Acesso em: 15 set. 2020.

CHIPMAN, Kim. *California water futures begin trading amid scarcity*. Bloomberg, 2020. Disponível em: https://www.bloomberg.com/news/articles/2020-12-06/water-futures-to-start-trading-amid-growing-fears-of-scarcity?sref=oUjKJw8m. Acesso em: 5 ago. 2021.

CICERO, Marco Túlio. *Da república*. Edições do Senado Federal, v. 250, Brasília: Senado Federal, 2019.

CITTADINO, Gisele. *Pluralismo, Direito e justiça distributiva*: Elementos da filosofia constitucional contemporânea. 3. ed. Rio de Janeiro: Lumen Juris, 2004.

COMITÊ DA BACIA HIDROGRÁFICA DO RIO TAQUARI-ANTAS. *Plano de Bacia do Rio Taquari-Antas*. Caxias do Sul, 2017. Disponível em: https://taquariantas.wixsite.com/comite/servicos. Acesso em: 10 set. 2020.

COMMETTI, Filipe Domingos *et al*. O desenvolvimento do direito das águas como um ramo autônomo da ciência jurídica brasileira. Revista de Direito Ambiental, ano 13, n. 51, São Paulo, 2008.

CONAMA. *Resolução nº 357, de 17 de março de 2005*. Dispõe sobre a classificação dos corpos de água e diretrizes ambientais para o seu enquadramento, bem como estabelece as condições e padrões de lançamento de efluentes, e dá outras providências. Disponível em: http://pnqa.ana.gov.br/Publicacao/RESOLUCAO_CONAMA_n_357.pdf. Acesso em: 23 set. 2021.

CONCÍLIO VATICANO II. Declaração *Dignitatis Humanae* sobre a liberdade religiosa. Disponível em: https://www.vatican.va/archive/hist_councils/ii_vatican_council/documents/vat-ii_decl_19651207_dignitatis-humanae_po.html. Acesso em: 17 ago. 2023.

CONCÍLIO VATICANO II. *Dignitatis Humanae*. Declaração do Concílio Vaticano II sobre a liberdade religiosa. São Paulo: Paulinas, 1976.

CONRAD, David. *Empires of Medieval West Africa*: Ghana, Mali, Songhay. New York: Facts on File, 2005.

CONSELHO NACIONAL DE RECURSOS HÍDRICOS. *Resolução nº 5, de 10 de abril de 2000*. Disponível em: http://www.sema.df.gov.br/wp-conteudo/uploads/2017/09/Resolu%C3%A7%C3%A3o-CNRH-n%C2%BA-5-de-2000.pdf. Acesso em: 10 set. 2020.

SUL21. Conta da água em Uruguaiana polemiza estreia de empresa, 2011. Disponível em: https://sul21.com.br/ultimas-noticias-geral-noticias-2/2011/08/tarifa-da-agua-com-empresa-privada-assusta-moradores-de-uruguaiana/?_ga=2.150902006.1794176181.1630358738-1276001918.1629911093. Acesso em: 28 set. 2021.

CORPUS Iuris Civilis Digesto Imperador Justiniano. Texto bilíngue Latim e Português. Tradução: Edison Alkmim Cunha. Brasília, ESMAF: 2010. E-book. Disponível em: https://trf1.jus.br/dspace/bitstream/123/52682/1/Corpus%20iuris%20civilis%20%28disgesto%29.pdf DIGESTO- ALVES- Acesso em: 7 out. 2020

CORREIA, Alexandre e SCIASCIA, Gaetano. *Manual de Direito Romano*. 2. ed. São Paulo: Saraiva, 1953.

CORSAN. *Relatório da administração 2017*. Disponível em: https://www.corsan.com.br/upload/arquivos/201807/10160114-demonstracoes-contabeis-2017.pdf. Acesso em: 5 ago. 2021.

COSSÍ, José Ramon. *Transparencia y estado de derecho*. In: ACKERMAN, John (coord.). Más allá del acceso a la información. Transparencia, rendición de cuentas y Estado de Derecho. México: Siglo XXI, 2008.

COUCEIRO, Regina Marques; HAMADA, Neusa. *Os instrumentos da política nacional de recursos hídricos na região Norte do Brasil*. Oecologia Australis, v. 15, p. 762-774, dez. 2011. Disponível em: https://repositorio.inpa.gov.br/handle/1/20899. Acesso em: 29 ago. 2021.

CRUZ, Karlos Arcanjo da; RAMOS, Francisco de Sousa. *Evidências de subsídio cruzado no setor de saneamento básico nacional e suas consequências*. Nova Economia, v. 26, n. 2, p. 623–651, 2016. Disponível em: https://www.scielo.br/j/neco/a/vstH66FQ8mRGV8NLznjSyjB/abstract/?lang=pt. Acesso em: 21 set. 2021.

D'AMBROSO, Marcelo José Ferlin. *Interpretação humanística e hermenêutica juslaboral*: o enfoque de direitos humanos. Estado de Direito, 2018. Disponível em: http://estadodedireito.com.br/interpretacao-humanistica-e-hermeneutica-juslaboral-o-enfoque-de-direitos-humanos/. Acesso em: 28 ago. 2021.

DALLA CORTE, Thaís. PORTANOVA, Rogério Silva. *A (re)definição do direito à água no século XXI frente à ordem ambiental internacional*. Publicadireito, s.d. Disponível em: http://www.publicadireito.com.br/artigos/?cod=7c09c2a7d351667d. Acesso em: 26 set. 2020.

DARDOT, Pierre; LAVAL, Christian. *Comum*: ensaio sobre a revolução no século XXI. São Paulo: Boitempo, 2017.

DARDOT, Pierre; LAVAL, Christian; ECHALAR, Mariana. *A nova razão do mundo*: ensaio sobre a sociedade neoliberal. São Paulo: Editora Boitempo, 2016.

DAROIT, Doriana *et al*. O meio ambiente como um bem comum: revisando conceitos. *In*: Congresso Brasileiro de Ciência e tecnologia em resíduos e desenvolvimento sustentável, ICTR, 2004.

DE LIMA, Sonaly Cristina Rezende Borges; OLIVEIRA, Thiago Guedes de. *Privatização das companhias estaduais de saneamento*: uma análise a partir da experiência de Minas Gerais. Ambiente & Sociedade [online], 2015, v. 18, n. 3, p. 253-272, jul/set. 2015. Disponível em: https://www.scielo.br/pdf/asoc/v18n3/1809-4422-asoc-18-03-00253.pdf. Acesso em 5 ago. 2020.

DECLARAÇÃO DE DUBLIN SOBRE ÁGUA E DESENVOLVIMENTO. *ICWE*, Dublin, 1992. Disponível em: https://wedocs.unep.org/handle/20.500.11822/30961. Acesso em: 6 ago. 2021.

DEZ ESTATAIS DE SANEAMENTO NÃO ATENDEM REQUISITOS DA NOVA LEI, diz estudo. Valor Econômico, 2021. Disponível em: https://valor.globo.com/empresas/noticia/2021/06/07/estudo-indica-que-dez-estatais-nao-atendem-novos-requisitos.ghtml. Acesso em: 7 ago. 2021.

DOWBOR, Ladislaw. *A Era do capital improdutivo*. São Paulo: Autonomia Literária, 2017.

DRAY, Deane M. *Water*: pure, refreshing defensive growth – Our Goldman Sachs framework for investing in the global water sector sustainable investing environmental focus. CFA Goldman, Sachs & Co, 2006. Disponível em: https://www.unepfi.org/fileadmin/events/2006/stockholm/Stockholm_DeaneDray.pdf. Acesso em: 5 ago. 2021.

DRIAUX, Delphine. Water supply of ancient Egyptian settlements: the role of the state. Overview of a relatively equitable scheme from the Old to New Kingdom. *Water History*. n. 8, p. 43-58, 2016. Disponível em: https://link.springer.com/article/10.1007/s12685-015-0150-x. Acesso em: 28 abr. 2020.

DRUMOND, Nathalie. A guerra da água na Bolívia: a luta do movimento popular contra a privatização de um recurso natural. *Revista Nera*, Presidente Prudente, ano 18, n. 28, p. 186-205, 2015.

EAU DE PARIS. Water in Paris: *A public service*. L'eau. Un service public, s.d. Disponível em: http://www.eaudeparis.fr/uploads/tx_edpevents/Brochure_institutionnelle_ENG_2013.pdf. Acesso em: 26 ago. 2021.

EL TRIBUNAL DE LAS AGUAS Y LAS ACEQUIAS VALENCIANAS. Valencia: Generalitat Valenciana, 2014. Disponível em: http://www.ceice.gva.es/documents/161634402/163458786/LlibretTRIBUNALcast.pdf/051d0668-526b-44ad-b2e4-60b9272988b4 Acesso em: 26 mar. 2021.

ELY, Débora. *Como Uruguaiana entrou na rota da Odebrecht*. GZH, 2017. Disponível em: https://gauchazh.clicrbs.com.br/geral/noticia/2017/04/como-uruguaiana-entrou-na-rota-da-odebrecht-9772348.html. Acesso em: 28 set. 2021.

ENVIRONMENTAL REPORT. Goldman Sachs, 2008. Disponível em:https://www.goldmansachs.com/citizenship/sustainability-reporting/env-report-2008.pdf. Acesso em: 5 ago. 2021.

EQUADOR. *Constitución de La Republica del Ecuador*. Disponível em: https://www.oas.org/juridico/pdfs/mesicic4_ecu_const.pdf. Acesso em: 24 set. 2020.

ESPANHA. *Sentencia Civil nº 7/2015*, Audiencia Provincial de Valencia, Sección 6, Rec. 460/2014, de 19 de enero de 2015.

ESPÓSITO NETO, Tomás. *Uma análise histórico-jurídica do Código de Águas (1934) e o início da presença do Estado no setor elétrico brasileiro no primeiro Governo Vargas*. Revista Eletrônica História em Reflexão, Universidade Federal de Dourados, v. 9, n. 17, jan./jun., 2015.

FAGAN, Garret. G. *Bathing in public in the roman world*. University of Michigan Press, 2002.

FAIREN-GUILLEN, Victor. *El proceso ante el Tribunal de Aguas de Valencia* (Oralidad, Concentración, Rapidez, Economía en un Proceso Actual). Valencia: Artes Graphicas Soler, 1975. Disponível em: https://hispagua.cedex.es/sites/default/files/cultura_del_agua/Tribunal_Aguas_Valencia/Fairen_guillen.pdf. Acesso em: 8 fev. 2021.

FAO. *Historical irrigation system at l'horta de Valencia*. Globally Important Agricultural Heritage System (GIAHS). Disponível em: http://www.fao.org/3/ca8304en/ca8304en.pdf. Acesso em: 15 mar. 2021.

FARIA, Ricardo Coelho de; FARIA, Simone Alves de; MOREIRA, Tito Belchior. *A privatização no setor de saneamento tem melhorado a performance dos serviços?* Planejamento e Políticas Públicas – IPEA, n. 28, 2009. Disponível em: //www.ipea.gov.br/ppp/index.php/PPP/article/view/46. Acesso em: 5 ago. 2021.

FARIAS, Paulo José Leite. *A dimensão econômica do meio ambiente*. A riqueza dos recursos naturais como direito do homem presente e futuro. Revista de Informação Legislativa, Brasília, n. 180, out./dez. 2008. Disponível em: https://www2.senado.leg.br/bdsf/bitstream/handle/id/176566/000860611.pdf?sequence=3&isAllowed=y. Acesso em: 26 abr. 2021.

FELIX, Kelly. *Novo Marco Legal do Saneamento e a prestação dos serviços pelas empresas*. As estatais estaduais podem seguir prestando serviços nos municípios sem licitação? JOTA, 2021. Disponível em: https://www.jota.info/opiniao-e-analise/artigos/novo-marco-legal-do-saneamento-e-a-prestacao-direta-dos-servicos-pelas-empresas-22092021. Acesso em: 3 jul. 2023.

FERRAJOLI, Luigi. *Por uma carta dos bens fundamentais*. Sequência, n. 60, p. 29-73, jul. 2010. Disponível em: https://periodicos.ufsc.br/index.php/sequencia/article/view/2177-7055.2010v31n60p29/15066. Acesso em: 6 jun. 2021.

FINNIS, John. *Direito natural em Tomás de Aquino*. Tradução: Sergio Antonio Fabris, São Paulo, 2007.

FIORILLO, Celso Antonio Pacheco. Curso de Direito Ambiental brasileiro. 5. ed. São Paulo: Saraiva, 2009.

FISCHER-LESCANO, Andreas. *Crítica da concordância prática*. In: CAMPOS, Ricardo (org.) *Crítica da ponderação*: método constitucional entre a dogmática jurídica e a teoria social. São Paulo: Saraiva, 2016, p. 37-61.

FLORES, Alfredo de J.; TABORDA, Maren Guimarães. *Propaganda política no Principado Romano*: a família como elemento da Constituição. Revista Quaestio Iuris, v. 11, Rio de Janeiro, 2018. Disponível em: https://www.e-publicacoes.uerj.br/index.php/quaestioiuris/article/view/31084/25945. Acesso em: 25 abr. 2020.

FLORES, Flores et al. *The Chinampa*: An ancient Mexican sub-irrigation system. Wiley Online Library, 2018. Disponível em: https://www.researchgate.net/publication/329561509_The_Chinampa_An_Ancient_Mexican_Sub-Irrigation_System. Acesso em: 6 mar. 2021.

FLORES, Rafael Kruter. *O bem comum desde uma ontologia crítica*: análise de lutas sociais em situações de espoliação da água. In: BORGES, Gustavo; SILVEIRA; Clóvis Eduardo Malinverni; WOLKMER, Maria de Fatima Schumacher (org.). O comum, os novos direitos e os processos democráticos emancipatórios. Caxias do Sul: Educs, 2019.

FRANCISCUS. *Carta Encíclica Frattelli Tutti*; 2020. Disponível em: http://www.vatican.va/content/francesco/pt/encyclicals/documents/papa-francesco_20201003_enciclica-fratelli-tutti.html Acesso em: 7 out. 2020.

FRANCISCUS. *Carta Encíclica Laudato Si' do Santo Padre Francisco sobre o Cuidado da Casa Comum*. Libreria Editrice Vaticana, Roma, 2015. Disponível em: http://www.vatican.va/content/francesco/pt/encyclicals/documents/papa-francesco_20150524_enciclica-laudato-si.html. Acesso em: 7 out. 2020

FREUD, Sigmund. *Totem e tabu*. In: Totem e tabu e outros trabalhos (1913-1914). Direção-geral da tradução de Jayme Salomão. Rio de Janeiro: Imago, 2006.

GAMEZ, Milton. *Sabesp estreia na Bolsa e agita analistas*. Folha de São Paulo, 1997. Disponível em: https://www1.folha.uol.com.br/fsp/dinheiro/fi090614.htm. Acesso em: 11 set. 2021.

CORRAL, Ildefonso L. Garcia del (org.). *Cuerpo del derecho civil romano*: a doble texto, traducido al castellano del latino. Barcelona: Lex Nova, 1897.

GARZON, Luís Fernando Novoa. *Privatização da água no Brasil*: cenários e significados. Rio de Janeiro. Instituto Eqüit, 2006.

GAVIÃO FILHO, Anizio Pires. *Direito fundamental ao ambiente*. Porto Alegre: Livraria do Advogado, 2005.

GENRO, Tarso. *Direito, Constituição e transição democrática no Brasil*. São Paulo: Editora Francis, 2010.

GERBER, Konstantin. *Apartheid hídrico*: quando a falta de gestão resulta em discriminação. Justificando, 2017. Disponível em: https://portal-justificando.jusbrasil.com.br/noticias/558185660/apartheid-hidrico-quando-a-falta-de-gestao-resulta-em-discriminacao?ref=feed. Acesso em: 6 out. 2020.

GESTIN, Benjamin. *Em Paris, remunicipalização possibilitou investimentos e controle social*. Ondas Brasil, 2019. Disponível em: https://ondasbrasil.org/benjamin-gestin-em-paris-remunicipalizacao-possibilitou-investimentos-e-controle-social/. Acesso em: 3 set. 2021.

GIORGI, Raffaele de. *O direito na sociedade do risco*. Revista Opinião Jurídica Fortaleza, v. 3, n. 5, p. 383-394, 2005. Disponível em: https://periodicos.unichristus.edu.br/opiniaojuridica/article/view/2866/911. Acesso em: 20 set. 2021.

GLEICK, Peter H. *Water in crisis*: a guide to the world's fresh water resources. Oxford: Oxford University Press, 1993.

GLICK, Thomas. *Levels and levelers*: surveying irrigation canals in Medieval Valencia. Technology and Culture [online], v. 9, n. 2, p. 165-180, 1968. Disponível em: https://www.jstor.org/stable/3102149?read-now=1&refreqid=excelsior%3A959fca8a3d1d727748db242f77c86475&seq=1#page_scan_tab_contents. Acesso em: 28 set. 2021.

GOMES, Luís. *Governo defende PPPs para Corsan*; críticos lembram desvios e temem aumento na tarifa. Sul21, 2017. Disponível em: https://sul21.com.br/cidadesz_areazero/2017/10/governo-defende-ppps-para-corsan-criticos-lembram-desvios-e-temem-aumento-na-tarifa/. Acesso em: 18 set. 2021.

GROSSI, Paolo. Mitologias Jurídicas da Modernidade. Florianópolis: Fundação Boiteux, 2003.

GUIVANT, Júlia Silva; JACOBI, Pedro Roberto. Da hidrotécnica à hidropolítica: novos rumos para a regulação e gestão dos riscos ambientais no Brasil. *Cadernos de Pesquisa Interdisciplinar em Ciências Humanas*. v. 4, n. 43, 2003. Disponível em: https://periodicos.ufsc.br/index.php/cadernosdepesquisa/article/view/1950. Acesso em: 3 jul. 2023.

HACHEM, Daniel Wunder. *Mínimo existencial e direitos fundamentais econômicos e sociais*: distinções e pontos de contato à luz da doutrina e jurisprudência brasileiras. *In*: BACELLAR FILHO, Romeu Felipe; HACHEM, Daniel Wunder (coords.). Direito público no Mercosul: intervenção estatal, direitos fundamentais e sustentabilidade. Belo Horizonte: Fórum, 2013.

HARDIN, GARRETT. *A tragédia dos comuns*. Edisciplinas.usp, s.d. Disponível em: https://edisciplinas.usp.br/pluginfile.php/4867311/mod_resource/content/1/A_TRAGEDIA_DOS_COMUNS_por_Garrett_Hardin.pdf. Acesso em: 3 jul. 2023.

HARTMANN, Phillip. *A cobrança pelo uso da água como instrumento econômico na política ambiental*. Porto Alegre: AEBA, 2010. Disponível em: http://www.kas.de/wf/doc/kas_21155-1522-5-30.pdf?101118160221. Acesso em: 22 mai. 2021.

HENKES, Silviana Lúcia. *Histórico legal e institucional dos recursos hídricos no Brasil*. Revista Jus Navigandi, Teresina, ano 8, n. 66, jun., 2003. Disponível em: https://jus.com.br/artigos/4146/historico-legal-e-institucional-dos-recursos-hidricos-no-brasil/2. Acesso em: 28 set. 2020.

HESSE, Konrad. *A força normativa da Constituição*. Tradução: Gilmar Ferreira Mendes. Porto Alegre: S.A. Fabris, 1991.

HOLMES, Stephen. *Linajes del estado de derecho*. *In*: ACKERMAN, John M. (coord.). Más allá del acceso a la información. Transparencia, redición de cuentas y estado de derecho. México: Siglo XXI, 2008.

IGREJA CATÓLICA. V Conferência Geral do Episcopado Latino-Americano e do Caribe. *Documento final* (Documento de Aparecida), Aparecida, 2007. Disponível em: http://www.dhnet.org.br/direitos/cjp/a_pdf/cnbb_2007_documento_de_aparecida.pdf. Acesso em: 6 out. 2020.

INCOME-BASED WATER RATE ASSISTANCE PROGRAM (IWRAP). Philadelphia, 2019. Disponível em:https://www.phila.gov/media/20191218130822/Tiered-Assistance-Program-TAP-annual-report-2017-v2.pdf. Acesso em: 16 set. 2021.

INSTITUTO MAIS DEMOCRACIA. *Quem são os proprietários do saneamento no Brasil?* 18 mai. 2020. Facebook: FNUCUT. Disponível em: https://www.facebook.com/watch/?v=2792852664145780. Acesso em: 2 ago. 2021.

JACOBI, Pedro; BARBI, Fabiana. Democracia e participação na gestão dos recursos hídricos no Brasil. *Revista Katálysis*, Florianópolis, v. 10, n. 2, p. 237-244, jul./dez. 2007.

JAEGER, Werner. *Paideia*: a formação do homem grego. Tradução: Artur M. Parreira. São Paulo: Herder, 1936.

JOÃO XXIII, Papa. *Carta Encíclica Mater et Magistra* (sobre a evolução da questão social à luz da doutrina cristã). São Paulo: Paulinas, 1961.

KELSEN, Hans. *Essência e valor da democracia*. In: KELSEN, Hans. *A Democracia*. São Paulo: Martins Fontes, 1993.

KETTELHUT; Julio Thadeu Silva; BARROS, Flávia Gomes de Barros. *Os avanços da lei de águas*. III Encuentro de Las Aguas: agua, vida y desarrollo. Instituto Interamericano de Cooperação para a Agricultura – IICA. Anais: Santiago – Chile, outubro de 2001.

KISHIMOTO, Satoko; PETITJEAN, Olivier. *Reclaiming public services*: How cities and citizens are turning back privatisation. Paris: TNI, 2017. Disponível em: https://www.tni.org/en/publication/reclaiming-public-services. Acesso em: 3 jul. 2023.

KLASSMANN, Gabriela Gomes. *A cobrança pelo uso como estratégia para a redução da complexidade da crise hídrica e realização do direito humano à água potável*. 2017. Dissertação (Mestrado em Direito) – Programa de Pós-Graduação em Direito da Universidade Regional Integrada do Alto Uruguai e das Missões, Santo Ângelo, 2017.

KLEIN, Naomi. *The shock doctrine*: The rise of Disaster Capitalism. Nova York: Picador, 2007.

KLUG, LUIZA. *Levantamento histórico do regime jurídico das águas*: um relato em três atos. 2019. Trabalho de Conclusão de Curso (Graduação em Direito). Faculdade de Direito, Fundação Escola Superior do Ministério Público, Porto Alegre, 2019.

KOUTSOYIANNIS, Demetris; PATRIKIOU, Anna. *Water control in Ancient Greek cities*. In: A history of water: water and urbanization. Tauris, Londres: Tauris, 2014.

KRUSE, Tom; RAMOS, Cecilia. Agua y privatización en Bolivia: beneficios dudosos, amenazas concretas. Citizen.org, 2000. Disponível em: https://www.citizen.org/wp-content/uploads/waterinbolivia.pdf. Acesso em: 28 set. 2021.

LE STRAT, Anne. *A remunicipalização dos serviços de saneamento em Paris, França In*: Waterlat Network Working Papers: Research Projects Series SPIDES DESAFIO Project. Vol. 1, n. 1. Newcastle upon Tyne and Recife, October 2013, ISSN: 2053-7417. Disponível em: https://waterlat.org/WPapers/WATERLAT%20Working%20Paper%20SPIDES%201.pdf. Acesso em: 7 set. 2021.

LEÃO XIII, Papa. *Carta Encíclica Rerum Novarum* (sobre a condição dos operários). São Paulo: Loyola, 1991.

LEWANDOWSKI, Ricardo. *Dificuldade econômica não afasta proibição do retrocesso social*. Conjur, 2018. Disponível em: https://www.conjur.com.br/2018-fev-01/lewandowski-dificuldade-economica-nao-afasta-proibicao-retrocesso2018. Acesso em: 5 maio 2021.

LOBATO, Marthius Sávio Cavalcante. *A reconstrução da jurisdição constitucional*. São Paulo, LTr, 2014.

LUHMANN, Niklas. *Iluminismo sociológico*. In: SANTOS, José Manual (Dir.). *O pensamento de Niklas Luhmann*. Tradução: Artur Morão. LusoSofia: Covilhã. 2005.

LUHMANN, Niklas. *Introducción a la teoría de sistemas*. México D. F.: Anthropos, 1996.

LUHMANN, Niklas. *O direito da sociedade* [livro eletrônico]. Tradução: Saulo Krieger. Tradução das citações em latim: Alexandre Agnolon. São Paulo: Martins Fontes – selo Martins, 2016. 2,0 Mb; ePUB.

MAASS, Arthur; ANDERSON, Raymond L. *And the desert shall rejoice*: conflict, growth and justice in arid environments. Florida: R. E Kriger, 1986.

MACHADO, Paulo Affonso Leme. *Direito ambiental brasileiro*. São Paulo: Malheiros Editores, 2000.

MACHADO, Paulo Affonso Leme. *Direito ambiental brasileiro*. 23. ed. São Paulo: Malheiros, 2014.

MALHEIROS, Tadeu Fabrício; PROTA, Mariza Guimarães; PÉREZ, Mario. Participação comunitária e implementação dos instrumentos de gestão da água em bacias hidrográficas. *Revista Ambiente & Água* – an interdisciplinary journal of applied science: v. 8, n.1, 2013. Disponível em: https://www.scielo.br/j/ambiagua/a/Twy4LKgS4H4b4DXVsN7XWxG/?format=pdf&lang=pt. Acesso em: 6 ago. 2021.

MARTINEZ, Jorge Barrera. *A política em Aristóteles e Santo Tomás*. [S.l]: CDB, 2019.

MARTÍNEZ, Luis Pablo. *La protección del patrimonio inmaterial fundamentado en creencias y de base económica*. El Misterio de Elche y el Tribunal de las Aguas de Valencia. Ábaco [online], n. 46, p. 95-108, 2005. Disponível em: https://www.jstor.org/stable/20797202?read-now=1&refreqid=excelsior%3A6fdda2851fc75232513fc62df86ba0b8&seq=10#page_scan_tab_contents. Acesso em: 16 jan. 2021.

MARTINS, Antonio. *O Brasil à beira do apartheid hídrico*. Outras Palavras, 4 fev. 2020. Disponível em: http://www.ihu.unisinos.br/78-noticias/596528-brasil-a-beira-do-apartheid-hidrico. Acesso em: 7 out. 2020.

MELLO, Claudio Ari. *Democracia constitucional e direitos fundamentais*. Porto Alegre: Livraria do Advogado Editora, 2004.

MELO, Adriano. *Princípios norteadores da gestão dos recursos hídricos no Brasil e no Estado de São Paulo em tempos de escassez*. Geographos, Alicante, v. 7, n. 87, jun., 2016.

MENDES, Gilmar; BRANCO, Paulo Gustavo Gonet. Curso de Direito Constitucional. São Paulo, Saraiva Jur, 2011.

MENDOZA, Inty Scoss. A China e o governo das águas: A administração dos rios e o pensamento política na formação da China Imperial. *Revista Urutágua*, n. 10 ago/nov, Maringá, Universidade Estadual de Maringá. Disponível em: http://www.urutagua.uem.br/010/10mendoza.pdf. Acesso em: 7 out. 2020

MENEZES, Marcia Alves. *ATS se prepara para levar saneamento básico a todo o Tocantins*. Palmas, 2011. Disponível em: https://ats.to.gov.br/noticia/2011/12/7/ats-se-prepara-para-levar-saneamento-basico-a-todo-o-tocantins/. Acesso em: 5 ago. 2020.

MEZZAROBA, Orides; STRAPAZZON, Carlos Luiz. *Direitos fundamentais e a dogmática do bem comum constitucional*. Sequência, Florianópolis, n. 64, p. 335-37, 2012. Disponível em: https://www.scielo.br/scielo.php?script=sci_arttext&pid=S2177-70552012000100014&lng=en&nrm=iso&tlng=pt. Acesso em: 7 out. 2020.

MINISTÉRIO DA SAÚDE. *Análise dos potenciais impactos à saúde e aos direitos humanos diante do edital de concessão da prestação regionalizada dos serviços públicos de fornecimento de água e esgotamento sanitário e dos serviços complementares dos municípios do estado do Rio de Janeiro para o setor privado*. Fiocruz, 2018. Disponível em: https://agora.fiocruz.br/wp-content/uploads/2018/12/NT_Fiocruz_Modelagem_Saneamento-1.pdf. Acesso em: 8 ago. 2021.

MINISTÉRIO DO MEIO AMBIENTE. *Carta da Terra*. Leonardo Boff, 2021 Disponível em: https://leonardoboff.files.wordpress.com/2020/05/folder_carta_da_terra.pdf. Acesso em: 1 out. 2020.

MIRANDA, Jorge. Manual de Direito Constitucional. Coimbra, 1993.

MIRANDA, Pontes de. *Anarquismo, comunismo e socialismo*. Rio de Janeiro: Andersen, 1933.

MIRAS, Antonio Péres. Direitos estatutários autônomos no contexto da tutela multinível. *Direito Público*. [S. l.], v. 17, n. 95, 2020. DOI: 10.11117/rdp.v17i95.3885. Disponível em: https://www.portaldeperiodicos.idp.edu.br/direitopublico/article/view/3885. Acesso em: 17 ago. 2023.

MOKGORO, Jy. *Ubuntu and the law in South Africa*. Disponível em: http://epf.ecoport.org/appendix3.html Acesso em: 7 out. 2020.

MOREIRA, Maria de Fátima. *Comitês de bacias hidrográficas de Pernambuco*: dificuldades, avanços e desafios. Dissertação de mestrado em Gestão de Políticas Ambientais, UFPE. Recife, 2008. Disponível em: https://repositorio.ufpe.br/bitstream/123456789/6039/1/arquivo2507_1.pdf. Acesso em: 26 set. 2020.

MORIN, Edgar; KERN, Anne Brigitte. *TERRA-PÁTRIA*. 4. ed., Porto Alegre: Sulina, 2003. Disponível em: https://edisciplinas.usp.br/pluginfile.php/307749/mod_resource/content/1/LIVRO%20-%20Terra%20P%C3%A1tria%20-%20EDGAR%20MORIN.pdf. Acesso em: 27 set. 2020.

MOURA, Micaella Raíssa Falcão de; SILVA, Simone Rosa da. *Lei das águas e a gestão dos recursos hídricos no Brasil*: contribuições para o debate. Fórum Ambiental da Alta Paulista, v. 13, p. 15-24, 2017.

MULLER, Friedrich. *Métodos de trabalho constitucional*, Rio de Janeiro: Renovar, 2005.

MÜNZER, Jerónimo; PUYOL, Julio. *Viaje por España y Portugal en los años 1494 y 1495*. Tipografía de la Revista de Archivos, Bibliotecas y Museos, Madri, 1924. Disponível em: http://www.cervantesvirtual.com/obra/jeronimo-munzer-viaje-por-espana-y-portugal-en-los-anos-1494-y-1495-conclusion/. Acesso em: 6 mar. 2021.

NITI AAYOG, *Composite water management index report*, 2018. Disponível em: http://social.niti.gov.in/uploads/sample/water_index_report2.pdf. 2018 Acesso em: 20 ago. 2021.

OLIVEIRA, Celso Maram de; ZANQUIM JUNIOR, José Wamberto; ESPÍNDOLA, Isabella Batistello. *The arbitral tribunal as an alternative legal instrument for solving water conflicts in Brazil*. Ambiente & Sociedade [online], v. 19, n. 1, p. 145-162, 2016.

OLIVEIRA, Celso Maran de. *Tribunais de recursos hídricos*: abordagem sobre o Tribunal da Água de Florianópolis e o Tribunal da Água de Valência e a possibilidade de implantação no Brasil. Revista de Direito Internacional Econômico e Tributário, v. 3, n. 1, jan./jun. 2008. Disponível em: https://pdfs.semanticscholar.org/dd93/a14fea2bc074820c06e1d4ce580ac73291a3.pdf?_ga=2.124073546.1918744715.1586373844-1726313336.1586373844. Acesso em: 14 abr. 2021.

ORGANIZAÇÃO DAS NAÇÕES UNIDAS. *12º Relatório do Relator Especial sobre os direitos humanos à água potável e ao esgotamento sanitário*: Realização progressiva dos direitos humanos à água e ao esgotamento sanitário. Conselho de Direitos Humanos, 2020. Disponível em: https://ondasbrasil.org/wp-content/uploads/2020/11/D%C3%89CIMO-SEGUNDO-Relat%C3%B3rio-%E2%80%93-Direitos-humanos-%C3%A0-%C3%A1gua-pot%C3%A1vel-e-ao-esgotamento-sanit%C3%A1rio.pdf. Acesso em: 4 ago. 2021.

ORGANIZAÇÃO DAS NAÇÕES UNIDAS. *Comentário Geral nº 15 do Comitê de Direitos Econômicos, Sociais e Culturais (CDESC) de 2002*. Defensoria Pública de São Paulo, 2018. Disponível em: https://www.defensoria.sp.def.br/dpesp/repositorio/0/Coment%C3%A1rios%20Gerais%20da%20ONU.pdf. Acesso em: 7 out. 2020.

ORGANIZAÇÃO DAS NAÇÕES UNIDAS. *Declaração do Rio sobre Meio Ambiente e Desenvolvimento*. Rio de Janeiro, junho de 1992. Disponível em: https://cetesb.sp.gov.br/proclima/wp-content/uploads/sites/36/2013/12/declaracao_rio_ma.pdf. Acesso em: 26 set. 2020.

ORGANIZAÇÃO DAS NAÇÕES UNIDAS. *Declaração Universal dos Direitos da Água, de 22 de março de 1992*. Nova Iorque, ONU. Disponível em: http://www.direitoshumanos.usp.br/index.php/Meio-Ambiente/declaracao-universal-dos-direitos-da-agua.html. Acesso em: 24 set. 2020.

ORGANIZAÇÃO DAS NAÇÕES UNIDAS. *The human right to water and sanitation*. Resolução nº 64/292, adotada pela Assembleia Geral das Nações Unidas em 28 de julho de 2010. Nova Iorque: Assembleia Geral da ONU. Disponível em: https://undocs.org/A/RES/64/292. Acesso em: 12 set. 2020.

ORGANIZAÇÃO DAS NAÇÕES UNIDAS. *The law of transboundary aquifers*. Nova Iorque: Assembleia Geral da ONU, 2008. Disponível em: https://undocs.org/en/A/RES/63/124. Acesso em: 12 set. 2021.

ORGANIZAÇÃO DAS NAÇÕES UNIDAS. *The human rights to safe drinking water and sanitation*. Resolução A/RES/70/169. Nova Iorque: Assembleia Geral da ONU, 2015. Disponível em: https://documents-dds-ny.un.org/doc/UNDOC/GEN/N15/442/72/PDF/N1544272.pdf?OpenElement. Acesso em: 3 jul. 2023.

ORGANIZAÇÃO DAS NAÇÕES UNIDAS. *United Nations Conference on the Midterm Comprehensive Review of the Implementation of the Objectives of the International Decade for Action*, "Water for Sustainable Development", 2018-2028. Nova Iorque: Assembleia Geral da ONU, 2020. Disponível em: https://undocs.org/en/A/RES/75/212. Acesso em: 12 set. 2021.

OSÓRIO, Leticia Marques. O direito à moradia como direito humano. *In*: ALFONSIN, Betânia; FERNANDES, Edésio (orgs.). *Direito à moradia adequada*: o que é, para quem serve, como defender e efetivar. Belo Horizonte: Fórum, 2014.

OSTROM, Elinor. *Governing the commons*: the evolution of institutions for collective action. Cambridge, UK: Cambridge University Press. 1990. Disponível em: https://wtf.tw/ref/ostrom_1990.pdf. Acesso em: 9 set. 2020.

PALESTRA *Tribunal de Águas de Valencia* por Jose Font Sanchis e Daniel Sala. Ateneo Mercantil de Valencia, 2008. 1 vídeo (1:47:07). Disponível em: https://www.youtube.com/watch?v=OwURIHHCLXA. Acesso em: 21 mar. 2021.

PANORAMA DA PARTICIPAÇÃO PRIVADA NO SANEAMENTO 2021. Abcon Sindcon, 2021. Disponível em: https://www.abconsindcon.com.br/panoramas/. Acesso em: 26 ago. 2021.

PASSÁ, Jaubert de. *Canales de riego de Cataluña y Reino de Valencia*: Leyes y costumbres que los rigen. Reglamentos y ordenanzas de sus principales acequias. Sirio, 1844. Disponível em: https://sirio.ua.es/libros/BGeografia/canales_riego_1844/index.htm Acesso em: 18 mar. 2021.

PES, João Hélio Ferreira. *Água potável e a teoria dos bens fundamentais de Luigi Ferrajoli*. Direitos fundamentais e democracia, Florianópolis, v. 1, p. 103-126, 2012. Disponível em: http://www.publicadireito.com.br/artigos/?cod=da6cb383f8f9e58f. Acesso em: 22 jul. 2021.

PES, João Hélio Ferreira. *O direito fundamental de acesso à água no Brasil e no Uruguai*. Direitos e Garantias Fundamentais II. V CONPEDI, 2016. Disponível em: http://conpedi.danilolr.info/publicacoes/9105o6b2/v2zhni84/aUIEc25WsT981Qdy.pdf Acesso em: 14 ago. 2021.

PETRELLA, Ricardo. Água: 27 teses subversivas. Outras Palavras, 25 de março de 2018. Disponível em: https://racismoambiental.net.br/2018/03/25/agua-27-teses-subversivas-por-riccardo-petrella/. Acesso em: 7 out. 2020.

PETRELLA, Ricardo. *Direito ou mercadoria*? A "nova conquista da água". Le Monde Diplomatique Brasil, São Paulo, 2000. Disponível em https://diplomatique.org.br/a-nova-conquista-da-agua/. Acesso em: 27 ago. 2021.

PETRELLA, Ricardo. *Os "bens comuns" são centrais à realização do bem comum*. Revista do Instituto Humanitas-Unisinos online, 2011. Disponível em: http://www.ihuonline.unisinos.br/artigo/3831-riccardo-petrella. Acesso em: 7 out. 2020.

PETRELLA, Ricardo. *Os bens comuns, patrimônio da humanidade*. Agenda Latino-Americana, 2009. Disponível em: http://servicioskoinonia.org/agenda/archivo/portugues/obra.php?ncodigo=134. Acesso em: 7 out. 2020

PLA, Jorge Hermosilla. *Recuperem Patrimoni. El Patrimonio hidráulico del Bajo Turiu*: L'horta de Valencia. España: Generalitat Valenciana, 2007.

PLANO NACIONAL DE SANEAMENTO – PLANASA – aspectos básicos. Conjuntura econômica, Rio de Janeiro, 28 mar. 1974. Disponível em: http://bibliotecadigital.fgv.br/ojs/index.php/rce/article/download/69995/67524. Acesso em: 2 ago. 2021.

PLATÃO. *Laws*: Two Courses by Leo Strauss. Chicago: University of Chicago, 1959. Disponível em: https://wslamp70.s3.amazonaws.com/leostrauss/s3fs-public/Plato%2C%20Laws%20%281959%29_0.pdf. Acesso em: 7 fev. 2021.

PLATÃO. *Os Pensadores*. São Paulo: Nova Cultural, 1973.

POSCHER, Ralf. *A mão de Midas*: quando conceitos se tornam jurídicos ou esvaziam o debate Hart-Dworkin. Revista de Estudos Constitucionais, hermenêutica e teoria do Direito, v. 10, n. 1, jan./abr. 2018.

PRIVATIZAÇÃO DA ÁGUA: prefeitura de Uruguaiana cobra mudanças no contrato e multas por atraso. Sul21, 2019. Disponível em: https://sul21.com.br/saneamento-basicoz_areazero/2019/10/privatizacao-da-agua-prefeitura-de-uruguaiana-cobra-mudancas-no-contrato-e-multas-por-atraso/. Acesso em: 28 set. 2021.

PUY, Arnald. *Land selection for irrigation in Al-Andalus, Spain* (8th century AD). Journal of Field Archaeology, v. 39, n. 1, p. 84-100, 2014. Disponível em: https://www.researchgate.net/publication/262103448_Land_selection_for_irrigation_in_Al-Andalus_Spain_8th_century_AD. Acesso em: 19 abr. 2021.

QUAGLIONI, Diego. *Politica e diritto nel trecento italiano*: il "De Tyranno" de Bartolo da Sassoferrato (1314-1357). Leo S. Olschki, 1983.

RAMIREZ, Marc Ferri i. Reorganización de los regadíos valencianos en el siglo XIX: las ordenanzas liberales de la provincia de Valencia (1835-1850). *Revista Internacional de Ciencias Sociales*, n. 17, p. 77-90, 1997. Disponível em: https://core.ac.uk/download/pdf/234791957.pdf. Acesso em: 8 mar. 2021.

RANKING DO SANEAMENTO 2020: Cem Maiores Cidades do Brasil. Trata Brasil, 2020. Disponível em: http://tratabrasil.org.br/images/estudos/itb/ranking_2020/Tabela_100_cida-des_Ranking_Saneamento_4.pdf. Acesso em: 6 ago. 2021.

RANKING THE WORLD'S MOST WATER STRESSED COUNTRIES. WRI, 2015. Disponível em: https://www.wri.org/insights/ranking-worlds-most-water-stressed-countries-2040. Acesso em: 5 ago. 2021.

RELATÓRIO DO DESENVOLVIMENTO HUMANO DE 2006 DO PNUD. *Além da escassez*: poder, pobreza e a crise mundial da água. PNUD/ONU, 2006. Disponível em: www.pnud.org. Acesso em: 27 mai. 2021.

REPÚBLICA ORIENTAL DEL URUGUAY. Constitución de 1967 con reformas hasta 2004, Montevideo, 2004.

REXACH, ÁNGEL MENÉNDEZ. *El derecho al agua en la legislación española*. AFDUC, v. 15, p. 53-84, 2011. Disponível em: https://core.ac.uk/download/pdf/61906677.pdf. Acesso em: 8 mar. 2021.

RIO DE JANEIRO. Tribunal de Contas do Estado do Rio de Janeiro. *Processo TCE-RJ 103.462-2/20*. Relatório de auditoria governamental/Acompanhamento/ordinária. Acompanhar o processo de licitação por meio do qual o Estado do Rio de Janeiro pretende formalizar a concessão dos serviços de abastecimento de água e coleta de esgotos a cargo da Cedae.

RIO GRANDE DO SUL. *Lei nº 10.350 de 30 de dezembro de 1994*. Institui o Sistema Estadual de Recursos Hídricos, regulamentando o artigo 171 da Constituição do Estado do Rio Grande do Sul. Disponível em: http://progestao.ana.gov.br/panorama-dos-estados/rs/lei-10-350-94_rs.pdf. Acesso em: 10 set. 2021.

RIO GRANDE DO SUL. Tribunal de Justiça do Estado. *Seminário das águas*: 1º Seminário do Centro de Estudos do Tribunal de Justiça. A água na visão do Direito, 29 mar. 2005.

ROCHA, Leonel Severo; SIMIONI, Rafael Lazzarotto. *A forma dos conflitos ecológicos na perspectiva de Niklas Luhmann*. In: PEREIRA, Agostinho Oli Koppe; CALGARO, Cleide (orgs.). O Direito Ambiental e o biodireito da modernidade à pós-modernidade. Caxias do Sul: Educs, 2008.

ROHLING, Marcos. Bem comum, *civitas* e Direito. A necessidade da ordem jurídica no pensamento político de Tomás de Aquino. Disponível em: https://www.faje.edu.br/periodicos/index.php/pensar/article/view/2782. Acesso em: 17 ago. 2023.

ROTH, Martha. *Law collections from Mesopotamia and Asia Minor*. Atlanta, 1995.

SABÓIA, Gabriel. *Leilão da Cedae*: entenda a situação do único bloco sem propostas, que abrange área de atuação de milícias na Zona Oeste do Rio. Extra Online, 2021. Disponível em: https://extra.globo.com/noticias/rio/leilao-da-cedae-entenda-situacao-do-unico-bloco-sem-propostas-que-abrange-area-de-atuacao-de-milicias-na-zona-oeste-do-rio-24997967.html. Acesso em: 28 jul. 2021.

SANTILLI, Juliana Ferraz da Rocha. *A política nacional de recursos hídricos* (Lei 9.433/97) e sua implementação no distrito federal. Revista da Fundação Escola Superior do Ministério Público do Distrito Federal e Territórios, Brasília, ano 9, v. 18, p. 144-179, jun., 2001. Disponível em: https://ceapg.fgv.br/sites/ceapg.fgv.br/files/u60/politica_nacional_dos_recursos_hidricos.pdf. Acesso em: 28 abr. 2020.

SANTOS, Boaventura de Souza. *Epistemologias do Sul*. Revista Espaço Acadêmico, n. 119, p. 194-197. 2011. Disponível em: http://www.boaventuradesousasantos.pt/media/EspacoAcademico_Abril2011.pdf. Acesso em: 7 out. 2020. SANTOS, Boaventura de Sousa. *Pensar el Estado y la sociedad*: desafíos actuales. Buenos Aires: Waldhuter, 2009. Disponível em: http://www.cides.edu.bo/webcides2/index.php/component/content/article/34-publicaciones/otras-publicaciones/151-pensar-el-estado-y-la-sociedad-desafios-actuales?Itemid=101. Acesso em: 25 set. 2020.

SANTOS, Boaventura de Sousa. Por uma concepção multicultural dos Direitos Humanos. *Revista Crítica de Ciências Sociais*. N. 48, 1997. Disponível em: http://www.dhnet.org.br/direitos/militantes/boaventura/boaventura_concepcao_multicultural_dos_dh.pdf. Acesso em: 3 jul. 2023.SÃO PAULO. *Relatório final Comissão Parlamentar de Inquérito da Sabesp*. Câmara Municipal de Vereadores, 2015. Disponível em: https://www.saopaulo.sp.leg.br/wp-content/uploads/dce/RELATORIO%20CPI%20SABESP%20FINAL.pdf. Acesso em: 26 set. 2020.

SARLET, Ingo Wolfgang. *A eficácia dos direitos fundamentais*: uma teoria geral dos direitos fundamentais na perspectiva constitucional. 11. ed. Porto Alegre: Livraria do Advogado, 2012.

SCHWABE, Jurgen; MARTINS, Leonardo (org.). *Cinquenta anos de jurisprudência do tribunal constitucional federal alemão*. Fundación Konrad-Adenauer, Oficina Uruguay, 2005. Disponível em: http://www.mpf.mp.br/atuacao-tematica/sci/jurisprudencias-e-pareceres/jurisprudencias/docs- jurisprudencias/50_anos_dejurisprudencia_do_tribunal_constitucional_federal_alemao.pdf Acesso em: 7 out. 2020.

SEN, Amartya. *Desenvolvimento como liberdade*. 8. ed. Tradução: Laura Teixeira Motta. São Paulo: Companhia das Letras, 2008.

SENRA, João Bosco; NASCIMENTO, Nilo de Oliveira. Após 20 anos da lei das águas como anda a Gestão Integrada de Recursos Hídricos do Brasil, no âmbito das políticas e planos nacionais setoriais. REGA – Revista de Gestão de Água da América Latina. v. 14, ISSN: 2359-1919, 2017. Disponível em: https://www.abrhidro.org.br/SGCv3/publicacao.php?PUB=2&ID=198&SUMARIO=5257. Acesso em: 3 jul. 2023.

SHERWIN-WHITE, *The Letters of Pliny*: a historical and social commentary. Oxford: Clarendon Press, 1966.

SILVA, Almiro do Couto e. *Os indivíduos e o Estado na realização de tarefas públicas*. Revista de Direito Administrativo, n. 209, p. 43-70, 1997.

SILVA, José Afonso da. *Curso de Direito Constitucional positivo*. 37. ed. São Paulo: Malheiros Editores, 2014.

SILVA, José Afonso da. *Fundamentos constitucionais da proteção do meio ambiente*. Revista de Direito Ambiental – Publicação oficial do instituto "O Direito por um Planeta Verde", São Paulo, ano 7, n. 27, jul./set. 2002.

SIMIONI, Rafael Lazzarotto. *Decisão jurídica e abertura à repercussão geral*. Jus.com.br, 2009. Disponível em: https://jus.com.br/artigos/13323/decisao-juridica-e-abertura-a-repercussao-geral. Acesso em: 3 set. 2021.

SIMIONI, Rafael Lazzarotto. *Perícias técnicas, decisões jurídicas e gestão em sistemas setoriais no contexto dos novos direitos*. Estudos jurídicos, São Leopoldo, v. 37, n. 1.010, p 81-106, 2019. Disponível em: https://revista.fdsm.edu.br/index.php/revistafdsm/article/view/307/257. Acesso em: 20 set. 2021.

SNIS – SISTEMA NACIONAL DE INFORMAÇÕES EM SANEAMENTO. Painel de informações sobre saneamento, 2018. Disponível em: http://www.snis.gov.br/painel-informacoes-saneamento-brasil/web/painel-esgotamento-sanitario. Acesso em: 2 ago. 2021.

SOARES, Raquel et al. *Privatização da companhia estadual de saneamento*: A experiência única do Tocantins. Lições para novos arranjos com a iniciativa privada. Rio de Janeiro: FGV CERI; 2017. Disponível em: https://ceri.fgv.br/sites/default/files/publicacoes/2018-10/57_57_privatizacao-saneatins-licoes-para-novos-arranjos-com-a-iniciativa-privada.pdf. Acesso em: 7 ago. 2021.

SOUZA FILHO, Carlos Frederico Marés de. *Os direitos invisíveis*. XXI Encontro Anual da ANPOCS. Caxambu: ANPOCS, 1997. Disponível em: https://anpocs.com/index.php/encontros/papers/21-encontro-anual-da-anpocs/st-3/st05-2/5240-carlosfilho-os-direitos/file. Acesso em: 25 abr. 2021.

SOUZA, Sérgio Iglesias Nunes de. *Direito à moradia e de habitação*. São Paulo, Revista dos Tribunais, 2013.

TABORDA, Maren Guimarães. *O código civil argentino e a determinação do conceito de estatuto pessoal*: da contraposição entre *actio* e *vindicatio* aos direitos subjetivos. Revista da Procuradoria-Geral do Munícipio de Porto Alegre, n. 24, Porto Alegre, dez. 2010.

TABORDA, Maren Guimarães. *O princípio da publicidade e a participação na administração pública*. Tese (Doutorado em Direito). Porto Alegre: Universidade Federal do Rio Grande do Sul, 2006.

TABORDA, Maren Guimarães. *A tese institucionalista da constituição e a participação do cidadão na gestão dos serviços públicos*. Anais do XIII Seminário Internacional Demandas sociais e políticas públicas na sociedade contemporânea & IX mostra internacional de trabalhos científicos, Santa Cruz do Sul: Unisc, 2016.

TERHORST, Philipp. 2014. *Remunicipalization in Berlin after the buy-back*. Disponível em: https://aguaparatodos.org.mx/remunicipalisation-in-berlin-after-the-buy-back/. Acesso em: 3 jul. 2023

TEUBNER, Gunther. *A matriz anônima*: violação de direitos humanos por atores "privados" transnacionais. *In*: CAMPOS, Ricardo (org.). Crítica da ponderação: método constitucional entre a dogmática jurídica e a teoria social. São Paulo: Saraiva, 2016.

TILLY, Charles. *Democracia*. Rio de Janeiro: Vozes, 2013.

TORDERA, Ricardo Alejos *et al*. *Tribunal de las aguas y la acequia de Quart*. Revista Jurídica Valenciana, Valencia, n. 30, p. 151-171, 2013. Disponível em: https://www.revistajuridicavalenciana.org/wp-content/uploads/0030_0001_07-ACEQUIA-DE-QUART.pdf. Acesso em: 23 mar. 2021.

UNESCO. *Convention for the safeguarding of the intangible cultural heritage*. Emirados Árabes, 2009. Disponível em: https://ich.unesco.org/doc/src/ITH-09-4.COM-CONF.209-13-Rev.2-EN.pdf. Acesso em: 5 fev. 2021.

UNITED STATES. Supreme Court. *National Federal of Independent Business vs Sebelius*, 2012. Disponível em: https://supreme.justia.com/cases/federal/us/567/11-393/case.pdf. Acesso em: 3 set. 2021.

UNITED STATES. Supreme Court. *South Dakota vs. Dole*, 1987. Disponível em: https://supreme.justia.com/cases/federal/us/483/203/. Acesso em: 3 set. 2021.

VALENCIA. *Estatuto Valenciano*. Disponível em: https://app.congreso.es/consti/estatutos/estatutos.jsp?com=79&tipo=2&ini=8&fin=19&ini_sub=1&fin_sub=1 Acesso em: 6 mar. 2021.

VALENCIA. *Resolución de 26 de julio de 2004*. Declaración de bien de interés cultural, con categoría de monumento, a favor del Acueducto "Els Arquets" en Manises (Valencia). Disponível em: https://www.boe.es/boe/dias/2004/09/23/pdfs/A31784-31787.pdf Acesso em: 8 mar. 2021.

VENEZUELA. Constitución de la República Bolivariana de Venezuela. Caracas, 1999.

VERSACE, Cristopher. *How to profit from the next big scarce resource*. **Forbes**, 2013. Disponível em: https://www.forbes.com/sites/chrisversace/2013/07/25/how-to-profit-from-the-next-big-scarce-resource/?sh=124b546134ef. Acesso em: 5 maio 2021.

VICEDO-RIUS, Enric. *Riegos históricos y riegos contemporáneos en la Cataluña occidental llana. El agua y el desarrollo económico y cultural (1750-1950)*. Historia Caribe, Barranquila – Colombia, v. 10, n. 26, p. 19-52, 1995. Disponível em: http://www.scielo.org.co/pdf/hisca/v10n26/v10n26a03.pdf. Acesso em: 28 mar. 2021.

VICTRAL, Davi Madureira; FERREIRA, Demétrius Rodrigues de Freitas. *Relação espacial entre Covid-19 e o acesso à água e ao esgotamento sanitário na Região Metropolitana de Belo Horizonte*. Ondas Brasil, 2021. Disponível em: https://ondasbrasil.org/relacao-espacial-entre-covid-19-e-o-acesso-a-agua-e-ao-esgotamento-sanitario-na-regiao-metropolitana-de-belo-horizonte/. Acesso em: 18 ago. 2021.

VILANOVA, Don Francisco Xavier Borrul y. *Tratado de la distribución de las aguas del rio Turia y el tribunal de los acequieros de la Huerta de Valencia*. Benito Monfort: Valencia, 1831.

WATER REMUNICIPALISATION TRACKER. *Remunicipalisation*, s.d. Disponível em: http://www.remunicipalisation.org/. Acesso em: 15 set. 2021.

WATER RISK ATLAS. WRI, 2019. Disponível em: https://www.wri.org/aqueduct. Acesso em: 26 maio 2021.

WATERFOOTPRINT. *Product Gallery*. Arjen Hoekstra & Water Footprint Network, 2017. Disponível em: https://waterfootprint.org/en/resources/interactive-tools/product-gallery/. Acesso em: 4 ago. 2021.

WHATS DRIVES REFORM? Making sanitation a political priority in secondary cities, ODI, 2016. Disponível em: https://odi.org/en/publications/what-drives-reform-making-sanitation-a-political-priority-in-secondary-cities/. Acesso em: 16 set. 2020.

WINSTON, Morton. *On the indivisibility and interdependence of human rights*. Bu.edu, s.d. Disponível em: https://www.bu.edu/wcp/Papers/Huma/HumaWins.htm. Acesso em: 12 set. 2021.

WITTFOGEL, Karl August. *Oriental despotism*: A Comparative Study of Total Power. New Haven: Yale University Press, 1957.

WOLKMER, Antonio Carlos; AUGUSTIN, Sergio; WOLKMER, Maria de Fátima S. *O "novo" direito à água no constitucionalismo da América Latina*. Revista Interthesis, vol. 9, jan/jun. 2012.

WOLKMER, Antonio Carlos. Pluralismo jurídico e novas perspectivas dos direitos humanos. *Biblioteca Digital do Superior Tribunal de Justiça*, Brasília, 2009. Disponível em: https://bdjur.stj.jus.br/jspui/bitstream/2011/92207/pluralismo_juridico_novas_wolkmer.pdf. Acesso em: 3 jul. 2023

WOLKMER, Maria de Fátima; MELO, Milena Petters (orgs.). *Crise ambiental, direitos à água e sustentabilidade*: visões multidisciplinares. Caxias do Sul: EDUCS, 2012. E-book. Disponível em: https://www.ucs.br/site/midia/arquivos/CRISE_AMBIENTAL_EDUCS_E_BOOK.pdf. Acesso em: 29 set. 2020.

WORSTER, Donald. Transformações da Terra: para uma perspectiva agroecológica na história. *Ambiente e Sociedade* [online], v.5, n. 2, p. 23-44, 2003. Disponível em: https://www.scielo.br/j/asoc/a/ygCBYvtmDL4vF59M98DhfnN/abstract/?lang=pt#ModalArticles. Acesso em: 29 set. 2020.

Esta obra foi composta em fonte Palatino Linotype, corpo 10,5
e impressa em papel Chambril Avena 70g (miolo) e
Supremo 250g (capa) pela Gráfica Star7.